전장에 두고 온 학생증

전장에 두고 온 학생증
할아버지가 들려주는 6·25전쟁 참전 이야기

초판 1쇄 발행 2024년 5월 17일

지은이 한희나
엮은이 한다희, 한진영
펴낸이 장길수
펴낸곳 지식과감성#
출판등록 제2012-000091호

교정 한장희
디자인 정윤솔, 오정은
편집 오정은
검수 이주연, 정윤솔
마케팅 김윤길, 정은혜

주소 서울시 금천구 벚꽃로298 대륭포스트타워6차 1212호
전화 070-4651-3730~4
팩스 070-4325-7006
이메일 ksbookup@naver.com
홈페이지 www.knsbookup.com

ISBN 979-11-392-1863-3(03810)
값 21,000원

- 이 책의 판권은 지은이에게 있습니다.
- 이 책 내용의 전부 또는 일부를 재사용하려면 반드시 지은이의 서면 동의를 받아야 합니다.
- 잘못된 책은 구입하신 곳에서 바꾸어 드립니다.

원고 내 수록된 지도의 출처는 국토지리정보원에 있음을 밝힙니다.

지식과감성#
홈페이지 바로가기

전장에 두고 온 학생증

할아버지가 들려주는 6·25전쟁 참전 이야기

지은이 **한희나**
엮은이 **한다희·한진영**

지식과감성

차례

지은이의 말 ·· 6
엮은이의 말 ·· 10

40년 전의 나를 만나다 ································ 16

1부 기약 없는 이별

1. 6·25 전쟁 발발 ···································· 22
2. 모든 것이 달라지다 ······························ 30
3. 가족을 떠나 자유의 남쪽 땅으로 ··········· 41

2부 국군 용사가 되어 전쟁 속으로

1. 대한민국 국군이 되다 ··························· 52
2. 북쪽으로 진격하라 ································ 60
3. 죽음을 각오하면 죽지 않는다 ················ 68
4. 속사리와 하진부리 일대에서 위기를 맞다 ········ 82
5. 첫 번째 고지 점령 ································· 97
6. 두 번째 고지 점령 ······························· 104
7. 포위망을 벗어나 안전한 곳으로 ··········· 109
8. 연대장의 즉결 처분 명령을 받은 무전병 ········ 121
9. 설악산 전투와 신흥사 주둔 ·················· 126
10. 인민군 병사의 목숨을 살려 주다 ········· 137
11. 향로봉 전투 ·· 146
12. 최후 3인의 고지 사수 ························· 154
13. 억새들 속에서 기다리던 것은 ············· 163

3부 인민군 생활과 탈출

1. 해방 전사 교육 ···················· 174
2. 인민군 부대에 배치를 받다 ···················· 187
3. 기회가 오다 ···················· 197
4. 탈출을 감행하다 ···················· 208

4부 전쟁포로 생활, 그리고 마침내 자유

1. 부산 거제리 포로수용소 ···················· 226
2. 반공포로 식당 생활 ···················· 243
3. 판문점에서 자유의 몸이 되다 ···················· 255

새로운 시작 ···················· 264

지은이의 말

　나는 1950년 6·25 전쟁에 참전하였습니다. 세월이 지나도 비참했던 전투 체험이 잊히지 않아 기억나는 것을 내 나이 30대 중반부터 틈틈이 하나하나 기록해 두었습니다.
　90살이 다 되어 가던 어느 날, 나의 사랑스럽고 예쁜 손녀가 기록을 꼼꼼하게 읽어 보았습니다. 할아버지가 죽음의 문턱에서 몇 번이나 살아난 것이 너무나 기적이고 천운이라면서 놀라워하였습니다. 손녀가 책으로 엮어 보자고 권유하여 용기를 내어 발간하기로 마음먹었습니다.

　이 책은 청춘을 불사르며 용감하게 싸운 최일선 수색대원이 전쟁을 치른 경험담입니다. 피비린내 나는 전투 체험을 조금의 보탬도 없이 사실대로 기록하였습니다. 특별히, 후배 전사와 자라나는 청소년들에게 참혹한 전쟁의 실상이 어떠한지 기록으로 남기고 싶었습니다.
　선배들의 처참하고 비참했던 6·25 전쟁에서 자유대한민국을 수호하기 위하여 참전용사들이 보여 준 용기와 헌신을 오래도록 기억해 주시고, 다시는 이런 전쟁이 없기를 간절히 바랄 뿐입니다.
　절대 잊어서는 안 될 전쟁을 이해하는 데 참고하고, 나라 사랑에 보탬이 되었으면 하는 바람입니다.

나는 북한의 함흥에서 태어났습니다. 6·25 전쟁 1년 전부터 대학에서 북조선 인민군 장교인 교관에게 일주일에 3시간 이상 군사 훈련과 사상교육을 받았습니다. 결국, 전쟁이 발발하였고, 인민군으로 강제 동원될 위기를 맞았습니다. 이에 입대하는 것을 거절하고 숨어 지내며 위험하고도 고된 기피 생활을 하였습니다. 그 이유를 간단히 말하면, 북한 정권은 1945년 일본의 패망과 함께 북한 지역에 주둔한 소련군이 수립한 정부입니다. 김일성(본명은 김성주, 소련군 대위 출신)은 일당 독재로 국민을 통제하였습니다. 국민의 입(언론)을 꼭 틀어막고 정의와 양심이 없는 거짓을 일삼으며 독재하는 정권이었습니다. 소련 연합이 주도하는 세계 공산화의 전위대였기 때문에 인민군으로 입대할 수 없었습니다.

UN군의 진격으로 북한군은 와해 직전에 이르렀습니다. 1950년 10월 17일에는 국군과 UN군이 함흥까지 진입하였습니다. 그 후, 약 1개월이 지나면서 중공군이 전쟁에 개입하였고, 그들의 인해전술로 UN군이 밀리며 후퇴하기 시작하였습니다. 당시 북한은 주민뿐만 아니라, 수많은 청년과 학생도 김일성 독재정권과 소련군의 횡포로 견디기가 힘들었습니다. 많은 사람이 자유의 땅, 남한을 그리워했습니다. 북한 지역에서는 6·25 전쟁이 발발하기 전인 1946년 3월 13일 흥남과 함흥의 중학생이 뭉쳐 함흥학생운동을 크게 벌였습니다. 하지만, 소련군이 진압하면서 1개월 이상 학교에 가지 못하도록 휴교령을 내릴 정도로 주민들의 마음은 흉흉하고 황폐한 상태였습니다.

나는 UN군이 후퇴할 때, 자유 세상을 희망하던 꿈을 이루기 위해 부모와 형제, 그리운 고향을 두고 자유민주주의 남한으로 가려는 마음이 가득했습니다. 이에 국군의 '학생의용대'라는 단체에 가입하고 훈련받다가 남한으로 가기 위해 흥남 부두로 향했습니다. 그러나 부두에 피난민이 너무나도 많아, 인파에 떠밀리다가 흩어져 자연적으로 해산되었습니다. 며칠 동안 남한으로 가는 배도 타지 못하고, 먹지도 못하다가 어렵사리 부두 근처 서호진초등학교에서 국군 신병을 모집하는 광고를 발견하였습니다. 그래서 고민 끝에 그길로 국군에 자원입대하였습니다.

군 수송선을 타고 남한의 묵호(지금의 동해시)에 도착하자, 훈련병 중에 남한 땅에 친척이나 가족이 있는 청년들은 단체에서 빠져나갔습니다. 연고가 없는 청년들은 오갈 데 없는 처지로, 그대로 국군에 입대했습니다. 나는 묵호초등학교에서 본격적인 군사훈련을 받았습니다. 내가 계획했던 꿈은 남한에서 학업을 계속 이어 가는 것이었기에 주머니에 학생증만은 반드시 가지고 있었습니다.

악독한 공산 독재체제를 반대하고 자유의 땅을 밟았지만, 자유 사회의 진가도 맛보지 못하고 군대에 입대하여 전장에 나갔습니다. 그렇게도 소원하던 자유 세상에 대한 꿈은 단번에 물거품이 되었고, 생각하지 못한 전장에서 총을 들고 싸우며 구사일생의 상황을 수차례 마주하였습니다. 막상 전쟁터에 나가 보니 산다는 생각은 버려야 했습니다. 싸우면서 죽을 고비를 몇 차례나 겪었지만, 살아 있다는 것이 천운이라 여겨지고, 한편으로는 너무나 신기하여 기적 같았습니다.

당시 체험했던 상황을 기록하여 책으로 묶을 수 있어 참으로 기쁩니다. 책으로 낼 수 있도록 꼼꼼하게 살펴 주고, 힘들여 글을 고쳐서 다듬어 준 손녀에게 고마움을 전합니다.

이 책은 6·25 전쟁에 참전하였던 체험을 회고하면서, 전장에서 몸소 겪었던 내용을 사실대로 기록하였습니다. 등장인물 중에서 몇 분의 이름은 명예 등을 고려하여 가명을 사용했으며, 경험을 왜곡하거나 다르게 쓰고자 한 부분이 없음을 말씀드립니다. 기억의 조각을 하나씩 떠올려 맞춰 보고 지도를 확인하면서 치열했던 격전의 장소를 찾아가 답사도 하였습니다. 그런데도 날짜나 숫자, 지명, 지도상의 위치 등이 사실과 조금 다르거나 착오가 있을 수 있음을 밝혀 둡니다. 독자의 너그러운 양해를 바랍니다.

엮은이의 말

할아버지께서 손녀인 저에게 처음 6·25 전쟁 체험 수기를 꺼내어 보여 주신 때는, 제가 대학교 졸업 후 사회생활을 갓 시작한 해 여름이었습니다. 제 부친이 태어난 지 얼마 안 된 무렵부터 쓰여 샛노랗게 바랜 원고지들도 있었고, 몇 번의 수정을 거친 듯한 문서들도 있었습니다. 당신의 30대 중반부터 여유가 있을 때마다 차근차근 기록해 놓으셨다는 참전 수기, 이 소중한 기록을 이제야 보여 주시다니. 제가 알던 할아버지와는 또 다른 모습을 발견한 것 같아 신기하고 놀라웠습니다. 그간 참전하신 에피소드를 어렸을 때부터 지나가는 말로만 잠깐씩 들었지, 이렇게 두서운 기록물의 실체가 있다는 것은 몰랐습니다. 볼펜으로 빼곡하게 써 놓은 당시의 생생한 기록들이 저의 호기심을 불러일으켰습니다.

여기서 저희 할아버지 이야기를 잠깐 하자면, 평소 웃음이 많고 이야기를 잘 들어 주는 인자하신 분입니다. 말씀하는 것을 좋아하시고, 마음이 넓으셔서 좀처럼 화내는 모습을 본 적이 없습니다. 한 가지 일에 몰두할 때는 그것에만 집중하여 주변에서 불러도 모르실 정도로 집중력이 좋으신 분입니다. 할아버지는 저에게 항상 무한한 애정을 주시며 끔찍이 아껴 주셨습니다. 따뜻한 말씀으로 손녀를 한결같이 격려하여 꿈을 꿀 수 있게 해 준 분이셨습니다. 그랬기에 할아버지의 20대 초, 일제강점기의 아픔에서 막 벗어나려던 차에 6·25 전쟁 참전으로 가족과 생이별하고, 빛났던 젊은 꿈도 꽃피워 보지 못한 채 전장 속으로 뛰어들어 가야 했던 당신의 이야기가 가슴 아프게 다가왔습니다.

할아버지는 손녀인 제가 취업 준비로 바쁜 시기를 보내고 직장에 안정적으로 출근할 때까지 기다리시다가 때가 되어서야 소중한 기록과 자료를 꺼내 놓으신 겁니다. 이렇게 귀중한 자료를 저에게 보여 주신 것에 감사하면서, 저는 책으로 엮는 작업을 해 보자고 제안하였습니다. 할아버지께서 이를 흔쾌히 수락하셔서 몇 년간 함께 작업한 끝에 드디어 이 책을 세상에 내놓게 되었습니다. 저에게 너무도 소중한 할아버지의 젊은 시절 이야기를 옆에서 생생하게 들으며 원고를 다듬어 가는 시간이 큰 행복이었습니다. 할아버지께서 살아 계실 때, 이런 이야기를 들을 수 있어 다행이라고 생각했습니다.

이 책은 꿈 많던 스무 살 청년이 전쟁이 터지자 총자루를 쥐고 강원도 산자락을 뛰어다니게 된, 사람 냄새가 묻어나는 전쟁 체험 이야기입니다. 주인공이 신분 높은 군인도 아니며, 매 전투에서 기분 좋게 승리하는 것도 아닙니다. 오히려 힘들고 지치는 순간들이 더 많습니다. 하지만 전혀 지루하지 않습니다. 새로운 위기가 주인공을 매 순간 갈등에 빠지게 하고, 스스로의 선택의 결과로 신분의 변동도 여러 번 생겨납니다. 책을 읽다 보면 영화처럼 당시 상황과 전쟁 모습이 생생히 그려질 것이며, 입체적인 인물들의 모습에 흥미를 느낄 것입니다. 매 순간 달라지는 인물의 심리를 가까이에서 보면서, 시대는 다르지만 사람 마음은 다 비슷하다고 느낄 수도 있습니다. 딱딱하고 멀게만 느껴질 수 있는 전쟁이라는 역사도 어느새 부담 없이 스며들 것이며, 크고 작은 해프닝을 따라가다 보면 시간 가는 줄 모르고 몰입해 금세 읽을 수 있을 것이라 생각합니다.

할아버지께서는 1950년 당시 20세의 나이로, 당신의 가족과 고향의 품을 떠나 학업과 꿈을 포기하고 6·25 전쟁에 참전하셨습니다. 책을 쓰는 동안, 남과 북에서 각각 국군과 인민군으로 참전해야 했던 할아버지의 기구하고 슬픈 운명에 가슴 아팠습니다. 총알이 빗발치는, 매 순간 죽음의 위험이 도사리는 전장에서의 경험담을 직접 들으면서 제가 최전선에 나간 병사가 된 듯 몰입하며 총을 들고 싸우는 긴박함을 상상해 보았습니다. 그 잔상이 남아서인지 이느 날은 꿈에서 전쟁터에 나간 병사가 되어 있기도 했습니다. 강원도에 여행을 가서 산과 개울을 보면, 할아버지께서 해 주신 이야기가 자세히 떠올랐습니다. 평화롭고 아름다운 강원도 산등성이 위로, 젊은 시절 할아버지께서 총을 들고 이곳을 바쁘게 뛰어다니며 생사를 다투셨을 모습이 자연스럽게 그려졌습니다. 저에게 전해진 전쟁 당시의 생생함이 이 책을 통해 많은 독자분들께도 선명하고 울림 있게 전달되면 좋겠다고 생각했습니다.

책 쓰는 과정이 처음부터 수월하지만은 않았습니다. 군대에 입대해 보지 않았고, 또 70년 전의 이야기이기에 생소한 내용도 많았습니다. 역사 공부를 하며 알고 있던 지식과 영화나 책에서 보았던 경험으로는 부족하여, 참고할 만한 자료도 많이 찾아보았습니다. 예전보다 기력이 약해지신 80, 90대 할아버지와 소통하며 전쟁 이야기를 쓰는 것도 쉬운 일이 아니었습니다. 그럼에도 작은 부분도 소홀히 지나치지 않고 의문이 가는 부분은 하나하나 자세하게 여쭤보며 이야기를 채워 나갔습니다. 전쟁의 산증인이신 당신의 이야기에 귀를 기울이고, 그 당시 상황을 사실 그대로 담으려 노력했습니다.

전시의 남북한 군대 체제와 용어, 당시에만 사용하던 생활 속 표현이나 도구들, 지역 방언이 사용된 실제 말씨, 전쟁 지역과 각종 무기 등 다양한 이야기 속 소재에 관해 할아버지의 부연 설명을 토대로 자료를 찾아 조사하고 글에 녹여 냈습니다. 전쟁을 실제로 겪어 보지 않은 세대인 독자들도 당시의 상황과 모습을 어려움 없이 이해하며 읽을 수 있게 담으려 했습니다.

할아버지와 함께 위성지도를 놓고 여기저기를 들여다보며 이야기를 나누기도 하고, 직접 강원도 산악지역을 돌아보기도 하였습니다. 할아버지는 당시 전투했던 지역과 시기, 시간 등을 며칠 전 일처럼 구체적으로 기억해 내셨습니다. 전쟁 중의 불안과 충격이 얼마나 크셨기에 70여 년이 지난 지금까지도 잊히지 않는 기억으로 각인되어 있을까 싶었습니다. 90대 할아버지가 젊었던 그 시절, 청년의 마음으로 돌아가 당시를 회상하고 가족을 그리워하며 눈물을 보이실 때면, 저도 함께 울며 글을 쓰기도 했습니다.

6·25 전쟁, 한민족인 우리나라가 서로를 상대로 참혹한 전쟁을 치른 끝에 우리는 분단되고 서로를 향해 지울 수 없는 상처를 남겼습니다. 심지어 한 가족끼리도 원치 않게 총을 겨누어야 했던 비극의 전쟁입니다. 그 시절에 태어났다는 이유로, 제 할아버지처럼 꿈 많던 수많은 청년이 어린 나이에 자신의 삶을 내던지고 이념 대립의 전장에 징집되었습니다. 그분들의 희생 덕분에 평화와 자유 속에서 다양한 삶의 방식을 향유할 수 있게 된 젊은 세대로서는 상상조차 못 할 일입니다. 이 전쟁의 결과로 수많은 사상자와 유가족, 그리고 이산가족이 생겨났습니다. 전쟁의 잔재에 따른 아픔은 여전히 진행형입니다.

　이 책이 전쟁을 직간접적으로 경험한 당사자와 가족분들, 역사의 현장을 함께 살아오신 분들께 당시의 기억을 소환하게 하여, 값진 희생과 고귀한 정신을 기리는 메시지로 닿았으면 좋겠습니다. 또 전쟁을 경험한 적이 없는 세대에게도 생생한 간접 체험이 되어, 역사적 감수성과 상상력을 더할 수 있는 매개가 되었으면 좋겠습니다. 평범했던 한 청년이 최전방에 나가 죽음의 위험을 맞닥뜨리며 다양한 신분 변화까지 겪으면서 전쟁을 치른 기록이 한 조각의 역사적 사료로서 그 가치를 다한다면 엮은이로서 보람을 느낄 것입니다.

　세계 곳곳에서는 아직도 정치적, 이념적 대립 등을 이유로 전쟁이 진행 중입니다. 막대한 경제적 피해와 문화적 손실은 물론이고, 많은 사람들이 자신의 삶을 빼앗기고, 징집되고, 죽어 나가고 있으며 각종 범죄가 재생산되고 이산가족 문제, 난민 및 고아 문제 등은 오늘날까지도 계속되고 있습니다. 더 이상의 피해 없이 모든 사람들이 생존권과 행복추구권을 보장받고, 협력하는 국제 관계 속에서 평화롭게 공생할 수 있기를 소망합니다.

이 책이 세상에 나올 수 있게 도움을 주신 할머니, 부모님, 김태헌 작가님, 출판사 지식과감성# 식구분들께 감사의 말씀을 전합니다. 더불어 옆에서 격려해 주고 힘이 되어 준 지인들에게도 고마운 마음을 전합니다.

끝으로, 이 전쟁 수기의 주인공이자 집필자이신 할아버지께 존경하고 사랑한다는 말씀을 전합니다. 북한에 계신 할아버지의 가족분들, 그리고 용감하게 몸 바쳐 싸우신 많은 참전 용사분들께도 이 책을 바칩니다. 하늘나라의 별이 된 예쁜 동생과도 할아버지의 책을 쓰게 된 기쁨을 함께 나누고 싶습니다.

할아버지와 손녀가 함께 작업하는 모습

40년 전의 나를 만나다

1993년, 생각지 못한 한 통의 전화를 받았다. 한국 전쟁이 끝난 지 40년이 지났을 때다. 남북이 휴전에 들어간 후, 나는 부산에 정착하여 일상 속에서 바쁘게 지내고 있었다.

전화를 걸어온 사람은 6·25 전쟁 때 나와 함께 국군 기갑연대 수색대원으로 참전했던, 전우 윤영호였다.

"야, 너 살아 있었냐?"

들뜬 목소리로 내던진 첫마디였다. 서로 생사조차 모르며 잊고 지내던 터였다. 우리는 반가움에 서로의 안부를 물었다.

같은 수색 중대 대원이었던 그는 내가 전투 중에 전사한 줄로만 알고 있었다면서 눈시울을 적셨다. 현충원 국립묘지에 6·25 전쟁 전사자 위패를 모시고 있는데, 그곳에 새겨진 내 이름을 보고 내가 전사했다고만 생각했다고 한다. 그는 내가 살아 있다는 소식을 들었으면 진작에 어떻게든 찾았을 것이라고 하면서, 국립묘지에 찾아가 보라고 하였다.

처음 알게 된 이야기에 깜짝 놀랐다. 내가 이렇게 살아 있는데, 전사자가 되어 있다니 도무지 믿기지 않았다. 곧바로 부산에서 서울까지 가는 열차표를 구해 한달음에 서울 동작동에 있는 국립서울현충원을 찾아갔다.

입구 안내소에서 신상 정보를 몇 가지 확인받은 후, 나에 대한 기록을 확인할 수 있었다.

군번: 038××××	계급: 상병
사망일: 1951년 6월 6일	사망지: 산두곡산
소속: 기갑연대	유가족 주소: 함남 함흥 ××××

 나의 전사 기록을 읽는 순간 만감이 교차했다. 전우 윤영호의 말은 사실이었다.

 '산두곡산'

 인민군에게 온통 포위되어 국군으로서 마지막 순간까지 목숨 걸고 고지를 사수하던 그 장면이 바로 어제인 것처럼 생생히 떠올랐다. 40여 년 전 생각에 잠겨, 위패 위치 안내 인쇄물과 약도를 받아 들고 위패가 있는 곳으로 천천히 발걸음을 옮겼다.

 현충탑 위패 봉안관에서 대리석 벽면에 또렷이 새겨진 내 이름을 찾을 수 있었다. 나는 전사자로 파악되었기에 한 계급이 상승한 '상병' 전사자로 기록되어 있었다.

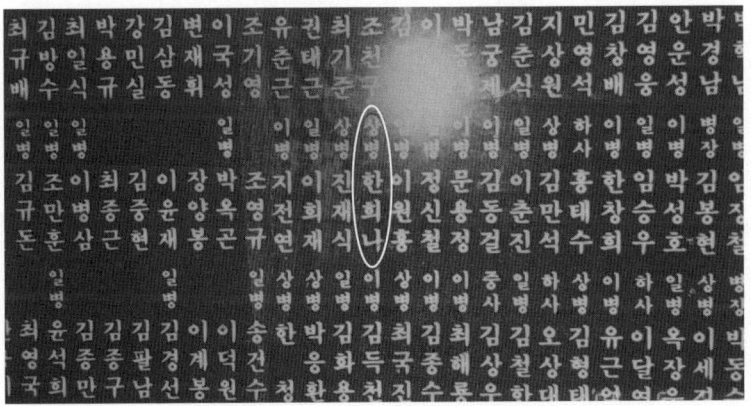

현충탑 대리석 위패에 새겨진 전사자 이름

직접 내 눈으로 확인하니, 나지막한 탄식이 절로 나왔다. 가슴이 저릿해 왔다. 40여 년 전, 전쟁터에서 언제 인민군이 나타날지 모르는 긴장 속에 제대로 먹지도 자지도 못하며 매일같이 깊은 산속을 헤집고 다녔다. 많은 비참한 죽음을 옆에서 생생히 보면서, 죽을 뻔한 고비를 힘겹게 넘기던 순간들이 주마등처럼 머릿속을 스쳐 갔다.

내 이름의 위아래, 좌우로 이 땅을 지키다가 산화한 전사자의 이름이 빼곡하게 새겨져 있었다. 전사자의 이름을 하나하나 읽어 내려갔다. 어린 학생에서부터 가정을 일군 사람들까지, 피비린내 나는 전투에서 가족들에게 마지막 인사도 전하지 못하고 스러져 간 호국영령들이었다. 이들은 어떤 사람들이었을까. 가족들은 처참했던 전쟁과 고인의 마지막 모습을 어떻게 기억할까. 서글픈 마음에 가슴이 먹먹해졌다.

나는 고개를 숙이고 묵념하였다. 불러도 대답 없는 이름의 전우들을 떠올렸다. 40년이라는 오랜 세월이 지났지만 그때 함께했던 그 이름들이 잊히지 않고 금세 하나씩 떠올랐다. 처절했던 전장의 상흔을 안고 이 땅을 지켰던 그들의 아픔을 그려 보았다. 시대 상황에 안타깝게 희생된 꿈 많은 젊은 청춘들이었다. 흐르는 눈물을 주체할 수 없었다. 마음속으로나마 먼저 세상을 떠난 전우들의 영혼이 하늘나라에서 편히 쉬기를 빌고, 또 빌었다.

국립현충원 현충탑 앞에서

현충탑 내 대리석 위패에 새겨진
자신의 이름을 바라보는 저자

1부
기약 없는 이별

1. 6·25 전쟁 발발

1950년 6월 말, 나는 대학에 입학한 후 처음으로 치르는 기말고사 준비에 바쁜 시간을 보내고 있었다. 내가 다니는 흥남공대는 공장에서 일하는 엔지니어를 양성하는 대학으로, 당시 함경남도와 함경북도를 통틀어 하나뿐인 공과대학이었다. 사람들이 알아주는 일류 대학에 다닌다는 자부심으로 열심히 대학 생활을 하고 있었다.

북한은 공업이 주력 산업이었다. 우리 학교 근처에 있던 흥남공장은 비료, 기계, 주물, 하야, 화학의 5대 공장으로 구성되어 있었다. 이는 아시아에 있는 공장 중에 일본 다음으로 큰 규모였다. 공장은 길쭉한 형태의 공업지구로 배치되어 있는데, 공장 안팎을 다니는 철로와 여러 개의 하역장이 있어 생산 원재료와 완제품 등을 실어 나를 수 있었다.

나는 흥남공대에서도 최고로 인정받는 전기과에 재학 중이었다. 공부량이 많았고 내용도 어려웠다. 하지만 열심히 공부해서 기사 자격증을 취득하면 흥남공장을 비롯한 각 지역 공장의 탄탄한 직장에 취직이 보장되어 있었다. 나는 노력파 성격으로 학교에서 장학금을 받고 공부하며 밝은 미래를 꿈꾸었다.

나는 집에서 막내아들로 태어났다. 큰누님은 결혼하여 일찌감치 분가하였고, 위의 형님들은 당시 북한에서 이름난 좋은 대학에 다니거나 졸업하여 번듯한 직장에 다니고 있었다. 모두가 성격이 둥글고 온화하여 형제간의 다툼이 없고 집안은 늘 화목하고 평안했다. 그러다 보니 자연스레 동네에서 칭찬과 부러움의 대상이었다.

우리 집에는 과수원과 논밭이 있었다. 우리 가족은 과일나무를 가꾸며 농사일을 겸하였다. 과수원에는 사과나무와 포도나무를 여러 그루 길렀다. 한쪽에는 일가족이 먹을 복숭아나무와 자두나무도 몇 그루 길렀고, 콩과 감자 등을 심고 가꾸었다. 나는 아주 어렸을 때부터 과수원 일을 도와 과일나무에 약을 치고 호미로 잡풀을 정리하기도 했다. 벼농사도 지어 모심기부터 추수철에 벼 낟가리[1]를 만들어 탈곡하는 것 등을 돕고 짚으로 새끼를 꼬아 가마니를 짜기도 했다. 밭에서 기른 목화솜으로는 물레를 돌려 실을 뽑아 양말과 장갑 등을 만들기도 했다.

우리 집은 소를 두 마리 키웠는데, 농사짓는 황소 한 마리와 젖을 생산하는 얼룩소 한 마리였다. 나는 쇠꼴[2]을 먹이려 산과 들판에 나가고, 얼룩소의 젖을 짜기도 했다. 짜낸 젖은 북한에 주둔한 소련군[3]에 납품하면 수입이 제법 쏠쏠했다.

가족 일을 정성껏 잘 도우니 부모님께서는 형들과 달리 나를 중학교에 보내지 않고 농업학교에 보내려 하셨다. 어렸을 때도 공부를 그럭저럭 잘했던 나로서는 여간 서운한 일이 아니었다.

---

1   볏단을 차곡차곡 쌓아 놓은 더미를 의미한다.
2   소에게 먹이는 풀을 의미한다.
3   당시 북한은 일본으로부터의 해방과 함께 들어온 소련군을 해방군이라 불렀다.

형제 중에서는 막내였지만, 동네에서는 친구들과 병정놀이할 때 줄곧 골목대장 역할을 하였다. 나는 또래에 비해 키가 크고 체격이 좋았다. 북한 취학 연령인 9살[4] 때 소학교[5]에 들어가려고 심사를 받던 중에는 선생님께서 "너 9살 아니지! 원래 몇 살이야?" 하며 의심하시기도 했다.

소학교에 다닐 때까지는 동네 친구와 종종 주먹다짐하는 철부지였다. 싸움을 하면 보통 상대에게 코피를 내는 것으로 끝을 봤다. 하루가 멀다고 속내의가 찢어지고 피를 묻혀서 돌아온다고 어머니께 팔을 꼬집히며 꾸지람을 들었다. 하지만 학교에서는 열심히 공부하는 우등생으로 선생님들께 귀여움을 독차지했다. 선생님들은 나를 믿으시는지, 교무실로 가서 소제검사[6] 보고를 하도록 하였고, 중요한 심부름을 항상 맡기곤 하셨다.

중학교에 입학해서는 유도부에 들어갔고, 복싱까지 하는 등 운동을 좋아했다. 장거리날리기 학교 대표 선수로 대회에 출전하기도 하였다. 그 당시 함경남도 전체 중학교 체육 대회가 열렸는데, 함남중학교 대표로 장거리달리기에 출전하였다. 이때 단천중학교 대표이면서 그 종목 최고 선수인 최윤철 선수도 출전하여 함께 경기를 하였다. 최윤철 선수는 월남하여 1950년 제54회 보스턴 마라톤대회 3위까지 입상할 정도로 대단한 선수였다. 그런 그와 함께 경기를 치렀으니 나도 실력이 꽤 있는 편이었다. 그만큼 날렵한 운동신경을 가진 나는 꾸준히 체력을 단련하였다.

---

4 만 나이가 아닌, 예전 한국식 나이로 9살을 의미한다. 당시 8살이나 9살에 취학하는 것이 보통이었다.
5 그 당시 초등학교를 일컫는 용어이다.
6 수업을 마치고 교실 청소가 끝나면 교무실로 가서 선생님께 보고하는 것을 의미한다.

1945년도 중학교 2학년 때다. 8월 15일, 일제로부터 광복을 맞이한 이후부터 학교에 국어 과목이 생겼다. 일제강점기 때 학교에서는 일본인 선생님, 또는 일본식 이름을 가진 선생님이 가르치며 학생들도 일본어만 사용하게 했다. 특히 중학교 때는 거의 모두가 일본인 선생님이었다. 그 당시 나의 일본식 이름은 '교하라 에이진'이었다. 학생들은 일상에서 한국어와 일본어를 혼용해서 쓰고, 한글에 대해서는 '가갸거겨'조차도 배워 본 적이 없었다. 그런데 광복을 맞이한 이후부터 드디어 한글을 공부할 수 있었던 것이다. 나는 6·25 전쟁 전까지 고작 5년 동안 학교 정규 교육과정으로 한글과 국어를 공부할 수 있었다.

저자가 재학했던 함남중학교 (출처:『함흥시지』-함흥시지편찬위원회)

대학에 입학한 후, 1학년 때부터 미래에 대해 나만의 큰 그림을 그렸다. 24살에 졸업하면 공장 기사로 취직하여 3년 정도 돈을 벌고, 기사에게 주는 사택을 받아 27살에 결혼을 해야겠다고 생각하였다.

당시 유행하던 일본 작가 사까다[7] 씨가 쓴 책의 영향을 받아 나름대로 건실하게 미래를 꿈꾸고 있었다. 기말고사 시험을 무사히 마쳐 좋은 성적을 거두면 7월 초부터 시작되는 2학년으로 진학도 하고, 장학금도 계속 받을 수 있을 것이라는 생각에 공부를 더욱 열심히 하였다.

나는 같은 과 동기 이진호와 함께 내 방에서 시험공부를 하였다. 가끔 피곤함을 풀기 위해 서본궁역[8] 철도변 언덕 위 푸른 잔디밭에 누워 맑은 하늘을 보면서 깊은 호흡을 들이마시곤 하였다. 조용히 눈을 감으면 차분한 마음이 되어 공부한 것을 복습하기 좋았다.

"이번에는 무슨 문제가 나올 것 같아?"

진호와 시험에 나올 것 같은 문제를 서로 물어보며 답안에 관해 토의하면 시간이 금방 흘러갔다.

태조 이성계가 권좌를 물려주고 말년을 보내며 함흥차사 전설이 생겨난 함흥본궁
(출처: 『함흥시지』-함흥시지편찬위원회)

7 　『학생과 사회』, 『학생의 장래』, 『학생들의 심리에 대하여』 등 여러 권을 저술했다.
8 　이성계 궁 근처이다. 함흥차사 전설이 있는 궁이다.

그러던 중 1950년 6월 20일 전후로, 뚜껑이 없는 화물 기차가 난데없이 많은 양의 포와 군용차량을 싣고 남쪽으로 향하는 것을 보았다. 유개열차[9]는 더운 날씨에 옆문을 바람이 통할 정도로 약간 열어 놓고 가는데, 그 사이로 인민군이 빼곡히 타고 있는 것이 보였다. 일반인이 타고 다니는 객차가 아닌, 덮개가 있는 화물열차에 인민군을 싣고 비밀스럽게 이동하는 것이 매우 수상했다. 그나마 내가 철도변까지 나와 있으니 간신히 볼 수 있는 장면이었다. 일반 사람들은 기차에 인민군이 탔는지 화물이 실렸는지 모를 일이었다. 이 화물차들은 모두 남쪽을 향해 달렸으며 북쪽으로 가는 것은 보지 못했다.

이 이상한 장면을 보면서, 얼마 지나지 않아 남북 사이에 격돌이 있을 것이라는 강한 예감이 들었다. 어느 쪽에서 먼저 공격할까? 나는 전쟁이 난다면 북측보다는 남측에서 먼저 공격을 가하지 않을까 짐작해 보았다. 그 이유는 남쪽 정부는 유엔의 감시하에 선출된 정부로 국제적인 인정과 지원을 받고 있어서 북측이 쉽사리 선제공격할 수 없을 것 같아서였다. 남측의 공격에 대한 북측의 방어로 긴장이 고조될 것 같았다. 또한 북측에 주둔한 남측 정보원을 통해 인민군의 움직임을 남측에서도 이미 감지하지 않았을까 싶었다.

전쟁이 날 것 같은 불안 속에 마음은 뒤숭숭하였지만, 어찌 되었든 학생으로서 좋은 점수로 시험을 마쳐야겠다는 결심은 조금도 변함이 없었다.

학년 말 시험은 약 열흘 동안 2~3일 건너 하루에 두 과목씩 치러

---

9   철판으로 지붕까지 모든 면을 둘러싼 화물 기차다. 원래는 화물을 운반하는 화물 열차지만, 이때는 유개차에 비밀리에 무장한 인민군을 싣고, 지붕이 없는 무개차에는 대포나 군 트럭을 실었다.

졌다. 당시 이북식 시험은 대개 이런 식이었다. 시험장 앞에 도착하여 입실을 기다리며 줄을 서 있다가 한 명씩 입장하였다. 고사장에 입실하면 뽑기 통에서 문제 카드를 뽑아야 하는데, 30명을 기준으로 100개 정도의 카드가 뽑기 통에 들어 있다. 각 카드의 문제들은 모두 다른데, 한 문제 카드에는 난이도가 고루 분포된 5개의 논술형 문제가 출제되었다. 시험지 작성을 마치고 앞에 계신 교수님께 시험지를 제출하면 마지막으로 교수님이 그 문제에 대한 추가 질문을 하였다. 면접처럼 그 자리에서 대답을 잘해야 한다. 이 모든 것을 종합하여 한 문제에 1점씩, 5점 만점으로 한 과목의 점수가 매겨졌다.

우리 학교의 학년 말 시험이 모두 끝나는 날은 바로 1950년 6월 25일이었다. 기차 통학생인 나는 그날도 아침 일찍 시험을 치르러 가기 위해 기차에 올랐다. 그때 기차 안에서 한 친구가 다급히 와서 친구들에게 말했다.

"아, 오늘 아침 뉴스 들었니? 괴뢰군[10]이 오늘 새벽에 38선을 돌파해서 북쪽으로 3마일 지점까지 쳐들어왔단다. 이제 싸움이 붙었다."

"아니, 그게 사실이야?"

"그래서 지금 인민군이 반격 중이란다."

"이제 큰일 났구나."

우리는 앞으로 어떻게 될 것인가를 걱정하며 시험장에 들어갔다. 그날은 소련 공산당 당사 시험(ML[11])이 있었다. 정오 무렵 답안 작성에 몰두하고 있는데, 조용해야 할 시험장에서 유독 그날만은 스피커

---

10 북한은 남한의 국군을 괴뢰군이라 불렀다.
11 ML은 마르크스와 레닌의 약자이며, 시험은 소련 볼셰비키 공산당 당사 학과 시험을 말한다.

를 통해 정오 뉴스가 들려왔다. "당에 충실하고 용감한 인민군은 침입한 남한의 괴뢰군을 섬멸하고 남하 반격 중이며, 38선 이남의 동두천도 얼마 남지 않았다. 남쪽 전 지역으로 진격하여 남쪽을 해방시키겠다."라는 보도를 하였다.

  나는 시험에 열중하면서도 북한 정부가 거짓으로 선동한다고 생각했다. 아침에는 남한의 국군이 3마일 지점까지 들어왔다더니, 12시 방송에는 인민군들이 벌써 국군을 반격하여 동두천까지 진격해 내려갔다니. 짧은 사이에 불가능한 일 같았기 때문이었다.

  그런 생각을 하며 기말고사 마지막 시험인 ML 학과 시험을 마쳤다. 드디어 시험으로부터 해방이다. 긴 전쟁이 이제 막 시작된 줄도 모르고, 그저 기쁜 마음에 친구들과 갖은 농담을 하며 잠시나마 얼굴에 웃음을 되찾았다.

  이때, 6월 말경에 발간된 소련의 기관지 『프라우다 신문』에 "국군이 3마일을 공격해 올라와서 인민군이 반격 중"이라는 발표가 실렸다. 나는 러시아로 된 신문 기사를 어느 정도 읽을 수 있었기에 이것을 보고 정말인지 어리둥절하였다.

2. 모든 것이 달라지다

지금에 와서 생각해 보면, 당시 내가 다니던 흥남공대 1~4학년 모두의 기말고사 종료일은 정확히 6월 25일이었다. 이미 북한 정부가 전쟁 개시일을 정해 놓고 각 대학에 대비하도록 한 것이 아닌가 하는 의심이 든다. 시험이 끝나자마자 곧바로 전 학년 학생들을 강당에 모이게 하여 인민군 자원입대를 독려하였으니 말이다.

시험이 끝난 6월 25일 오후, 학생자치회 개념인 민청회[12]는 전교생을 대학교 강당에 집합하도록 지시하였다. 전교생 중 약 600여 명이 모인 자리에서, 6·25 전쟁 발발에 따른 우리 학생들의 역할에 대한 궐기대회를 시작하였다.

"남쪽의 역적들을 몰아내고 남조선 인민들을 해방시켜 조국의 통일을 이룩합시다. 이를 위해 우리 청년들이 목숨 걸고 나서서 입대합시다!"

대학의 노동당 간부인 선배가 앞장서서 자원입대를 권하였다. 이 자리에서 상급생 10여 명이 인민군에 자원했고, 이들은 입대와 동시에 장교가 되었다.

---

12 '민주주의 청년 동맹'의 약어다. 이때 민주주의는 북한, 즉 '조선민주주의인민공화국'에서 나온 용어다.

이튿날, 내가 속해 있는 전기학부와 금속학부 300여 명에게 내일부터 타 학부와 달리 대학 기숙사 강당에 모이라는 지시가 있었다. 이러한 전쟁 상황에서는 집단생활을 해야 안전하고 관리가 편하기 때문이다.

다음 날부터 우리는 남녀 학생이 뒤섞여 대학교의 기숙사 강당에서 잠도 자고 함께 생활하였다. 대학의 노동당 간부는 한층 강화된 이념교육을 더욱 열심히 지도하고 학생들이 자발적으로 인민군에 지원하도록 강요하였다. 이에 타지방에서 유학하러 온 학생은 처지가 곤란하여 입대하기도 하였다. 그러나 학교와 거리가 가까운 함흥이나 흥남에서 다니는 학생들은 기회를 엿보다 입대를 피하고자 기숙사에서 탈출하는 경우가 많았다. 나도 입대하지 않으려고 기숙사에서 탈출한 학생 중 한 명이었다.

하지만 집에 돌아와서도 편히 있지 못하고 숨어 지내야 했다. 이장을 비롯한 동네 노동당원들의 눈에 띄면 반동분자로 몰리기 때문에 매우 위험했다. 입대하지 않고 숨어 지내다가 발각되면 사상이 불순하다고 잡혀가서 귀신도 모르게 사라질 수도 있었다.

고심하던 나는 이중으로 입대 기피 전략을 썼다. 학교 기숙사로 가서 지내다가 입대하라고 압박을 받으면 집으로 와서 숨고, 집에서 지내다가 위험하다 싶으면 학교 기숙사로 돌아가서 숨어 지냈다.

대학 1학년이던 나는 학교에서 30분 거리에 하숙집도 하나 있었다. 함흥에 있는 본가까지는 이동시간이 1시간가량이나 걸리기 때문에, 하숙집의 중학교 2학년짜리 아이에게 과외를 해 주는 대가로 그 집에 머무르고 있었다. 그래서 사람들의 눈을 피해 학교와 본가, 하숙집을 번갈아 오가면서 기피 생활을 하였다.

　6월 말경부터 동네의 모습도 이전과는 점점 달라졌다. UN군의 전투기가 뜰 때면 도시에서는 큰 소리로 피하라는 공습경보 사이렌이 울렸다. 주민들은 폭격을 우려하여 황급히 대피해야 했다. 마을 사람들은 각자 집 앞마당이나 뒷마당에 방공호, 즉 땅굴을 파서 폭격에 대비하였다. 폭격을 맞으면 아주 큰 소리와 함께 멀리 떨어진 곳까지 파편이 튄다. 게다가 건물과 사람이 흔들릴 만큼 뜨거운 바람으로 후폭풍까지 크게 일어난다. 그래서 모두 몸을 안전하게 보호하려면 지하에 방공호를 깊이 파서 비상시에 그 속으로 대피해야 했다. 보통 6~7명 정도 들어갈 수 있는 크기로 온 동네 사람들이 집마다 방공호를 파 놓았다.

　주민들은 집 마당뿐 아니라, 길가에도 폭격에 대비해 언제든지 피신할 수 있도록 여기저기에 방공호를 직접 파 놓았다. 요즘 학교에서 재난 대응 훈련을 하며 책상 밑에 들어가서나 운동장으로 피신하는 것을 배우는 것처럼, 당시 학교에서도 폭탄이 터졌을 때 취해야 하는 자세와 행동 요령에 대해 가르쳤다. 방공호로 들어가면 머리를 가장 낮은 쪽으로 두고 엄지로 두 귀를 꼭 막아 폭격에 따른 엄청난 폭음으로부터 고막을 보호해야 한다. 그리고 나머지 네 손가락으로 두 눈을 막아 폭격에 따른 바람의 압력으로부터 눈이 빠지지 않도록 보호해야 한다. 그 모양새가 약간은 우스웠지만, 자신을 지키고 보호하는 최선의 방법이었다.

　7월 초쯤, 하루는 내가 아끼던 대학 동기인 정익수의 집을 찾아갔다. 그는 나보다 3살 위였다. 대학에 입학하기 전에 중학교까지만 졸업하고 사회생활을 했던 경험이 있는 친구다. 손재주가 특별히 뛰어나 라디오를 직접 만들기도 하는, 재능이 있는 친구였다.

우리는 과학책을 함께 보며 전쟁 상황에 관해 이야기를 나누고 있었다. 그때였다. 갑자기 함흥 전체에 공습경보를 알리는 사이렌 소리가 크게 울려 퍼졌다. 모두 급히 대피해야 했다. 앞마당에 파 놓은 방공호에 들어가려 했는데, 이미 그 집 일가족이 방공호에 모두 들어가 있어서 나까지 들어갈 자리가 없었다. 하는 수 없어 부엌에서 삼태기를 급히 가져다가 방공호와 지상이 연결된 통로에 애매하게 쭈그려 앉아 굴 입구를 막았다. 그러자마자 곧바로 폭탄 터지는 소리가 크게 났다.

"퍼~엉!"

"퍼~엉!"

UN군의 폭격기로 공습당한 통문리는 처참했다. 함흥 시내 한복판이 큰 소리로 진동했다. 방공호의 입구를 막고 있는 삼태기 위로 폭탄 파편이 투두둑 떨어지는 것이 느껴졌다. 얼마간 기다리자 파편 떨어지는 소리가 잠잠해졌다. 삼태기를 밀치고 조심스레 밖으로 나와 보니, 온 마당에 검은 파편이 널려 있었다. 모서리가 예리하고 날카로운 쇳덩어리는 보는 것만으로도 공포 그 자체였다. 궁금한 마음에 하나를 주워 들었다.

"앗 뜨거!"

깜짝 놀라서 손이 저절로 떼어졌다. 무척이나 뜨거워 화상을 입을 지경이었다. 막 떨어진 폭탄 파편이 그렇게나 뜨겁다는 것을 그때 처음 알았다.

7월 하순경, 하숙집에 혼자 있는데 공습경보를 알리는 사이렌 소리가 요란하게 울리더니 UN군 정찰기가 뜬 것이 보였다. 불현듯 하숙집에서 멀리 떨어지지 않은 곳에 있는 공장이 생각났다. 아무래도 그 공장에 폭탄을 떨어뜨리지 않을까 하는 두려운 예감이 들었다. 곧바로 집에서 나와 급히 내달렸다.

잠시 뒤, 성천강 앞에 다다랐다. 눈앞에 드넓은 수수밭이 펼쳐졌다. 수수밭의 밭고랑 사이에 숨을까 잠시 생각했다. 하지만 이곳도 공장에서 그리 멀지 않았기에 위험한 지역이었다. 성천강의 폭은 백사장을 포함하여 약 400m 이상의 넓고 큰 강이었다. 강물이 약 50m 정도의 폭으로 흐르는데, 허리까지 물이 잠길 정도의 깊이였다. 나는 허겁지겁 강을 건너 높은 둑 위로 올라갔다. 바로 앞에 참깨밭이 있어 재빨리 들어가 밭고랑 사이에 몸을 웅크려 누웠다.

얼마 후 내가 누워 있는 참깨밭 쪽에서 별안간 폭격기가 나타나더니 내 머리 바로 위에 시꺼먼 폭탄을 떨어뜨리는 것이 아닌가.

'강 건너 공장에 떨어져야 할 폭탄이 여기에 떨어지다니, 오폭이구나.'

이대로 꼼짝없이 죽는다니. 나도 몰래 눈을 질끈 감고 몸을 더 웅크렸다. 눈앞이 새하얘졌다.

곧이어 뜨거운 바람에 온몸이 이리저리 흔들렸다. 정신이 아득하고 아찔했다. 잠시 뒤, 다시 정신이 들었다. 살아 있는지 슬그머니 눈을 떠 보았다. 다행히 죽지 않았다. 그제야 안도의 숨을 길게 내쉬었다. 어떻게 된 일인지 주위를 둘러보았다. 강 건너편에 시꺼먼 연기와 먼지가 하늘 높이 솟아오르고 있었다. 폭격기가 이동하는 방향과 속력이 있어서 내 머리 바로 위에서 떨어지기 시작하던 폭탄도 조금 더

전진하여 강을 건너가 폭발한 모양이었다. 기적 같은 일이었다. 이럴 때 사람들은 천운이라고 말한다. 나도 몰래 놀란 가슴을 쓸어내렸다.

한참 뒤, 다시 강을 건너 집 쪽으로 돌아갔다. 가는 길에 내가 예상했던 대로 공장이 폭격당했다는 것을 직접 확인할 수 있었다. 공장 한쪽은 망가져 폐허가 되었고, 폭탄이 떨어진 자리에는 아주 큰 구덩이가 움푹 패어 있었다.

7월 말쯤 되자, 남학생들은 인민군에 입대하였거나 도피하여 기숙사에는 20여 명만이 남았다. 여학생도 30여 명이 있었다. 나를 비롯하여 남아 있는 남학생들은 여학생들 틈에 끼어 새벽에 기숙사 강당에서 주먹밥으로 아침을 먹었다. 그리고 UN군 전투기의 폭격을 피하여 교수님들과 함께 나무가 많은 야산에 올라가 간호학, 위생학을 배웠다. 당시 간호학이나 위생학은 여학생들만 배우는 학문이었는데, 남아 있는 남학생들을 내버려둘 수 없어서 그 틈에 끼워 함께 가르쳤다.

전세가 점점 불리해지자, 기숙사에 있던 20여 명의 남학생들도 밖으로 나가지 못하게 하였다. 최후까지 남아 있던 우리마저도 강제로 입대할 처지에 놓이게 되었다. 결국 이렇게 되자, 나는 이번이 마지막 기회라 생각하고 탈출을 시도하기로 마음먹었다. 기숙사 정문에는 경비원이 삼엄하게 지키고 있어서 탈출할 수 없었다. 일찍이 이런 상황을 예상했던 나는 미리 기숙사 울타리 한구석에 가시철조망을 벌려 놓았었다. 그날 밤, 손을 써 두었던 가시철조망 사이로 다른 사람의 시선을 피해 기숙사를 몰래 빠져나왔다.

집으로 돌아와 본격적으로 숨어 지내는 생활을 시작하였다. 동네 당원들의 의심하는 시선에 부모님의 걱정이 이만저만이 아니었다.

나는 방구석 가장자리에 땅을 파서 그 속에 들어가 지내기도 하고, 분가한 누님 집으로 피신해서 한 달이 넘는 기간을 천장에 들어가 숨어 지내기도 했다.

동네 노동당 간부들은 총으로 무장한 보안요원[13]을 동원하였다. 한밤중에 부모님이 사는 집에 몇 번이나 들이닥쳐 나를 찾으려고 혈안이 되어 수색하였다. 당시 마을에 전기가 들어오지 않았다. 그들은 촛불을 들고 이 방과 저 방으로 찾아다니며 꼼꼼히 수색하였다. 그러나 찾고자 하는 나는 보이지 않았다.

"아들은 어디 갔소?"

"학교에서 군대에 나갔소."

부모님이 이렇게 둘러대면, 그들은 미심쩍은 표정을 짓고 돌아가기를 반복하였다. 입이 바짝 타들어 가는 순간이었다. 이후에도 그들은 종종 한밤중에 수색을 나왔다. 만약 이때 발견되었다면 나는 그 자리에서 즉시 총살되었을 것이다.

온 가족이 걱정하는 상황이라 모든 것이 힘들었다. 답답한 마음에 나처럼 입대를 기피하고 숨어 있던 친구 두 명에게 쪽지를 적어 앞집 여고생을 통해 연락해 보았다. 친구들도 기피 생활을 힘들어한다는 것을 확인할 수 있었다.

친구들과 상의한 끝에 9월 3일, 우리는 하늘에 운명을 맡기고 인민군에 입대하기로 마음먹었다. 학교에 함께 가서 응당한 군 계급을 받고 자원입대하기로 마음을 굳혔다. 우리 셋은 약속한 날짜와 장소에 맞춰 오전에 교복 차림으로 모였다. 보안요원이 우리를 보고 잡아갈

---

[13] 당시 북한의 경찰이다.

테면 잡아가라는 생각으로 당당히 신작로로 나섰다. 숨을 크게 들이쉬니 여태까지 긴장했던 마음이 풀리고 속이 시원하였다. 기피 생활을 하느라 모두 심신이 지쳐 있었다. 기약 없이 길어지는 기피 생활은 생각보다 힘들고 피곤하였다. 특히 부모님의 걱정에 마음의 짐이 무거웠던 참이었다. 걱정을 모두 털어 버리고 편안한 마음으로 입대하겠다고 각오하니 발걸음조차 가벼웠다.

　함흥시 북쪽에서 출발한 우리는 성천강을 따라 걷다가 만세교 앞의 파출소를 지나가야 했다. 각오를 단단히 했지만, 막상 파출소 앞을 지나려니 긴장되고 간이 콩알만 해지는 것 같았다. 만약 이곳에서 잡힌다면 괜한 억울한 일이 벌어질지도 몰랐다. 하지만 어떻게 된 일인지 파출소 앞에 앉아 있던 보안요원은 우리를 보고도 잡지 않았다.

만세교 전경 (출처: 『함흥시지』-함흥시지편찬위원회)

　우리는 남쪽으로 걸음을 더욱 재촉하였다. 함흥에 있는 집에서부터 20리쯤 떨어진 학교로 향하였다. 서함흥역 건물을 지났을 무렵이었다. 갑자기 유엔군 전투기가 나타났다. 우리는 길옆에 파 놓은 방공호로 재빨리 뛰어들어 피신하였다.

저자가 통학하며 이용하던 서함흥역 (출처:『함흥시지』-함흥시지편찬위원회)

바로 그때였다. 대학의 같은 과 동기인 김재순이 사복 차림으로 헐떡거리며 우리가 숨은 방공호 속으로 들어왔다. 그가 여태까지 인민군에 입대하지 않고 기피하고 있었다는 사실에 깜짝 놀랐다. 우리는 서로의 손을 맞잡고 반가워하였다. 거의 두 달 만의 만남이었다. 기피 생활을 하면서 어려웠던 이야기와 친구들의 소식을 나누었다. 그는 자원입대하러 학교로 가겠다는 우리의 말을 듣고 만류하며 새로운 소식을 전해 주었다.

"야, 이 바보들아. 얼마 후에 UN군이 원산에 상륙한다는 말이 있어. 이곳 함흥도 곧 국군에 의해 해방될 거야. 고생스럽겠지만 좀 더 참고 숨어 있어 봐. 숨어 있기 어려우면 생쌀 한 되쯤 갖고 우리들이 있는 곳으로 와."

재순이가 말하는 곳은 함흥역 앞에 있는 철도 관사였다. 폭격을 맞아 망가지고 쓰러진 여러 채의 관사가 있었다. 그와 몇몇 친구들이 그 관사의 잔해 속에 숨어 생쌀을 먹고 물을 마시며 숨어 지내고 있던 것이었다. 보안군이 찾으러 오면 잔해로 들어가 숨어 있기에 잡힐 염려가 없다고 우리를 안심시켰다.

여러 친구가 입대하지 않고 힘들게 기피 생활을 하고 있다는 말을 듣고 깜짝 놀랐다. 우리 셋은 마음을 고쳐먹고, 입대하지 않고 귀가하기로 하였다. 우리는 경비가 삼엄한 신작로를 피해 성천강 강변을 따라 걸어서 각자의 집으로 돌아갔다. 나는 누님 집을 찾아가 천장 속에 숨어 지내며 다시 기피 생활을 이어 갔다. 선택의 갈림길에서 재순 군의 말을 듣고 인민군에 입대하지 않았던 것이 앞으로의 내 인생을 완전히 바꾸어 놓았다.

당시 우리 동네에는 나처럼 숨어 지내는 형님 친구 중 김일순이라는 분이 있었다. 그는 늙은 어머니와 함께 사는 외아들이었다. 운이 나쁘게도 보안요원에게 적발되어 집에서 도망치다가 허벅지에 총을 맞고 쓰러졌다. 하지만 거기서 그치지 않았다. 보안요원은 그를 따라가서 '반역자'라고 부르며 입에 총을 들이대고 다시 쏘았다. 너무나도 야만적이고 비참한 일이었다.

또 다른 비참한 사례도 있었다. 남쪽에서의 국군의 진격으로 노동당원이 북쪽으로 후퇴할 무렵이다. 노동당은 북한 지역의 각 동네를 샅샅이 수색하여 기피자를 찾아내서 학살하라는 지령문을 보냈다고 한다. 이 지령에 따라 보안요원들이 동네 주민 중 입대하지 않은 기피자를 찾아 모조리 사살하는 작전에 들어갔다. 국군이 들어오기 전날 밤, 보안요원이 한 기피자의 집을 수색하던 중 기피자를 찾아내고 말았다. 보안요원은 동네 주민 중 노동당원을 데리고 다니면서 곧바로 기피자를 알아볼 수 있게 했다. 보안요원은 집주인인 기피자 본인은 물론이고 그의 가족까지 찾아냈다. 갓난아기가 태어난 지 며칠 안 되어 출산 때 깔아 놓은 지푸라기조차 치우지 않은 상태였다. 보안요원은 기피자, 산모와 갓난아기, 네 살 된 딸아이까지 모두를 집에 파놓은 방공호로 들어가게 하였다. 그리고 그 안에 총을 쏘아 일가족을 잔인하게 학살하였다.

그런데 다음 날, 진격해 들어온 국군이 네 살배기 딸아이가 상처만 입은 채 혼자 기적적으로 살아 있는 것을 발견하였다. 국군은 아이를 치료해 주었다.

당시 우리 동네에는 50여 가구가 살고 있었다. 그중에서 이장을 비롯한 노동당원들과 공산주의를 옹호하는 자들이 일부 있었다. 하지만 다수는 자유주의를 옹호하는 사람들이었다. 국군의 진격으로 동네 노동당원이 도망쳤을 때, 동네 사람들은 그들을 잡아 복수하기 위해 인민군이 버리고 간 총을 들고 집집마다 찾으러 다녔다. 그동안의 횡포에 분개한 주민들은 일가족이 모두 도망가 아무도 없는 악질 노동당원의 빈집을 찾아가 모조리 부수어 버렸다.

3. 가족을 떠나 자유의 남쪽 땅으로

10월 17일 오후, 소속을 알 수 없는 군인이 누님 집 주위를 기웃거렸다. 군인은 대문 안으로 들어왔다.

"집주인 계시오?"

천장 속에 숨어 있던 나는 바깥소리에 귀를 기울이며 침을 삼켰다. 누님은 잔뜩 긴장하여 바들바들 떨면서 나갔다.

"놀라지 마세요. 우리는 국군입니다. 안심하세요."

그들의 말로 짐작해 보면, 국군의 수색대원들이 주변을 수색하며 인민군이 있는지 확인하고 있는 듯했다. 나는 그들이 간 후에야 천장에서 내려왔다.

"니비[14], 인민군이 국군으로 가장한 모습일 수도 있으니 긴장을 풀 때가 아니오. 좀 더 주의해서 살펴봅시다."

얼마 뒤, 집에서 300m 떨어진 곳에 태극기를 든 한 무리의 군인들이 보였다. 국군부대였다. 나는 너무 반가워서 집에 있던 삶은 달걀 10여 개 뭉치를 가지고 달려가 그들에게 건네었다.

"아이고, 반갑습니다. 참 고생이 많습니다. 이것 좀 드세요."

---

14 '누이'를 지칭하는 함경남도 방언이다.

"고맙습니다."

그 선발대는 위치가 좋다고 판단하였는지, 신작로 옆에 있는 우리 누님 집을 잠시 본부로 삼고 주둔하였다.

부대가 도착한 저녁, 한 장교가 나를 불렀다.

"나도 여기 이북 출신이다. 너는 어느 학교에 다니고 있니?"

그와 몇 마디를 나누고 보니, 그는 영흥이 고향인 우리 중학교 선배였다. 나는 반갑고 놀라서 어떻게 국군이 되었는지 물었다. 그는 남쪽에서 대학을 나왔다고 했다.

"너, 잠깐 날 따라오지 않겠니?"

"네, 좋습니다."

"그럼, 여기 있는 담가(擔架)[15]를 들고 가자."

나는 어디로 가는지, 무엇을 위해 가는지도 모른 채 담가를 들고 그의 뒤를 따랐다. 얼마쯤 갔을 때다. 산에 주둔하고 있는 인민군과 마을에 있는 국군이 서로 총격선을 벌이고 있었다. 놀라서 잠시 주춤하였다.

그 곁을 지나 도착한 곳에 인민군 탱크 한 대가 국군이 매설한 대전차 지뢰에 파손된 것을 볼 수 있었다. 그 안에는 인민군 소좌[16]가 철판에 깔려 도망가지 못하고 있었다. 국군은 캄캄한 탱크 안에 손전등을 비춰 가며 여러 사람이 힘을 합쳐 철판에 깔린 인민군 소좌를 끄집어내었다. 피투성이의 그를 길옆에 눕히자, 국군 지휘관은 나를 데

---

15 환자를 실어 나르는 들것을 의미한다. 직사각형의 긴 천을 두 막대기에 고정하여 앞뒤에서 맞들어 환자를 옮긴다.
16 국군의 소령에 해당하는 계급이다.

려온 장교에게 물었다.

"지금 부상 정도가 어떻게 되는가?"

"출혈이 너무 심해 살기 어렵습니다."

그 말을 듣고 비로소 나를 데려온 장교가 의무장교[17]라는 것을 알았다. 지휘관이 부상을 입은 인민군 소좌에게 다가가 물었다.

"너는 누구냐? 소속을 밝혀라."

"나는 탱크부대 부사령관이다."

"너희들은 왜 여기에 탱크 한 대만 몰고 왔느냐?"

"나는 사령관의 지시로 탱크를 몰고 왔다."

"너는 죽고 싶으냐, 살고 싶으냐?"

"너희들이 죽이겠으면 죽이고, 살리겠으면 살리든지 너희들 마음대로 해라."

나는 당당하게 반말로 응하는 그의 태도에 놀랐다. 보통은 살려 달라며 애걸복걸할 텐데……. 적군이지만 참 군인다운 말을 한다고 생각했다. 그것이 그의 마지막 말이었다.

인민군이 죽는 장면을 바로 눈앞에서 보자 놀란 가슴이 빠르게 뛰었다. 태어나서 처음으로 직접 본 전쟁의 생생한 장면이었다. 마음속이 두려움과 불안으로 뒤덮였다.

그 순간, 나와 친했던 고향 친구 이태호가 퍼뜩 눈앞에 떠올랐다. 태호는 탱크병으로 인민군에 입대하였다. 3일 전쯤 인민군이 후퇴하면서 이들과 같은 방향으로 탱크를 몰고 가다가 우리 부모님 집에 잠깐 들러서 내 안부를 물었다고 한다. 어머니는 내가 누님 집 천장에

---

17   군의 장교, 즉 보건 관련 업무를 담당하는 의무관을 말한다.

숨어 지낸다는 말은 차마 하지 못한 채 애매하게 얼버무렸다고 했다. 태호가 무사한지 걱정되었다.

그 와중에 사살된 인민군 부사령관의 윗주머니에 있는 머리빗이 눈에 띄었다. 북한에서는 보지 못했던 세련된 녹색 머리빗이었다. 인민군이 남쪽까지 밀고 내려갔을 때 구했을 남한식 머리빗일 것이라는 생각이 들었다.

비참한 장면을 뒤로하고, 위생 담가를 다시 들고 누님 집으로 돌아왔다. 아마도 사살당한 그 인민군 부사령관을 살리기 위해 들고 갔던 것이리라.

국군이 북으로 진격하자, 노동당원과 보안요원을 비롯한 각 동네의 적색분자들은 더 북쪽으로 도망갔다. 동네에서는 주민이 선출한 대여섯 명의 자위대원이 민주적인 방법으로 동네 치안을 담당하였다.

얼마 지나지 않았을 때이다. 갑자기 중공군이 전쟁에 개입하여 분위기가 뒤숭숭해졌다. 이젠 전세가 역전되어 거꾸로 국군이 쫓기는 신세가 되었다. 국군이 남쪽으로 후퇴할 준비를 서두르는 가운데, 중공군이 가까이 들어왔다는 소문까지 돌았다. 이에 많은 주민이 보따리를 메고 남쪽으로 가는 피난길에 나섰다.

피난민들이 흥남 부두까지 나가서 배편을 구하려고 여기저기 알아보던 중이었다. UN군 사령부에서 함흥지역은 사수하겠다는 발표가 있었다. 그 말을 듣고 안심하여, 다시 고향으로 발길을 돌리는 피난민들도 상당히 많았다.

끝없이 이어지는 피난 행렬을 보니 나도 마음이 착잡하였다. 자유주의 사회를 그리워하던 내 마음도 함께 조급해졌다. 이제 중공군이 들어오면 이곳은 무법천지 세상이 될 것이라는 생각이 머릿속을 떠나지 않았다. 어딘가에 잡혀가서 애꿎은 일을 당하는 것은 아닐까, 겁도 나고 두려웠다. 그렇게 살 수는 없었다.

　1945년 8월 15일, 내가 중학교 2학년 때 일제강점기로부터 해방을 맞아 광복의 기쁨을 만끽하는가 싶었다. 하지만, 소련군이 점령하였던 이북 지역은 김일성 공산당 독재정권이 장악해 버렸다. 싫어도 싫다고 말하지 못하도록 억압하는 사회, 계속 거짓말만 하며 눈치를 보아야 하는 통제된 생활. 더는 이렇게 살고 싶지 않았다. 나는 국군과 UN군을 따라 남쪽의 자유주의 사회로 나가서 공부를 이어 가야겠다고 마음먹었다.

　내가 자유민주주의를 갈망하고 선호하는 이유는 소련군의 무자비한 횡포를 보면서 공산당의 혐오스러운 실체에 놀랐고 환멸을 느꼈기 때문이다. 1945년 8월 15일, 제2차 세계대전에서 패배한 일본군의 무장해제를 명분으로 남과 북에 진주한 미군과 소련군은 38선을 경계로 각각 군사를 파견하여 통치하였다. 8월 29일 소련군은 북한 지역을 완전히 그들의 손아귀에 넣었다.

　소련군은 '해방군'이라는 이름으로 들어왔지만, 실상은 자유와 평화를 무너뜨린 '훼방군'이고 '점령군'이었다. 일제강점기의 쓰라린 고통에서 벗어나 광복의 기쁨을 맛보려던 때였다. 소련군이 북한 지역에 들어와서 맨 처음 한 일은 약탈이었다. 지나가는 시민을 총으로 위협하면서, "다와이, 다와이"라며 손목시계를 빼앗아 가는 등 무법자 그 자체였다. '다와이'는 달라거나 내놓으라는 뜻의 소련 말이

기약 없는 이별　45

다. 시민들은 소련군을 '다와이'라고 부르며 몹시 두려워했다. 심지어 그들은 패륜까지 일삼았다. 여자들을 데려다가 몹쓸 짓을 하여 만신창이로 만들었다.

그래서 주민들은 소련군이 보이면 문부터 걸어 잠갔다. 두려움에 떨며 외출하지 못하고 집 안에 숨어서 조심스럽게 그들의 동정을 살폈다. 무기력하고 외세에 짓밟히는 약소국가의 서러움을 보면서 진정한 자유가 그리웠다. 김일성[18] 정권은 소련의 앞잡이였기에 공산주의는 믿을 수 없는 체제라고 판단하였다.

1950년 11월 말, 나는 주머니에 학생증과 그 안에 함께 기록된 대학 1학년 성적표만 챙겨서 집을 떠나기로 마음먹었다. 이 학생증만 있으면 남쪽에 가서도 성실했던 대학 생활을 증명하여 어느 대학교든 새로 들어가 다시 공부를 이어 갈 수 있으리라고 막연한 기대를 가졌다.

그때는 내가 그토록 그리던 자유는커녕, 곧이어 국군에 입대하여 죽음을 각오하고 전장에 나가게 될 것이라는 생각은 조금도 하지 못하였다.

집을 떠나는 날, 낮에 집에는 어머니 혼자 계셨다. 어머니께서는 나를 보며 연신 눈물을 흘리셨다.

"어마이,[19] 내가 좋아서 가는 건데 왜 눈물을 흘려요. 두 달 정도만 있으면 올 것 같은데, 조금만 기다려 주세요."

"내의도 갈아입지 않고 가면 어떡하니. 몸 주의하고……."

---

18   당시 '김일성 장군'이라고 불렸다.
19   '어머니'를 지칭하는 함경도 방언이다.

걱정하시는 어머니를 뒤로하고 집을 나왔다. 몸을 움츠러들게 하는 한겨울의 추위가 가야 할 길을 재촉하는 듯했다.

그때는 몰랐다. 남과 북이 이렇게 오랫동안 전쟁을 하고 끝내는 다시 오갈 수 없게 될 줄은. 그것이 어머니와의 평생 마지막 인사일 것이라고는 생각지도 못했다.

집을 나온 그길로 나는 함흥의 학생의용대에 들어갔다. 남한에서 온 학생의용대이기 때문에 남한으로 내려가기가 수월할 것이라는 판단에서였다. 여기에는 남한 출신의 학생들도 있었고, 북한 출신의 학생들도 있었다. 함께 생활한 지 일주일 정도 지나자, 오백 명 이상의 의용대는 남쪽으로 가기 위해 흥남 부두로 향했다. 함흥시와 흥남시의 경계인 영대교에 도착하였는데 UN군 보초가 다리를 통과시켜 주지 않았다. 하는 수 없이 하룻밤을 그 근처 노상에서 보냈다. 다리를 건너기 위해서는 다른 방법이 필요했다. 우리는 국군에게 연락하여 국군 트럭 5대를 지원받았다.

다음 날, 우리는 군용 트럭에 탈 수 있는 인원보다 많은 대원이 모두 트럭에 타야 했다. 대원들은 제각각 앉거나 옆으로 겹겹이 누워서 빼곡히 트럭에 올랐다. 그리고 트럭 위에 얇은 천막을 덮어 군수품인 것처럼 조용히 위장하고서야 간신히 다리를 통과할 수 있었다.

가까스로 흥남 부두에 도착하니 남쪽으로 피난 가려고 기다리는 사람들이 많아도 너무 많았다. 부두 전체가 혼돈 그 자체였다. UN군의 군함과 배가 어찌나 많은지, 밤이 되면 불빛으로 바다 쪽에 도시가 형성된 것 같았다. 육지는 칠흑 같은 어둠에 휩싸여, 오히려 육지가 바다인 양 뒤바뀐 풍경이 기이했다. 저쪽이 육지라면 지금 바로 달려가면 될 텐데, 그럼 얼마나 좋을까 싶었다.

흥남 철수 당시 흥남 부두의 모습 (출처: 『함흥시지』-함흥시지편찬위원회)

학생의용대는 우왕좌왕하는 피난민 인파 속에서 우리도 모르는 사이 흩어지게 되었다. 결국 각자 행동할 수밖에 없어 해산한 것과 마찬가지였다. 아침부터 저녁까지 한 끼도 먹지 못해 배가 너무 고팠다. 부둣가에서 남쪽으로 가는 배를 타고자 했으나 여의찮았다. 저 많은 선박 중에 내가 탈 수 있는 배는 없었다.

부두 가까이에 서호진초등학교가 있었는데, 국군이 주둔하고 있었다. 이삼일 동안 굶주린 채로 배를 타고자 어렵게 버티던 나는 우연히 서호진초등학교 정문에 붙은 국군 신병 모집 광고를 보았다.

'이곳에 들어가면 배도 채우고 남한으로 갈 수 있지 않을까?'

이제는 방법을 가리지 않고, 오로지 자유 남한으로 가야 한다는 생각뿐이었다. 12월 5일경, 나는 서호진초등학교를 찾아가 국군으로 자원하였다. 나와 같은 수백 명의 신병은 간단한 기초 군사훈련을 받으며 때를 기다렸다.

며칠 뒤, 우리는 드디어 군 수송선을 타고 남쪽으로 내려갈 수 있게 되었다. 갑자기 전개되는 상황에서 정신없는 가운데, 마침내 속박에서 벗어나 자유주의 세상으로 나가는 것이다. 모두 가슴 벅찬 발걸음으로 배에 올랐다.

태어나서 처음 보는 선실에는 너무나도 깨끗한 그물침대가 있었다. 사람을 많이 태워야 하기 때문에 침대 위에 2층으로 그물침대를 설치한 것 같았다. 조명이 밝고 깨끗한 화장실에는 생전 처음 보는 소변기가 인상적이었다. 바로 옆 한쪽에는 맑고 투명한 물이 가득 담긴 둥근 통이 놓여 있었다. 깨끗한 물을 본 병사들은 좋아하며, 그 물로 차례대로 얼굴을 씻었다. 하지만 이럴 수가, 나중에 알고 보니 그것은 대변기였다. 처음 보는 것들이니 무엇에 쓰는 물건인지 알지 못하고 우왕좌왕할 뿐이었다.

12월 18일경, 오전에 우리는 무사히 남한의 묵호(지금의 동해시)에 도착하였다. 솔직히 말하면, 나는 남한에서 학업을 계속하는 것이 가장 큰 목표였다. 생사를 넘나드는 전쟁터에서도 내가 다니던 대학의 학생증과 그 안에 기록된 우수했던 성적을 소중히 여기며 내내 호주머니에 넣고 다녔다. 남한의 대학 기관에 보여 주면 어떻게든 학업을 이어 나갈 수 있으리라 믿었다. 전쟁 속 군 생활도 금방 끝날 것이라 생각하였다. 스무 살의 나이로 마땅히 꿀 수 있는, 희망에 찬 꿈을 꾸었다.

2부
국군 용사가 되어 전쟁 속으로

1. 대한민국 국군이 되다

    UN군 사령부가 함흥지역을 사수하겠다고 했던 발표는 이행되지 않았다. 게다가 중공군이 들어오면 UN군이 함흥에 원자폭탄을 떨어뜨린다는 소문까지 돌아 민심이 흉흉했다. 불안해진 사람들이 다시 흥남 부두로 가려고 하였으나 UN군이 통행을 금지하였다.
    UN군은 함흥에서 흥남으로 통하는 영대교 반대편에 서서 호련천을 건너오려는 피난민이 있으면 총으로 위협하며 통제했다. 당시 철수해야 하는 병력과 군수물자만 해도 상당했기 때문이다.
    피난민들은 다리 앞에서 길이 막혔다. 이러지도 저러지도 못하는 사람들로 인산인해를 이뤘다. 이미 흥남 부두에 도착한 피난민들은 배편에 서로 오르려고 북새통이었다.
    12월 중순쯤에는 그나마 흥남 부두에서 승선을 기다리던 피난민들이 UN군의 배려로 대부분 배에 오를 수 있었다. 이때 배에 오른 피난민이 약 10만 명이었다. 하지만 길이 막혀 부두에 가지 못하고 남겨진 피난민도 이와 비슷한 규모에 달했다고 한다. 12월 24일, 북쪽에 마지막까지 남아 있던 UN군도 모두 철수하여 배에 올랐다.
    UN군은 마지막으로 철수하면서 중공군이 들어오는 육지 쪽을 향해 마구 포격을 가하였다. 이에 남겨진 피난민들이 희생당하기도 하였다고 한다. 부두의 시설과 남겨진 군수물자, 부두의 옆에 있던 흥남공장도 모두 포격을 맞아 파괴되었다고 한다.

나는 12월 18일쯤 가까스로 군 수송선을 탔다. 동해안으로 내려온 우리 국군 신병은 강원도 동해의 묵호초등학교에 자리 잡았다. 이곳에서 본격적으로 군사훈련을 받기 시작하였다. 함께 내려온 훈련병 중에는 남쪽에 가족이나 친척이 있어 군대에서 빠지는 사람도 더러 있었다. 그러나 연고가 없는 나를 비롯한 많은 훈련병은 달리 의지할 곳이 없었기에 그대로 남아 군사훈련을 받았다.

훈련병 중에는 북한에서 대학교수로 재직하며 제자를 가르쳤던 몇 분도 끼어 있었다. 내가 아는 교수는 우리 흥남공대 전기학부 이시규 교수[20]와 화학공학부 김두겸 교수[21]였다. 그중 내가 다니던 전기학부 전기과의 이시규 교수는 학부장으로서 권위 있는 분으로 나를 잘 대해 주시던 교수였다. 그분 역시 자유주의가 좋아 남쪽으로 내려온 것이다. 그런데 제식 훈련할 때 "앞으로 가! 뒤로 가!"라는 구령에 방향을 제대로 잡지 못하고 자주 틀렸다. 그러자 훈련하는 조교는 "당신도 이북 빨갱이 대학교수야? 정신 차려!"라고 하면서 군홧발로 엉덩이에 발길질하며 망신을 주었다.

'아무리 그래도 그렇지, 대학교수인데 저리 대할 수가 있나……. 이렇게 무식한 사람도 있다니, 이곳 수준이 이 정도란 말인가.'

기가 막혀서 헛웃음이 나왔다.

---

20 훗날 인하대학교 공대 교수로 재직한 것으로 알려졌다.
21 훗날 한양대학교 공대 교수로 재직한 것으로 알려졌다.

이곳에서 훈련받는데 식사량이 너무 적어 늘 배고픔에 시달렸다. 한 끼에 군용 수통 밑에 달린 컵의 7~8할 정도만 밥을 채워 주고, 그 위에 멸치 국물을 부어 주는 것이 전부였다. 그래서 훈련병들은 식사 당번이 되어 배급하러 가면 밥을 뭉쳐 주머니에 숨겨 두었다. 숨겨 온 밥은 나중에 더 꺼내 먹거나 친한 친구들에게 나누어 주기도 했다.

나 역시 식사 당번이 되기만을 손꼽아 기다렸다. 기분 좋게도 크리스마스 날에 식사 당번으로 배정되었다. 기대하던 당번 날이 오자, 들뜬 마음으로 부대 밖에 있는 식당에 도착했다. 그런데 웬걸, 그날은 밥이 아닌 떡국이었다. 뜨거운 떡국은 숨겨서 가져갈 수도 없고, 양껏 먹기도 어려웠다. 그렇게도 식사 당번을 기다렸건만, 몹시 실망스러웠다.

하지만 날이 날인지라, 크리스마스에는 훈련 일정이 없어 훈련병 모두 즐겁게 이야기를 나누며 쉴 수 있었다. 우리는 이북에서 인민군으로 입대하기를 피하면서 고생했던 이야기도 함께 나누었다. 학교 운동장을 뛰어다니며 잡기 놀이도 하면서 잠시나마 긴장된 마음을 풀었다.

그런데 갑자기 선임하사가 들어와 소리쳤다.

"너희들은 너무 규율이 문란하다. 기합이다. 옷을 다 벗어라."

우리는 모두 눈치를 보면서 우물쭈물하다가 옷을 벗고 내의 차림이 되었다. 선임하사가 다시 한번 소리쳤다.

"빤스만 입고 내의도 다 벗어라."

팬티 바람이 된 우리는 오들오들 떨며 묵호항 해변으로 끌려 나가

뜀뛰기를 하였다. 크리스마스 날, 한겨울 바다의 칼바람은 매섭고도 야속했다. 곧바로 얼어 버릴 것만 같았다. 온몸이 부들부들 떨려 도무지 정신을 차릴 수 없었다.

그렇게 뛰는 와중에 해변에 서 있는 피난민 중에 아는 얼굴이 언뜻 보였다. 형님의 친구였다. 너무도 반가운 마음에 손을 들어 크게 부르니 그분도 나를 알아보고 손을 흔들어 주었다. 조금이나마 마음이 놓였다. 남쪽에 내려오면서 가족과 소식이 끊기니, 가족들은 내가 죽었는지 살았는지 생사를 모를 것이다. 나에 대한 소식을 아는 고향 사람이 생겼으니 참으로 다행이라고 생각하였다. 가족들의 걱정이 얼마나 심할까. 언제가 될지는 모르겠지만, 남쪽에 내려와서 이렇게 무사히 잘 지내고 있다는 소식이 전해지기를 간절히 바랐다. 한편으로는 내가 전장에 나가서 만약 전사하더라도 내 마지막 거처와 소속을 아는 사람이 생겼다는 것을 다행스럽게 여겼다. 훗날 가족이 나의 행방에 대해 알 수 있을 것이라고 스스로를 위로하였다. 한 가지 걱정이 해결되는 것 같았다.

묵호 훈련소에서 약 한 달 동안 훈련을 받던 때였다. 중공군의 개입과 인민군의 남하로 시간이 지나면서 국군은 점점 더 불리해졌다. 우리 훈련병도 전황에 따라 남쪽으로 후퇴해야 했다. 1951년 1월 중하순 무렵, 우리는 삼척을 거쳐 죽변으로 이동했다. 그곳에서 열흘 정도 머물면서 군사훈련을 계속 받았다.

1951년 2월 초순 무렵, 드디어 훈련이 끝이 났다. 우리는 아침 일찍 연대 배치를 받았다. 마지막까지 호명을 기다리던 나를 포함한 200여 명은 인솔 장교를 따라 죽변에서 북쪽의 임계로 이동하였다.

한겨울에 온통 눈으로 뒤덮인 백두대간을 따라 오르자니 숨이 가쁘게 차올랐다. 눈에 미끄러져 넘어지기도 하면서 한나절 정도를 쉬지 않고 이동했다.

오후쯤 배치받은 임계에 도착할 수 있었다. 우리는 한 마을에 주둔하고 있는 연대 본부에 도착했다. 그곳은 수도사단[22] 기갑연대였다. 곧바로 자대 배치를 받았다. 기갑부대[23]라 하니 멋있는 느낌도 들어 기대하였다. 그런데 주변을 살펴보니 부대 이름과는 다르게 전차는 한 대도 보이지 않고, 기갑 장비라 할 수 있는 무기도 장갑차 몇 대뿐이었다. 그것도 체인 형태의 무한궤도 바퀴가 아니라, 고무바퀴가 달린 장갑차였다. 소련으로부터 대량의 전차를 공급받고 낙동강 전선까지 밀고 내려올 수 있었던 인민군과는 달랐다. 명색이 하나뿐인 국군의 기갑연대인데, 조금 실망스러웠다.

나를 포함한 신병 150여 명은 따로 차출되었다. 우리는 새롭게 편성한 연대장 직속의 수색 중대에 배치받았다. 연대장 직속 부대는 대대장을 거치지 않고 연대장의 명령을 직접 받고 움직이는 부대다. 중대장 김 대위는 자신을 소개하면서 우리에게 격려사를 전하였다.

"환영한다. 너희들은 이제 우리 기갑연대 수색 중대 소속이 되었다. 나는 앞으로 너희들과 함께할 연대 수색대 중대장이다. 우리 연대를 위해 일선에서 용감하게 몸 바쳐 전투에 나서자."

나는 수색 중대 3소대 3분대에 편성되었다. 새로운 군번을 받

---

22   사단은 '1사단', '2사단' 등이라고 숫자로 부대 명칭을 부여하지만 특별히 '수도사단'이라 칭해진 맹호부대가 존재했다. 후에 월남전에서 맹위를 떨쳤던 부대이기도 하다.
23   전차나 장갑차로 전투하는 부대를 말한다.

고 일등병[24]이라는 갈매기 하나짜리 계급을 받았다. 묵호 훈련소에서 기초 군사훈련 때 받은 군번과는 다른 것이었다. 새 군번은 038××××였다.

당시 대원들은 거의 모두가 이북에서 인민군 군사훈련을 받았던 사람들이었다. 나도 이북에서 대학 1학년을 다니면서 인민군 장교로부터 매주 훈련을 받았었다. 대원들은 이북의 인민군에 들어가면 부사관 정도의 계급은 받을 수 있었다. 그래서 '고작 일등병이 되자고 국군에 입대하였는가.'라고 여기며 계급장을 달지 않았다. 상관들은 이것을 보고도 우리의 마음을 이해하는지 아무런 질책을 하지 않았다. 일선에 나갈 때까지도 우리는 한동안 계급장을 달지 않았다.

수색대의 역할은 마치 사냥개처럼 최일선에서 가장 먼저 적지에 들어가서 인민군의 위치나 상황을 파악하는 것이다. 때로는 은밀하게, 때로는 전투를 거쳐 인민군의 배치나 규모, 동선, 각종 실태 등 정보를 파악하여 본부에 보고하면 본부는 전투 작전을 세우게 된다. 따라서 역할이 매우 막중하였다. 수색대가 임무를 잘못 수행하면 부대의 생존이 크게 위협받을 수도 있기 때문이다. 수색대원은 일반 전투부대와는 달리 몸을 가볍게 하여 빠르게 숨어 다니기 위해 수류탄이나 경기관총 없이 소총 하나만 가지고 전투장을 다닌다. 이에

---

[24] 당시 국군 계급체계는 이렇다. 이등병(훈련소) – 일등병(갈매기 하나) – 하사(갈매기 둘) – 이등중사(갈매기 셋) – 일등중사(갈매기 넷) – 이등상사(막대기 두 개 위에 갈매기 두 개) – 일등상사(막대기 세 개 위에 갈매기 세 개) – 특무상사(막대기 세 개 위에 갈매기 세 개, 그 위에 별 하나) – 장교급. 장교급은 소위(기다란 직사각형 하나, 소대장급) – 중위(기다란 직사각형 둘, 중대장급) – 대위(기다란 직사각형 셋, 중대장급) – 소령(태극 하나, 대대장급) – 중령(태극 둘, 부연대장급) – 대령(태극 셋, 연대장급) – 준장(별 하나, 부사단장(장군)급) – 소장(별 두 개, 사단장(장군)급) – 중장(별 세 개, 군단장급) – 대장(별 네 개, 참모총장급. 정부 군대의 제일 높은 사람)으로 이루어진다.

인민군의 공격에 희생당하는 경우도 많았다.

  수색대의 가장 중요한 임무 중 하나는 인민군 포로를 사살하기보다는 생포해야 하는 것이다. 그만큼 위험이 따르지만, 생포한 포로를 심문하여 인민군의 정세를 파악하는 것은 무엇보다 중요했다. 여러 포로에게서 가치 있는 정보를 알아내 상급 부대에 보고하여 유리한 작전 계획을 세워야 하기 때문이다.

  항상 전방에 앞장서기에 고되고 위험한 역할이지만 임무를 잘 수행하여 전투를 승리로 이끌어야 했다. 따라서 수색대원은 빠르고 민첩하게 움직이며 장거리도 잘 뛰어야 하는 등 강한 체력이 필요했다. 또한 적진에 은밀히 침투해야 하기에 은폐 전문가여야 했다. 이렇게 특수한 임무를 잘 수행하도록 강도 높은 훈련을 반복했다.

  우리 수색 중대 대원 150여 명은 강원도의 굽이진 산골짜기란 산골짜기는 지형을 가리지 않고 다니며 수색을 나가야 했다. 국군에서 진쟁하는 내내 강원도 일대 동부전선의 산과 고개를 수없이 전전하였다. 게다가 수색대는 언제나 숨어 다녀야 하기 때문에 산 능선에 편히 난 길보다는 주로 잡목이 무성하게 우거져 사람 다닌 흔적 없는 골짜기만 골라 다녔다. 높고 험준한 산의 고지까지 오르며 수색하여야 했기에 너무나 힘들고 피로했다.

  낮에는 산골짜기를 다닐 수 있을 만큼 최대한 많이 움직였다. 밤에는 우리 스스로를 지키기 위해 보초를 서면서 잠깐씩 조는 것이 잠의 전부였다. 잠을 편하게 잘 수 없는 것이 무엇보다도 큰 고통이었다. 간혹 한밤중이나 비 오는 날엔, 그 틈을 이용하는 인민군의 기습 공격에 부대원들이 희생당하기도 하였다.

이렇게 수색대는 적과 잠이라는 두 가지의 남모를 고통에 시달렸다. 참고로 인민군은 낮에 점심을 먹은 후에 꼭 30분 동안을 취침시켜, 병사들의 체력 관리에 큰 도움이 되도록 하였다. 이 30분 동안에는 누구 하나 말을 하거나 움직일 수 없다. 비록 적군이지만, 이것은 병사들의 체력과 전투력을 관리하는 좋은 방식이라고 생각했다.

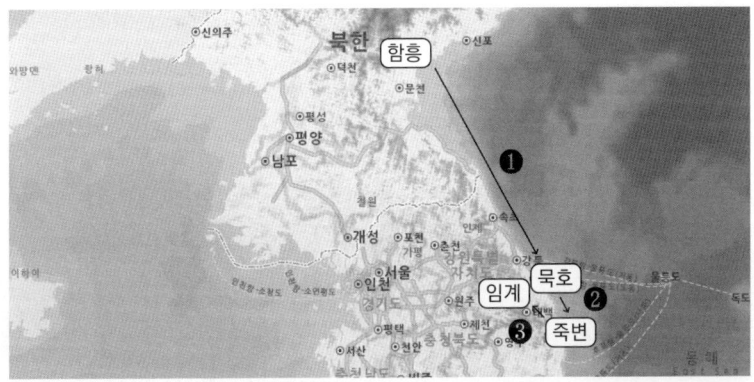

2. 북쪽으로 진격하라

　우리는 부대에 배치를 받고서야 제대로 된 음식을 먹을 수 있었다. 입대한 이후 처음으로 김치가 나왔다. 밥도 충분히 주었다. 훈련병 때는 배가 너무 고파서 훈련장 근처에 있는 산의 흙이라도 먹고 싶었으나, 모래 섞인 흙을 먹으면 탈이 날까 싶어 참았을 정도였다. 특히 김치는 집을 떠나온 이후로 처음 먹는 것이었다. 내가 소속된 분대에 나무통으로 된 함지에 밥과 김치가 배식되자, 신이 나서 김치를 먹으려고 서둘러 입으로 가져갔다.
　"아얏!"
　"야, 너 이 새끼, 왜 혼자 처먹냐!"
　고향에서 주먹다짐으로 소문이 자자했던 초등학교 선배 이완호가 먼저 먹는다고 내 머리통을 쥐어박았다. 우리는 서로를 쳐다보고 웃었다.
　내가 소속된 수색 중대에 첫 임무가 떨어졌다. 우리는 임계에서 여량을 거쳐 정선 안쪽으로 수색을 나갔다. 군대에서 처음 나가는 수색이었다. 실제로 전장에 나가자, 마음이 뒤숭숭하고 어떻게 되는 것 아닌가 하는 두려움이 감돌았다.

'인민군은 어떻게 나타날까? 우리는 어떻게 싸우게 될까?'

마음이 복잡했다. 신경을 곤두세우고 잔뜩 긴장한 마음으로 소총을 오른쪽 어깨에 메고 걸음을 재촉했다.

도로를 따라가는데, 걱정과 다르게 인민군은 보이지 않았다. 오전에 여량을 지날 때는 아름다운 경치에 깊은 감동마저 느껴졌다. 2월의 설경이 눈부시게 아름다웠다. 하얀 눈이 쌓인 산속 계곡 옆에는 띄엄띄엄 오막살이 초가집들이 있고 겨울나무에는 가지마다 피어난 눈꽃이 아름다웠다. 마치 한 폭의 그림 속 풍경 같아, 이런 자연 속에서 살고 싶다는 생각이 들었다.

우리 부대는 고양산까지 수색해 들어가서 하룻밤 자고, 이튿날 다시 임계로 돌아와서 주변 상황을 보고했다. 인민군은 전혀 보이지 않았다.

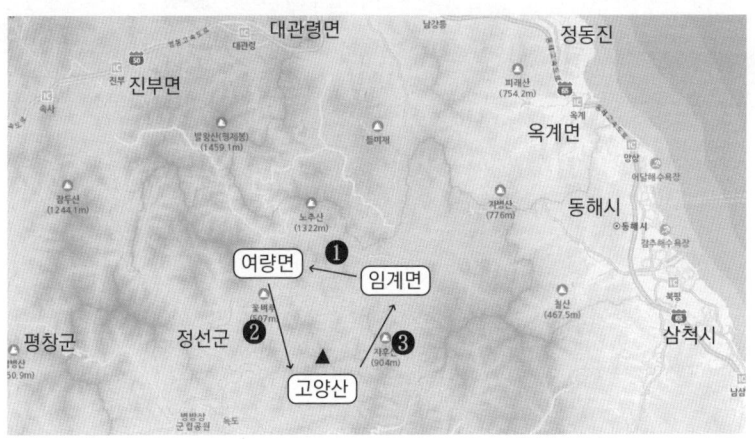

다음 날 수색 중대는 길을 따라 북쪽으로 진격을 계속했다. 도마리 쪽을 거쳐 대관령 근처 마을인 구산리에 도착하였다. 우리 부대는

이곳을 근거지로 삼고 며칠간 대관령 주변에서 수색 활동을 펼쳤다.

구산리에서의 첫날 밤이었다. 온통 캄캄한 어둠 속에 홀로 보초를 서려고 오솔길을 따라 나가던 중 기이한 광경이 눈에 들어왔다. 주변에는 빛이 한 점도 없어 사물의 형체조차 알아볼 수 없는데 유독 한 집 마당만 형광등을 켠 것처럼 환하게 빛이 났다. 밝게 빛나는 범위가 꽤 넓었는데, 그 빛의 정체가 무엇인지는 확인할 수 없었다.

이상하다 싶어 다음 날 낮에 다시 가 보니 그것은 폭삭 가라앉은 집이었다. 아마 폭격으로 집이 무너진 것 같았다. 그 집 위로 연기같이 새하얀 수증기가 모락모락 올라오는 것이 선명히 보였다. 짐작하건대 집 안에 있던 사람들이 많이 죽어서 사체의 뼈에서 나오는 인광 등 형광 물질이 밤에 빛을 내는 것 같았다. 사람이 얼마나 많이 죽었으면 이럴까 싶었다. 섬뜩한 생각에 머리카락이 쭈뼛 섰다.

우리 부대가 주둔한 집은 일가족이 피난을 떠났는지 아무도 없었다. 세상은 온 천지가 퍼부은 눈으로 하얗게 뒤덮여 고요했다. 한 대원이 울타리 옆에 불룩 튀어나온 짚더미 쌓아 놓은 것을 발견했다.

"저기, 눈 위에 뭐가 있는데?"

"한번 보자."

짚더미를 치워 보았더니 그 밑에 움을 파고 감자를 많이 넣어 놓은 것이 보였다.

"야, 감자다!"

"우리 이거 삶아 먹자. 일단 씻어야겠다."

우리는 작은 알감자를 삶아서 껍질째 허겁지겁 먹으며 주린 배를 달랬다. 뜨거운데도 맛있어서 대충 식혀서 급하게 먹었다. 하지만 시간이 지나자 배가 살살 아프더니 설사를 하기 시작했다. 감자 껍질과 감자 눈에 독이 있는 것을 그대로 먹었나 보다. 그렇게 배탈이 나서 3일 동안 낑낑대며 고생했다.

구산리에서 수색 활동을 한 결과 인민군이 없다는 것을 확인한 우리는 서쪽 대관령 방면으로 계속 진군했다. 몹시 퍼붓는 함박눈으로 종아리까지 눈이 차오르는 와중에 대관령 주변 고개를 굽이굽이 올랐다. 온 세상이 온통 하얀 눈 천지였다. 눈 덮인 산의 웅장한 모습이 끝없이 이어졌다. 고개를 오르는 동안 눈이 미끄러워 병사들이 몇 번이나 넘어지기도 했다.

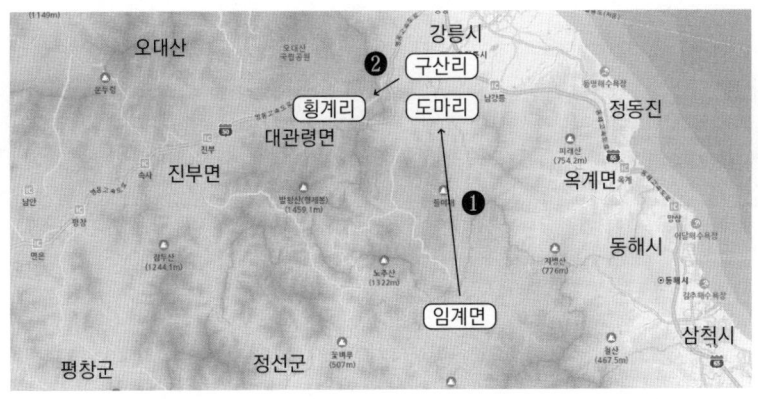

피로가 쌓여 더뎌진 발걸음으로 횡계리에 들어갔다. 가다 보니 파출소가 나왔다.

"와, 여기 망대를 멋있게 세워 놓았네. 만화책에서 많이 봤는데."

"여기 적색분자들이 많이 나오나 보다."

돌과 시멘트로 높이 세운 망대 중간중간에는 안에 들어가 총을 쏠 수 있도록 구멍이 뚫려 있었다. 그 주변 적색분자들이 파출소를 습격하는 일이 많아서 망대를 높이 만들어 감시하는 것 같았다. 갑자기 몸이 굳고 마음이 긴장되었다.

파출소를 지나 길을 좀 더 가다 보니 멀리 물레방앗간 집이 보였다. 그 앞의 하얀 눈밭 위에 흰 무명옷을 입은 주민들 시신 3구가 쓰러져 있었다. 여기서부터는 인민군이 다녀간 것 같았다. 최전방이라는 생각이 들자 잔뜩 긴장하기 시작했다.

횡계리에서 하룻밤을 지내고, 부대는 서쪽으로 계속 진격하여 유천리를 지났다. 때는 2월 중순으로 끝없이 내리는 눈 때문인지 사람 발자국 하나 찾아 볼 수 없었다.

우리 수색대는 주로 낮에 움직이고, 밤에는 진격을 멈추고 들판에서 잠을 청하며 다음을 준비했다. 눈 속에 숨어 일부가 보초를 서고 나머지는 잠깐씩 잠을 청했다. 추위와 졸음과 싸우면서 교대로 보초를 섰다.

한밤중이었다.

"따꿍! 따꿍!"

갑작스러운 인민군의 기습이었다. 우리 부대보다 먼저 주둔하여 숨어 있던 인민군이 총격을 가했다. 급히 후퇴해야 했다.

다행히 총격에 부상을 입은 대원은 없었지만, 처음으로 맞닥뜨린 인민군의 기습에 놀란 가슴이 벌렁거렸다. 우리 수색 중대는 낮에 들어왔던 동쪽으로 조금 후퇴했다.

다음 날 낮에 유천리로 다시 조심스럽게 진입했다. 그날 밤 인민군은 또다시 공격을 가해 왔다. 수색대는 다시 후퇴할 수밖에 없었다.

인민군은 낮에는 숨어 있다가 밤에 기습하는 전술을 많이 사용하였다. 이틀 동안 유천리에서 정신없이 진격과 후퇴를 반복하면서 서쪽의 진부면을 향해 어렵게 나아갔다.

3일 차에 다시 진입한 우리 수색 중대는 마침내 진부면 간평리에 다다랐다. 오대산 밑 월정 삼거리 마을 부근에 수색 중대 본부를 세울 수 있었다.

그로부터 약 일주일간은 수색 중대 3개 소대가 주둔하며 오대산 근처에서 활발하게 수색 활동을 펼쳤다. 각 소대는 하진부리, 간평리 등 사방으로 흩어져 주변 지대를 자세히 수색하였다. 내가 소속된 3소대는 북쪽 월정사 방면인 간평리로 깊숙이 들어갔다.

한겨울 오대산을 뒤덮은 눈과 바람과 추위는 책으로만 읽던 시베리아가 아닌가 싶을 정도로 매서웠다. 흡사 함경남도의 오지인 장진에서 내 고향 함흥으로 불어오는 살인적인 칼바람 같았다.

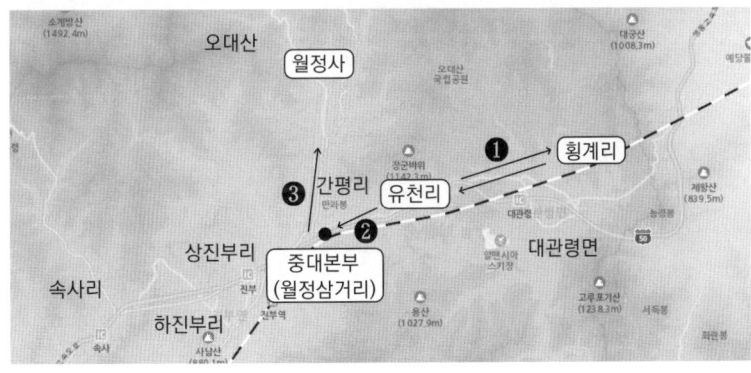

오대산은 깊은 산이어서 더 깊숙이 들어가자면 많은 수색이 필요했다. 우리 3소대의 2개 분대는 본부에 주둔하며 주변을 수색하였

다. 나머지 1개 분대는 먼저 월정사 쪽으로 올라가며 이틀간 수색 활동을 펼쳤다.

하루는 아침을 먹고 소대원들과 함께 북쪽으로 길을 따라가며 수색을 나서는데, 돌연 옆에서 총소리가 들렸다.

"픽! 픽!"

총탄은 바로 가까이에서 짧은 소리를 내며 날아들었다.

"인민군이다. 기습이다! 숨어라!"

너무나도 갑작스러운 상황이었다. 조금 떨어진 왼쪽 산에서 가해지는 공격이었다. 인민군은 모두 숨어 있어서 모습이 보이지 않았다. 우리는 길옆의 커다란 소나무 뒤에 바짝 붙어 숨었다. 절체절명의 긴박한 위기였다. 나는 전장에 나와 처음으로 내가 가진 M1 소총[25]을 쏴 보게 되었다. 급한 대로 서둘러 조준에 들어갔다.

"탕!"

아뿔싸, 나는 그만 뒤로 넘어지고 말았다. 마음만 급하다 보니 훈련받으며 배운 자세는 하나도 생각지 않고 제멋대로 쏘았기 때문이다. 땅에 무릎을 대고 몸을 고정한 후 쏘아야 하는데 까치발을 하고 애매하게 웅크린 자세로 쏘았다. 거기에다 개머리판을 어깨에 완전히 밀착해야 하는데, 그러지 않고 조금 떨어뜨린 상태로 쏘아 총의 반동에 몸이 뒤로 밀린 것이다. 생각해 보니, 잘못하면 어깨를 다칠 수도 있는 위험한 자세였다. 실전에서 경험해 보고서야 비로소 총을 어떻게

---

25 M1 개런드를 말한다. 2차 세계대전 때 미군의 주력 반자동 소총이기도 했다. 장전방식이 탄창식이 아니라 클립식이고 클립에 꽂힌 8발의 총알을 한 번에 삽입하여 장전하며 총알을 전부 소진하면 '팅' 소리와 함께 빈 클립이 튕겨 나오도록 설계하였다.

쏘아야 하는지 몸소 알게 되었다.

  소리 나는 방향으로 다섯 발 정도 더 쏘았을까. 인민군의 대응 사격이 멈추고 갑자기 조용해졌다. 더 이상 공격해도 별다른 성과가 없다는 것을 알았는지 더는 총격이 없었다. 그제야 우리는 숨을 돌렸다. 다행히 소대원의 희생은 없었다. 짐작하건대 200m 이상 멀리 떨어진 곳에서 가해 온 공격이라 그나마 다치지 않았던 것 같다.

3. 죽음을 각오하면 죽지 않는다

전쟁 중에는 한순간 죽음의 위기가 찾아오기도 한다. 예상치 못하게 죽느냐 사느냐 하는 절체절명의 순간을 시시각각 맞닥뜨린다.

1개 분대가 이틀에 걸쳐 북쪽 월정사 방면으로 들어가서 수색하며 약간의 희생을 겪었다. 그래서 3일 차에는 이른 저녁을 먹고, 우리 3소대 전체가 월정 삼거리 북쪽 길을 따라 월정사 쪽으로 진격해 들어갔다. 2월 말이지만 강원도 산골짜기의 추위는 아직 한창이었다. 누구 힌 사람 지나간 발자국소자 없는 깨끗한 숫눈길에 무릎까지 푹푹 빠졌다. 눈을 어렵게, 어렵게 헤치며 앞으로 나아갔다. 큰길조차 눈으로 뒤덮여 가야 할 길을 구별할 수 없을 지경이었다. 한밤중이 다 되어서야 산 옆을 따라 초가집 두세 채가 띄엄띄엄 있는 동네에 도착하였다.

"이 집을 소대 본부로 정한다. 이제부터 너희들은 여기서 수색 작전에 들어간다."

소대장은 마을 입구 오르막에서 첫 번째로 보이는 언덕진 집을 소대 본부로 삼겠다고 말하였다. 전시에는 주민들이 피난을 떠난 뒤 남겨진 빈집도 많았다. 혹은 주인이 살고 있는 경우 양해를 구하기도 하여 군부대가 잠시 본부로 삼고 주둔하면서 안전하게 작전도 세우고 잠도 청할 수 있었다.

우리는 마을과 각 집의 동태를 살피며 위험 요소를 파악하고자 주민들을 한집으로 모이게 하였다. 주민들에게 폐를 끼치지 않기 위해, 소대장의 지시로 약간의 심문을 마친 후 모두 귀가시켰다.

나는 즉시 소대 본부를 차린 집 앞마당에서 보초를 섰다. 도리깨질이 끝난 볏단을 모아 놓은 짚더미 바로 옆에서 보초를 설 수 있었다. 덕분에 산에서 불어오는 차가운 바람을 피할 수 있어 운이 좋았다.

자정이 되자, 우리 분대는 다른 분대와 보초 근무를 교대하였다. 뒷마당 쪽에 있는 방으로 기어들어 가 추위에 꽁꽁 얼었던 몸을 녹였다. 오래간만에 산야에 사는 짐승과도 같은 생활에서 벗어나 불 땐 방에서 신발을 벗고 사람답게 잠을 청할 수 있었다. 산속이라서 그런지 부엌에 나무를 많이 쌓아 놓아 원 없이 아궁이에 불을 땔 수 있었다. 방에 들어선 분대원 모두가 모처럼의 따뜻함에 환호하며 기뻐하였다.

"야, 군에 입대해서 이렇게 좋은 날은 처음이다."

"방바닥이 뜨뜻하니 좋다."

"신발 벗고 방구석에서 자는 건 구산리 이후로 처음이네."

보초 임무도 끝났겠다, 오랜만에 마음을 풀고 모두 금세 깊은 잠에 빠져들었다. 수색대는 낮에는 수색 작전을 펼치고, 밤에는 보초를 서야 했기에 언제나 잠과 싸우며 다녀야 했다. 그러다 보니 모두가 매우 지치고 피곤한 상태였다.

새벽 4시쯤 되었을까.

"기습! 기습!"

앞마당 쪽 큰방에서 자던 소대장이 방끼리 통하는 문을 열고 우리가 자는 뒷방으로 뛰어 들어왔다. 낮은 목소리로 다급하게 말하며 우리를 발로 차서 깨웠다.

'이게 무슨 일인가. 밖에 아군 보초도 있고 총소리도 없는데······.'
잠결에 짜증이 나려 했다. 바로 그 순간.
"너희들은 살았다!"

밖에서 크게 소리치는 인민군의 목소리가 들려왔다. 모두가 번쩍 정신이 들어 너나 할 것 없이 서로 살겠다고 구석진 곳으로 들어가 엎드렸다. 잠결에 갑작스러운 상황을 맞아 정신을 못 차린 상태였다. 무의식중에 한 사람의 행동을 모두가 따라 했다. 서로를 제치며 자기가 좀 더 구석진 모서리로 들어가려고 애를 썼다. 다시 생각해 보면 참 우스운 광경이었다.

우리가 있는 곳은 집 뒤쪽에 위치한 방이라서 캄캄하여 아무것도 볼 수 없었다. 어두워서 누가 누구인지 분간하기도 어려웠다. 잠시 뒤, 다들 잠이 깨면서 정신이 드는 것 같았다. 각자 자기가 누워 있던 곳을 더듬어 자기 무기를 찾아 전투태세에 들어갔다.

갑자기 방 옆에 있는 부엌 쪽에서 우리가 있는 방의 벽을 향해 '타다다다당' 기관단총을 마구 쏘아 댔다. 그리고 소리쳤다.
"아직 있다! 아직 있다!"

잠을 자다가 갑자기 닥친 일에 영문을 알 수 없으니 답답하기 짝이 없었다. 우리는 누구 하나 한마디 말도 못 하고 방바닥에 몸을 납작 엎드려서, 벽을 뚫고 들어오는 총탄을 피할 수밖에 없었다. 자세가 높으면 바로 총탄에 맞을 상황이었다. 이 와중에 소대장이라는 사람은 대원들을 제치고 더 구석진 곳으로 들어가려 하였으니 우스운 일이었다.

산속의 새벽은 짙고 컴컴한 어둠만 가득했다. 아무것도 보이지 않는 공포 속에서 천장에서 떨어지는 흙덩어리, 총알이 뚫고 지나간 벽에서 튀어나오는 흙먼지를 온몸에 뒤집어썼다. 방 안 전체에 코를 찌르는 흙냄새가 진동했다. 곧 죽을 것만 같아 정신이 아찔했다. 하지만 할 수 있는 것은 아무것도 없었다. 모두가 가능한 한 납작 엎드려 죽은 듯 조용히 있었다.

한참 동안 힘도 못 쓰고 몸만 낮게 엎드리고 있으니 죽을 지경이었다. 그냥 죽는 것보다 차라리 총이라도 한번 쏘아 보고 죽는 것이 낫겠다는 생각이 간절했다. 하지만 마당 한가운데에 아군의 다른 분대원이 잡혀 있을 것이란 직감이 들었다. 혹시라도 그들이 희생될까 염려스러웠다. 집 주위와 산야에서 보초 서던 아군들은 어떻게 된 것인지 도무지 알 수 없었다. 말 한마디 할 수 없는 긴박한 상황에 대한 의아함은 모두가 같았다.

총소리가 조금 잠잠해졌다. 나는 흙냄새를 피하고 사태를 파악하고 싶어 양말 바람으로 혼자 급히 방에서 빠져나왔다. 발목 위까지 차오르는 눈을 박차면서 뒷마당을 가로질러 뒤뜰 장독 뒤에 가서 숨었다. 잠시 숨을 고르면서 나뭇가지로 엮은 울타리 사이로 주위를 살펴보았다.

집 밖에 20m 정도 떨어진 곳에 한 병사가 보초를 서고 있었다. 어둠이 아직 가시지 않은 새벽 무렵이었다. 아군과 인민군의 동복이 비슷해 구별할 수 없었다. 예감에 인민군 같아 사격을 가할까 말까 방아쇠를 쥐고 망설이다가 그만두기로 마음먹었다. 혹시라도 아군이라면, 같이 월남하고 훈련받으며 너무나도 많은 고생을 함께 했던 전우를 죽이는 것이다. 인민군을 쏘더라도 숨어 있는 나의 위치가 알려질 수 있기 때문에 방아쇠를 당길 수 없었다.

한참 동안 장독 뒤에 숨어 상황만 살피다가, 방에 두고 온 전우들은 어찌 되었을까 걱정이 되었다. 혹시라도 잡혔거나 죽지는 않았을까. 이곳은 이미 완전히 점령당한 걸까.

"나 어떡하나, 이제 죽었구나. 죽었구나."

머릿속에 맴도는 생각이 나도 모르게 입 밖으로 되뇌어지고 있었다. 바로 그 순간, 생각지도 않던 어머니의 침울한 환상이 떠오르면서 머리가 어지럽고 눈앞이 캄캄해져 아무것도 보이지 않았다. 사람이 죽음의 문턱에 서면 이렇게 되는구나 싶었다.

깊은숨을 들이쉬며 심호흡을 하고서, 나는 다시 용기를 내었다. 인민군에게 보이지 않기 위해 울타리에 몸을 은폐하며 다시 우리 분대원들이 있는 방을 찾아가기로 했다. 일단은 장독대와 더 가까이 있는 구석지고 자그마한 방으로 신속하게 뛰어들어 갔다. 이곳 뒤쪽 끝방은 좁고 천장이 낮아서인지 서늘했다.

들어가 보니, 생각지도 못했던 집주인 일가족이 그날 밤 우리들에게 양보했다기보다는 쫓겨나다시피 하여 이곳 끝방에서 자고 있었다. 그런데 방에 들어갈 때 누군가 따라오는 인기척이 느껴졌다. 나는 잽싸게 부부와 아이들이 누워 있는 가운데 틈에 끼어 총을 앞으로 안고 엎드려 누웠다. 이 자세는 훈련 때 배운 자세다. 이렇게 실제로 써먹게 될 줄이야.

아니나 다를까, 인민군이 방문을 벌컥 열더니 "손들어! 손들어!"라고 소리쳤다. 내가 방에 들어가는 것을 본 것이 틀림없었다.

순간, 손을 들고 나갈까 말까 망설였다. 그래도 차라리 여기서 죽으면 죽었지, 비겁하게 손들고 인민군에게 잡히는 것은 더 싫었다. 숨을 죽이고 가만히 있었다. 당장이라도 총구가 내 등을 향할 것 같았다. 긴장감에 머리카락이 쭈뼛 서고 온몸에 진땀이 났다. 송곳처럼 날카로운 인민군의 총칼이 내 등을 찌르고 있는 것만 같았다. 몸이 굳어져 온 신경이 오직 등에만 집중되었다.

'이제는 꼼짝없이 죽었구나.'

살기를 포기하니 오히려 마음이 차분해졌다.

한참을 있어도 내가 일어나 나가지 않자, 집주인이 누워 있는 채로 무심한 듯 말했다.

"여기는 모두 인민이오."

그 말을 듣자 문 앞의 인민군은 아무 말 없이 문을 닫고 자리를 떴다. 골방의 어두움과 주인의 한마디가 나를 살렸다. 얼떨떨하였다.

'내가 살아 있다니…' 가슴이 쿵쿵 뛰었다.

정신을 차리고 다시 생각해 보니 이곳은 남한 땅인데, 어떻게 '국민'이 아닌 '인민'이라고 말하는가 싶었다. 이상했다. 이곳은 분명히 38선 이남인데도 주인은 틀림없이 '인민'이라고 말하였다. 아니면, 사실은 북한 땅이 맞는데 내가 남한 땅으로 잘못 알고 있는 걸까 의심해 보기도 했다.

여하튼 간에 다시 정신을 바짝 차렸다. 나는 죽음의 위험을 무릅쓰고 방과 방 사이의 문을 통해 소리 없이 우리 분대원이 있던 뒷방으로 들어갔다. 대원들은 아직도 모두 숨을 죽이고 밖의 상황에 대해 눈치만 보고 있었다. 그중 소대장도 있었지만 전투 경험 없는 신임 장교라 아무 대책도 세우지 못하고 사병들과 다를 것 없이 행동하고 있었다. 어찌할 줄 모르는 사병들도 소대장이라는 존재 자체를 잊은 듯했다.

"야, 지금 밖에, 도대체 어떻게 된 거야?"

대원들은 내가 밖에 나가서 무슨 좋은 정보라도 얻었을 것이라고 기대하는지 쥐나 들을 만한 작은 목소리로 물었다. 하지만 나 역시 어둠 속에 돌아가는 상황을 알 수 없었다. 대원들에게 속삭이듯 나지막이 말했다.

"밖에 나가 봐도 어떻게 된 일인지 아무것도 모르겠다. 너희들이 어떻게 되었는지 걱정되고 궁금해서 다시 왔어."

칠흑 같은 어둠 속에서 비좁은 방에 갇혀 총 한번 못 쏴 보고 죽는다면 너무도 허망한 일이었다. 실로 이런 공포 상황에서 몸을 피한다는 것은 너무나도 큰 인내를 요하는 것으로, 정말이지 괴로웠다. 감금 상태에서 벗어나, 넓은 곳으로 나와 자신 있게 싸우고 싶은 욕망이 가득 차올랐다.

이제 내 머릿속에는 죽더라도 제대로 한번 싸우고 싶은 생각밖에 없었다. 나가서 싸우다 죽든지 살든지 하자는 생각뿐이었다. 최후의 발악이라도 제대로 해 보자고 분대원들에게 제의했다.

"야, 우리 이래서 되겠니. 죽을 바에야 총알 한 발이라도 쏘고 죽자. 가만히 있다가 당할 순 없지 않겠나."

"네 말이 맞다. 우리 한 번 싸우고 죽자."

"그래, 그래. 좋다."

한편으로는 만약 아군이 잡혀 있다면 희생될 수도 있지 않을까 하는 염려에 행동이 망설여졌다.

"야, 그래도 앞마당에 있는 애들이 걱정되는데."

"그래도 할 수 없다. 이대로 그냥 죽을 수는 없어. 쏘자."

우리가 죽을 수도 있는 급박한 상황이었다. 붙잡혀 있을 대원이 염려되었지만, 이제는 이런저런 것을 생각할 겨를조차 없었다. 할 수 있는 마지막 공세에 목숨 걸고 최선을 다하기로 했다. 마음을 다잡으니 용기가 났다.

"수류탄이 없나?"

"여기 하나 있어."

"그럼 그거 내가 던질게."

국산 수류탄 한 발이 있어 내가 던지기로 했다. 나는 초등학교 시절 수류탄 던지기 학급 대표 선수였다. 힘껏 던지는 것에 자신이 있었.

수류탄 공격이 성공하려면 앞방과 연결된 문을 열자마자 세게 던져야 했다. 앞방을 그대로 통과하여 앞마당 쪽 방문을 부수고 나가서 폭발해야 한다는 계산이 섰다. 만약 문살을 부수지 못하고 수류탄이 방 안에서 폭발한다면, 도리어 아군이 희생당하게 되므로 한편으로 걱정스러웠다. 하지만 있는 힘을 다하여 던지면 성공할 수 있다는 자신감을 가지기로 했다.

이 긴박한 상황에서 함께 있는 소대장과 분대장은 죽은 듯 조용했다. 나도 모르는 사이에 내가 지휘하고 있었고, 분대원들은 내 의견을 따라 주었다.

드디어 인민군이 있을 것으로 생각한 곳으로 반격을 개시하였다.

우리 1개 분대는 숨어 있던 뒷방에서 앞마당 쪽을 향해 요란한 화력으로 총격을 시작하였다. 그 즉시 나는 젖 먹던 힘을 다해 수류탄을 던지고 반자동 소총으로 막 쏘아 붙였다. 정신을 놓고 미친 듯이 방아쇠를 당겼다.

잠시 후, 앞마당에서 숨이 막혀 "억억, 끼끼, 꺼꺼"거리는 소리가 들렸다. 애처롭고 해괴한, 난생처음 들어보는 죽음 직전의 소리였다. 누가 저렇게 애처롭게 죽는가. 혹시 우리 전우는 아닐까 걱정도 되고 섬뜩하여 온몸에 찬 기운이 도는 듯했다.

"진격! 진격!"

돌연, 밖에서 누군가 외치는 소리가 났다. 뜻밖이었다. 아군의 구호 소리 같은데 확신할 수 없어 청각에 온 신경을 곤두세웠다. 틀림없이 밖에서 때를 기다리던 아군 보초병의 구호였다. 그 순간, 말할 수 없는 기쁨이 몰려왔다.

우리는 큰 숨을 들이쉬며 앞마당으로 벼락같이 달려 나갔다. 그제야 집 안팎으로 공격을 받고 수적으로도 불리해진 십여 명의 인민군이 황급히 도망갔다.

앞마당에서 목이 졸린 것 같았던 소리의 정체도 비로소 확인할 수 있었다. 자정에 나와 교대하여 마당에 보초를 서게 된 이완호라는 초등학교 선배 병사가 너무나도 추워서 마당 한쪽에 쌓인 짚더미 속에 들어가 보초 경계근무를 하고 있었다. 인민군은 침입할 때 그를 발견하지 못하였다. 그런데 우리 분대의 기습 총격으로 격전이 일어나자 불리해진 인민군은 급히 철수할 수밖에 없었다. 이 과정에서 다발 기관총을 멘 분대장급 인민군 병사가 가장 마지막으로 철수하며 짚더미 바로 옆을 지나갈 때였다. 그때까지 짚더미 속에서 망을 보던 이완호 병사는 총을 쥘 틈조차 주지 않고 번개같이 그에게 달려들었다. 그가 인민군의 뒤에서 목을 한 손으로 감고 다른 손으로 얼굴에 무자비한 주먹세례를 가했다. 해괴하게 들렸던 소리는 바로 그 인민군이 죽어 가며 내던 신음이었다. 그때 밖에 뛰어나온 우리 분대원이 총격으로 그 인민군을 사살하는 것으로 끝이 났다.

이완호 병사는 정신없이 내려친 주먹이 크게 다쳐서 병원에 후송되었다. 만약 몇 시간 전에 보초 교대를 하지 않고, 내가 그 자리에 있었다면 어떻게 되었을까 생각하니 아찔했다. 나라면 짚더미로 들어갈 생각도 못 했을 텐데. 컴컴한 밤에 지금처럼 인민군들이 국군으로 위장해 들어왔다면 소리 없이 죽임을 당했을 수도 있을 것이라고 생각하니 몸서리가 쳐졌다. 목숨을 살려 준 하늘에 마음속 깊이 감사를 드렸다.

이때 야간 기습을 했던 인민군은 분대급 규모로, 십여 명이 국군으로 가장하여 들어온 것이었다. 그들은 우리가 낮에 남쪽 중대 본부에서부터 이동하여 들어온 큰 도로를 뒤따라 들어왔다.

그들은 큰 도로에서 경계근무를 하던 아군 보초병을 총으로 쏘지 않고 칼로 찔렀다. 한 사람은 그 자리에서 즉사했고 한 사람은 중상을 입었다. 중상을 입은 보초병도 후방 병원으로 이송하였으나 끝내 전사했다. 그들은 총기를 사용하지 않았기에 소리 없이 우리가 있던 소대 본부 앞마당까지 침입할 수 있었다. 다른 아군 보초병들은 당당히 들어오는 인민군들을 보았지만, 아군 병사들이 우리를 지원하러 오는 줄 알고 접전을 펼치지 않았다고 한다.

인민군들은 우리의 전화선을 끊고, 앞방에서 사로잡은 우리 전우들을 전화선으로 결박하고 있던 차였다. 방 안에 있던 우리가 기습적으로 반격을 펼치자 그들은 혼비백산하였다. 그때 상황을 살피고 있던 집 밖의 아군 보초병들까지 공격에 가세하였다. 잡혀 있던 전우들은 총격전이 벌어지자 총알을 피하느라 마당 앞 비탈진 곳으로 분산하여 피신했다. 인민군들은 시신 2구를 놓고 도망갔다.

우리의 희생도 컸다. 부상 3명, 전사 2명이었다. 나는 분한 마음에 마당 아래쪽 비탈진 곳에 띄엄띄엄 있는 작은 소나무 중 하나에 몸을 은폐하면서 도망가는 인민군들과 끝까지 교전하였다. 그들은 멀리 후퇴하면서도 우리 쪽을 향해 총격을 가해 왔다. 어둠 속에서 잘 보이지는 않았으나, 그들이 이쪽을 향해 사격하는 불탄[26] 쪽으로 쏘아 붙이면서 반격했다.

얼마나 지났을까. 아직 새벽의 어둠이 채 가시지 않았기에 앞이 잘 보이지 않았다. 인민군이 멀리 물러난 것을 확인한 후 집 마당으로 돌아왔다. 그런데 사람이라고는 아무도 없었다. 분대원이 하나도 없는 그 순간, 매우 당황스러웠다.

'분대원들이 나를 놔두고 자기네들만 가 버렸단 말인가.'

서운함과 함께 갑자기 공포심이 밀려왔다. 나도 몰래 후다닥 대문짝도 없는 시골집 밖으로 뛰어나갔다.

그때였다. 집을 나서자마자 '땅!' 하는 총성과 함께 내 눈앞으로 불덩이 같은 섬광이 쓱 지나갔다. 순간 나도 모르게 "앗!" 하고 크게 비

---

26 '예광탄'을 의미한다. 총에 들어가는 총알 5발 중 한 발은 예광탄으로, 어두운 밤중에 총알이 빛으로 짧은 선을 그리며 날아가 사격이 어느 방향으로 되고 있는지 눈으로 볼 수 있게 해 준다.

명을 질렀다.

그때 동시에 깜짝 놀라 "앗!" 하고 소리치는 놈이 있었다. 바로 나와 친한 전우 백세용이다. 세용이도 대문 앞에 쌓아 놓은 짚단 사이에 숨어 있다가 조용한 집 안쪽에서 갑자기 누군가 달려 나오는 소리에 놀라 인민군인 줄로 오인하고 방아쇠를 당긴 것이다.

총알을 맞지 않고 산 것이 기적이었다. 정말 천운이었다. 사격 거리가 겨우 3m 정도밖에 안 되었으니 말이다. 하늘이 준 감사한 운명임이 틀림없었다. 정신이 아득해졌다.

"야, 이 새끼야. 나를 쏘면 어떡하냐!"

나도 모르게 화가 나서 욕지거리를 막 퍼부었다. 하마터면 한순간의 오발로 더 이상 이 세상 사람이 아니게 될 뻔했다.

"뛰어나오니까 인민군인 줄 알았지! 정말 미안하다."

그는 나에게 연신 미안해했다. 나는 놀란 가슴을 쓸어내렸다.

나와 세용이는 그 집을 나와 산기슭 쪽으로 이동했다. 산기슭 옆 밭둑에 모여 있던 아군 대여섯 명과 만났다. 그제야 마음의 안정을 찾을 수 있었다. 그때 동쪽 산기슭으로 아군인지 인민군인지 구분할 수 없는 병사들이 움직이는 것이 보였다.

"야, 저기 도망가는 놈들이 있다. 우리 저거 쏠까?"

"아니야, 아군 같다."

자세히 보니 그중에는 수치스럽게도, 우리를 등지고 후퇴하는 소대장도 끼어 있었다.

위험한 이곳을 얼른 벗어나야 했기에, 어디로 향할지 잠시 생각해 보았다. 원래 우리가 왔던 남쪽 길은 보초병들이 공격받았던 사실로 보아 아직 위험할 것이라는 생각이 들었다. 차라리 동쪽의 눈 쌓인 산을 넘어가는 것이 좋을 듯했다. 분대원들에게 말했다.

"이제는 인민군들이 들어와서 큰길 쪽으로 가면 안 될 것 같다. 우리 동쪽 산을 넘어 부대를 찾아가자."

"그래, 그렇게 하자."

내 말에 분대원들이 따라 주었다. 무릎까지 올라오는 눈을 헤치고 열심히 산을 오르다 보니 어느 순간 가파른 내리막이 나타났다. 빨리 이곳을 벗어나야 한다는 생각에 마음이 급했다. 궁리한 끝에 그 자리에 그대로 앉은 채 소총 개머리판을 사타구니 사이에 넣어 총대를 수직으로 세우고 미끄럼틀을 타듯이 순식간에 계곡을 타고 산 아래로 내려갔다. 걸어서 내려오려면 한참 걸렸을 텐데, 덕분에 정말 빨리 내려올 수 있었다. 순간이었지만 순백의 자연 그대로의 상태에서 눈썰매를 타는 재미가 쏠쏠했다.

산속을 헤치며 조금 더 남쪽으로 가다 보니 우리 국군의 보초병이 보초를 서고 있었다. 이제 살았구나, 너무나 반가웠다. 그 보초병이 나를 보기 전에, 내가 먼저 보초병을 발견했기에 조심스럽게 다가가야 했다. 괜히 어설프게 접근했다가 인민군으로 오해받을 수 있기 때문이다. 보초병에게 얼마쯤 가까운 곳까지 접근했을 때 "아군! 아군!"이라고 소리쳤다. 나를 알아본 보초병에게 물었다.

"저는 여기 기갑연대 수색대원입니다. 우리 아군 부대가 어디 있습니까?"

"이쪽으로 한참 내려가면 아군 부대가 있습니다."

그가 안내해 준 대로 갔더니 큰길이 나왔다. 길을 따라 서쪽으로 좀 더 가자, 멀지 않은 곳에서 우리가 소속된 수색 중대 본부를 찾을 수 있었다. 나는 중대장을 만나 우리가 기습받은 상황을 자세히 보고하였다.

하마터면 소대 전체가 희생될 뻔한, 그날을 절대 잊을 수 없다.

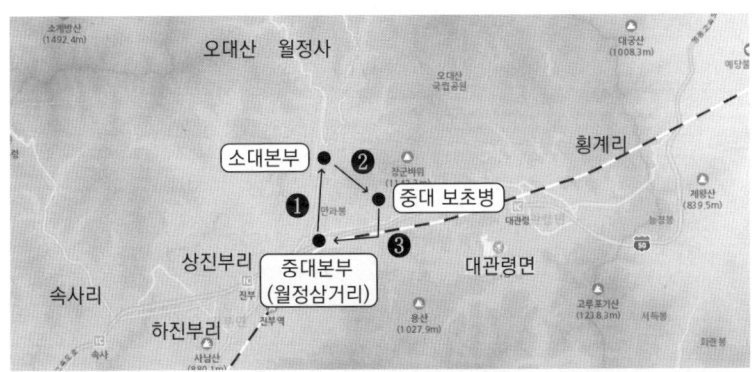

4. 속사리와 하진부리 일대에서 위기를 맞다

중대 본부로 철수하여 이틀이 지난 뒤였다. 아침 일찍부터 수백 명이나 되어 보이는 기갑연대 부대가 우리가 있던 수색 중대 본부 쪽으로 진입하였다.

지프차 두 대가 함께 나타났다. 한 대에는 그때까지 한 번도 얼굴을 본 적 없었던 우리 기갑연대 연대장이, 다른 한 대에는 연대 고문관인 미군이 통역장교를 동반하고 우리가 주둔하고 있는 최일선[27] 전장에 노착했다. 그들은 차에서 내려 지도를 펴 놓고 전방에 인민군들이 주둔하고 있는 고지 현장을 직접 눈으로 확인하면서 작전을 짰다.

회의가 끝나자마자 미국인 고문관은 무전기로 어딘가와 대화를 나누었다. 그러더니 금세 글라이더같이 생긴 은색 정찰기가 공중에 천천히 나타났다. 날씨가 엄청 추웠지만, 산야에 덮인 흰 눈이 모처럼의 아침 햇살을 받아 더욱 빛났다. 모든 것이 밝고 선명하게 보여 전투하기에는 참으로 좋은 날씨였다. 정찰기는 미군 고문관과 무전 대화를 하면서 간평리 북서쪽으로 뻗은 높은 산 위 능선을 돌며

---

27   최전방에서도 가장 앞에 있는, 적군과 바로 마주한 지점이다.

한동안 계속 시찰하였다.

곧이어 거무스름한 그라만[28] 전투기 두 대가 나타났다. 개울 건너편 북서쪽의 산 위를 돌던 정찰기는 갑자기 급히 하강하면서 '번쩍!' 하더니 하얗게 빛나는 둥근 물체를 떨어뜨렸다. 정찰기가 신호탄을 투하하여 그곳에 있는 인민군의 위치를 알려 주는 것 같았다. 곧이어 전투기 두 대가 차례로 강하하면서 기관총을 쏘고 동시에 기름 탱크 폭탄을 투하했다. 이윽고 산 정상이 온통 검은 연기로 가득 뒤덮였다.

전투기가 폭격을 마치고 사라지자, 잠시 뒤 그 산 중턱에 국군의 육군 보병이 사방에서 공격을 가하며 올라가는 것이 보였다. 곧이어 아군의 포가 산 능선과 능선 너머로 포격을 가했다.

"펑! 펑! 쿵! 쿵….'

천둥소리 같은 요란한 포격이 끝나자마자 이번에는 기관포와 중기관총이 일제히 산 능선 쪽으로 사격을 개시하였다. 산 위로 공격해 올라가는 보병 병사들을 지원하는 작전이란 것을 알 수 있었다.

국군이 집중 공격을 퍼부은 북서쪽 산 능선은 인민군이 온통 점령하고 있는 고지였다. 인민군은 그 고지에서 매일같이 우리 쪽으로 공격을 가해 국군이 희생을 당하기도 하고, 북쪽 월정사와 서쪽 하진부로 진격해 들어가는 데 많은 어려움이 있었다. 우리가 북쪽으로 진격하기 위해서는 반드시 그 고지를 점령하여야 했다.

온 산이 흰 눈으로 덮여 있어 산 아래에서 보면 위로 진격해 올라가는 병사들의 모습 하나하나가 훤히 보였다. 도화지처럼 하얀

---

28 '그루먼(Grumman) 전투기'의 일본식 표현이다.

눈 위에 작은 물체의 움직임은 너무나도 선명하였다. 눈이 쌓여 있지 않은 보통의 전장은 숲이라서 병사들이 나무에 가려져 움직이는 모습이 하나도 보이지 않는다. 이렇게 설산 위로 병사들의 움직임이 드러나는 것은 좀처럼 보기 힘든 장면이었다. 눈으로 덮인 전장의 악조건으로 더 많은 전투병이 투입되어 더 힘들게 전투해야 하는 환경이었다.

병사들이 산 능선 가까이 도달하자 모든 중화기는 사격을 중지하였다. 우리 국군의 고지 탈환 작전은 가볍게 성공하여, 아군이 마침내 산 고지를 점령했다.

우리 수색대는 모처럼 후방에서 이 작전을 여유 있게 지켜볼 수 있었다. 이번 작전이 성공하는 것을 보고 느낀 것이 참 많았다. 처음에는 수색대가 수색하며 인민군의 규모와 동태를 파악한 후 상급부대에 보고했다. 그 후, 전투의 시작은 정찰기가 인민군이 주둔하고 있는 곳을 정찰하는 것부터였다. 인민군의 움직임과 상황을 파악한 뒤, 전투기로 폭격을 가했다. 뒤이어 포격과 기관포, 중기관총, 경기관총으로 집중 사격을 가했다. 마지막으로는 육군 보병의 전투가 이어졌다. 치밀하게 계획하여 단계적이고 빈틈없는 작전을 펼쳤기에 고지 탈환에 성공한 것이다. 정말이지 멋들어지고 감동적인 장면이었다.

항상 최전방에서 가장 먼저 분주히 정찰하고 전투를 벌이느라 정신없는 수색대인데, 모처럼 후방에서 전투를 지켜보는 입장이 되었다. 문득 우리가 이 모든 싸움을 시키고 성공한 것 같다는 생각에 뿌듯한 기분이 들었다.

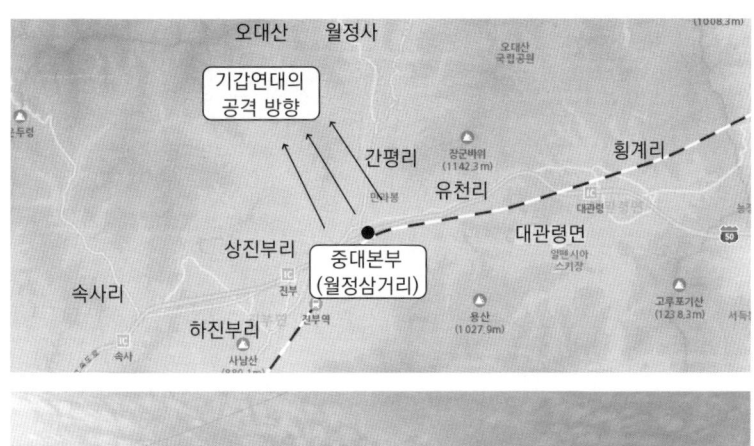

인민군 대병력의 주둔지로서 전투기 폭격 및 대대적인 포격과 총격 끝에 점령한 고지 일대

    우리 수색 중대는 점심 겸 저녁을 계곡에 인접한 동네에서 먹고 서쪽 속사리 쪽으로 진격해 갔다. 이동하는 동안 인민군의 기습 공격은 하나도 받지 않았다. 그렇게 서너 시간 정도를 길을 따라 행군하였다.

    북쪽 길로 올라선 우리는 속사리를 지나 산기슭의 한 집에 수색 중대 본부를 새로 세웠다. 저녁 7시쯤으로 산길은 어둠에 잠겨 컴컴했다. 지금의 이승복 기념관 근처로, 집 주위를 흙담으로 쌓아 놓은 시골치고는 잘사는 큰 기와집이었다. 수색 중대 1소대는 산의 능선과 정상에서 싸우는 육군 전투부대에 지원되었다. 2소대와 3소대는 각각 산 아래쪽과 국도 주변의 경계를 맡았다.

  3소대에 속해 있는 나는 다른 전우와 둘이 길가의 밭에서 주위를 경계하며 보초 근무를 섰다. 어두운 밤이지만, 주변이 온통 하얀 눈으로 뒤덮여 있어서 흰 눈의 반사광으로 멀리까지 볼 수 있었다. 시야가 확보되어 경계근무를 하는 데 많은 도움이 되었다.

  북쪽을 바라보고 보초 근무를 서는데 차디찬 북풍이 얼굴 정면으로 불어왔다. 시간이 지날수록 살을 에는 듯한 매서운 추위로 온몸이 얼어붙어 견디기 힘들었다. 마침 밭에 추수를 끝낸 옥수숫대를 묶어 놓은 여러 개의 단이 보였다. 추위를 막아 보려고 눈 위에 엎드려 등 위에 옥수숫대 묶음을 올려놓았다. 그나마 찬 바람을 막아 주어 몸을 어느 정도 녹일 수 있었다. 이때의 눈은 차갑지 않고 오히려 몸을 따뜻하게 해 주었으며, 몸을 은폐할 수 있는 최고의 위장물이었다.

  밤이 점점 깊어져 갔다. 수색 1소대와 육군부대가 북쪽에 있는 산 고지에서 인민군과 공방전을 벌였다. 전투가 치열해지는 듯 쌍방의 총소리가 더욱 요란하게 밤공기를 갈랐다. 국군과 인민군이 쏘아 대는 신호탄 불꽃이 쉴 새 없이 공중에 화선을 그리며 밤하늘을 수놓았다. 예광탄의 빛으로 전장을 희미하게나마 분간할 수 있었다.

  그런데 아군 쪽에서 쏘는 총소리가 차츰차츰 잦아들어 걱정되었다. 전투를 지켜보면서 오늘 밤에 인민군이 강하게 나올 것 같다는 직감에 사로잡혔다. 나도 모르게 하늘에 국군이 꼭 승리하게 해 달라고 빌었다.

  이른 새벽, 총소리가 잦아들더니 분대장이 내가 있는 쪽으로 달려왔다.

"어이, 보초! 철수령이 내렸다. 빨리 본부에 가자."

어쩐지 느낌이 좋지 않다. 수색 2소대와 3소대 대원 모두가 무사히 철수하여 수색 중대 본부에 집결했다. 다음 명령을 기다리는데 오랫동안 중대장이 아무런 지시도 하지 않는다. 잠시 뒤, 알고 보니 우리 수색 중대 본부와 상부와의 연락이 끊겨 중대 본부가 당황하고 있었다. 가슴이 덜컥 내려앉았다.

동이 틀 무렵, 우리 수색 중대가 주둔하고 있는 산맥과 약간 떨어진 북쪽의 산 능선을 타고 많은 병사가 일제히 동남쪽으로 향하는 것이 보였다. 중대장과 부관이 망원경으로 그들을 살폈으나 국군인지 인민군인지 명확히 구별할 수 없었다. 나도 그 광경을 보며 확인하려고 했으나, 인민군의 겨울 군복이 국군의 동복과 비슷하여 도무지 알 수 없었다.

나는 직감적으로 인민군이라고 생각하였다. 우리 연대 본부와 대대 본부가 모두 상부와 연락이 두절된 상황이었다. 인민군이 우리 수색 중대보다 앞서 남쪽으로 움직이고 있을 것이라는 생각이 들었다.

하지만 내 생각과는 다르게, 중대 본부에서는 저들이 보란 듯이 위치를 노출하며 움직이는 것으로 보아 아군이라고 판단한 모양이었다. 우리 중대는 후퇴 방향을 그 산의 능선 쪽으로 정했다. 그들의 뒤를 따라 후퇴하기로 작전 계획을 짰다. 나는 왠지 예감이 좋지 않고 불안하여 대열 뒤쪽에서 따라 올라갔다. 중대장도 내 옆에서 함께 산을 올랐다.

신분이 불분명한 병사 무리가 이동하는 능선을 따라 동북쪽으로 산을 오르던 도중이었다. 산 중턱에서 갑자기 대원들이 앞에서부터 차례로 뒤를 돌며 놀란 표정으로 외쳤다.

"인민군이다! 인민군이다!"

선봉에 섰던 우리 수색대 정찰병들이 기습받았다. 내 예감이 맞았던 것이다. 중대원들은 모두 산을 오르던 것을 멈추고 거꾸로 방향을 틀어 급히 하산하여야 했다.

산 밑에 다다른 우리는 어제저녁에 진격해 들어온 개울을 따라 난 남쪽 길로 후퇴할 수밖에 없었다. 이때부터 우리 수색대 조직은 정신없이 분산되어 병사 각자가 알아서 후방으로 뛰기 시작하였다. 그때였다. 길옆에 붙어 있는 산 능선에서 갑자기 총탄이 날아오기 시작했다.

"따꽁! 따꽁!"

인민군들은 이미 우리 수색대를 포위한 상태였다. 이때를 놓치지 않겠다는 듯 쉴 틈 없이 사격을 퍼붓는다. 생각지도 않던 곳에서 공격받으니 모두가 놀라 혼비백산하였다. 갑작스러운 기습 공격에 우리 조직은 순간적으로 무너졌고, 대원들은 각개 전투로 뛰기 시작했다.

그때 내 2~3m 앞에서 뛰어가던 중대장이 "앗!" 하고 소리치며 넘어졌다. 운이 나쁘게도 인민군이 쏜 총알에 발목이 맞은 것이다. 그래도 필사적으로 한쪽 발로 뛰면서 그곳에서 얼마 되지 않는 개울을 가로지르는 큰 도로 쪽으로 신속하게 이동했다.

중대장은 개울에 놓인 돌다리 밑으로 급히 피신했다. 나도 그를 따라 돌다리 밑에 들어갔다. 그나마 인민군의 총알을 피할 수 있는 안전한 장소였다. 기가 막혀 한숨을 내쉬었다. 하루 전만 하더라도 다 이겼다고 기세등등했던 아군이었다.

"중대장님, 많이 아프지 않습니까?"

"으음……."

중대장은 아픔에 말을 잇지 못하였다. 나는 즉시 내 옆구리에 차고 있던 수건을 꺼내 부상 발목 위쪽을 매어 지혈시켰다. 하지만 피가 멈추지 않고 계속 흘러나와 다리 밑 얼음판을 붉게 적셨다. 얼음 위에 번진 피가 아침 햇살을 받아 유달리 맑은 선홍색으로 보였다.

이 와중에 뒤따라오던 여러 병사가 다리 밑에 숨겠다고 서로 밀치면서 들어왔다. 나는 그들에게 떠밀려 얼음판 위로 미끄러지며 다리 밖으로 밀려 나갔다. 인민군이 쏘는 총알이 빗발치듯 쏟아져 날아들었다. 다리 밑은 총알을 피해 살기 위해 숨어든 병사들로 인산인해였다. 중대장을 도우려고 했으나 도무지 가까이 갈 수 없었다. 나중에 들은 이야기로는 중대장 김 대위는 신음하면서 권총을 손에 쥐고 "만약의 경우 자결하겠다."라고 말했다 한다.

이제 나를 비롯한 다리 밑에서 떠밀려 나온 대원들은 살길을 찾아야 했다. 우리는 도로 옆에 폭이 약 3m가 채 안 되어 사람 허리만큼 오는 깊이의 개울 안으로 들어갔다. 겨울이라 물은 흐르지 않고 발목 높이까지 눈이 쌓여 있었다. 개울을 이용하여 우리가 진격해 들어왔던 동쪽으로 후퇴하였다. 인민군들은 일제히 사격을 가하다가 한동안 쉬고, 또 사격하는 패턴을 반복했다. 짐작건대 탄알을 아끼려는 전략 같았다.

이런 상황이 주기적으로 반복되자 요령이 생겼다. 총격이 심할 때는 몸을 피하고자 산 쪽의 개울 벽에 바싹 붙어 꼼짝하지 않고 몸을 숨기거나, 바닥에 붙어 기면서 이동했다. 총격이 잦아들 때는 '이때다' 하며 있는 힘을 다해 옆으로 포복하거나 뛰면서 후퇴하였다.

사람 허리 깊이의 개울이 실로 많은 병사의 생명을 구한 일등 공신 역할을 하였다. 공격이 심할 때 개울에 엎드려서 산 쪽 가장자리에 붙어 있으면 개울 반대편에는 깨끗한 흰 눈 위에 총알이 박히면서 퍽퍽 눈이 튀었다. 바로 앞에 보이는 두려운 광경에 겁도 났지만, 분노가 치밀어 올랐다.

'이놈들, 두고 보자. 꼭 너희들에게 되갚아 주겠다!'

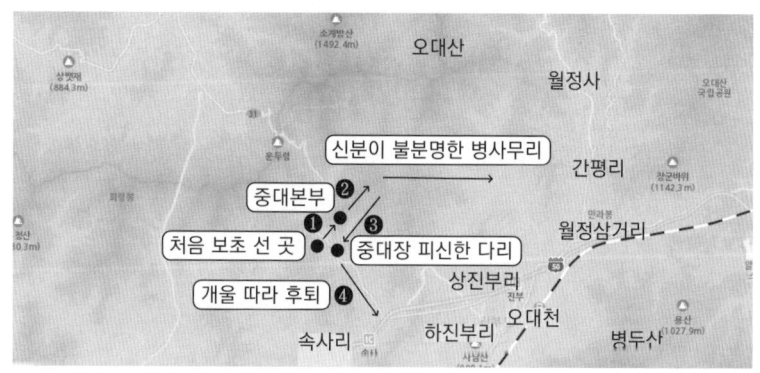

그렇게 한참 동안 개울 속에 엎드려 총탄을 피하며 앞으로 나아갔다.

'십 리 넘게 죽음의 고비를 넘어왔는데, 여기쯤이면 우리 국군이 있지 않을까? 혹시 아군이 잘못 보고 오인 사격하는 것은 아닌가.'

우리는 개울에서 나와 도로변으로 올라가 사격하는 산 위를 향하여 "아군! 아군!"이라고 크게 소리쳐 보았다. 한참 동안 조용해졌다. 아군의 오인 사격이었다니. 우리는 분한 마음에 산 위를 향하여 큰 소리로 쌍욕을 퍼부었다.

그러나 잠시 후.

"따꿍! 따꿍!"

산 위에서 다시 사격을 가해 왔다. 우리는 "속았다! 속았다!"라고 소리를 지르며 급히 개울 속으로 다시 뛰어들어 갔다. 그들은 탄알을 아끼기 위해서인지, 아니면 우리가 길가에 나오도록 유인한 것인지 몰라도 오랫동안 사격을 중단하여 우리를 헷갈리게 하였다. 우리 대원들이 여전히 많은 것을 보고 나무들을 사이에 둔 장거리 사격이 별 효과가 없는 것으로 인식한 것이 아닌가 싶기도 했다.

좁은 개울 덕분에 많은 대원이 살았다. 이곳에서 총격의 위험을 피하는 방법과 몸을 은폐하는 방법, 장거리 옆 포복의 유용함을 제대로 활용할 수 있었다.

속사리에서 후퇴 시 공격이 가해졌던 산과 은폐하던 계곡

목숨의 은인이 되어 준 개울 밖으로 나와 동쪽으로 이동했다. 죽을 힘을 써 가며 평지를 내달려 하진부 벌판까지 갔다. 해방을 만난 것처럼 기뻤다.

그러나 기쁨도 잠시, 이십 리 넘게 떨어진 후방까지 왔는데 사방에서 또다시 총소리가 났다. 기가 찰 노릇이었다. 죽음 직전에서 겨우 살아남아 안전한 후방으로 이동하여 안도의 숨을 내쉬려고 하던 때였다. 이렇게 먼 곳까지도 완전히 포위되었다는 사실이 도무지 믿기지 않았다. 이제는 죽을 때 죽더라도 아직 내 총을 쏠 기회가 있다는 것과, 직접 맞서 싸울 수 있는 환경이라는 것에 만족해야 했다.

이제 동쪽의 하진부 벌판을 지나 오대천을 건너 앞의 산을 넘어야 동남쪽으로 후퇴할 수 있었다. 나는 학생 시절 명색이 장거리달리기 선수였다. 누구보다 뛰는 데에는 자신이 있었기에 앞장서서 뛰었다. 앞산을 향해 탄환이 날아오는 벌판을 있는 힘껏 뛰었다. 겁에 질려 최대한 빨리 뛰는데, 약 30~40m 뒤에서 날 따라오듯 포탄이 한 발씩 차례로 터졌다. 나를 조준해 쏘는 것 같아 아주 기분이 나빴다. 몸을 엄폐할까 잠시 고민했지만 상황이 급하니 일단 달렸다. 포탄이 터질 때마다 깜짝깜짝 놀라며 당황하였다. 공포 속에서도 계속 뒤를 돌아보면서 앞을 향해 내달렸다.

순간 내 뒤에서 뛰던 국군 병사 한 명이 쓰러졌다. 그를 도와주려고 몸을 돌렸다. 그때 쓰러진 병사 뒤에 뛰어오던 병사가 그를 끌어안았다. 부상당한 병사가 살려 달라고 말하는 대신, 자기를 그냥 두고 빨리 피하라고 소리친다. 두 사람이 서로 아주 친한 사이구나 싶어, 나는 다시 포탄을 피해 앞으로 뛰었다.

모든 일이 순간적이었다. 사느냐 죽느냐 하는 절체절명의 순간에 목숨 걸고 일분일초를 다투었다. 이 벌판에서 많은 아군이 희생을 당하였다.

벌판의 위험을 지나고 꽁꽁 얼어붙은 오대천 위를 가로질러 목표했던 동남쪽 산기슭에 간신히 도달하였다. 그곳에는 뜻밖에 우리 중대원이 아닌 소속 불명의 아군 병사와 장교로 이루어진 백 명 이상의 무리가 있었다. '이제 살았구나.'라는 안도의 생각이 들었다.

그곳에 모인 아군은 후퇴해 온 길도 모두 달랐다. 서로를 알지 못하고 소속도 보병과 공병 등으로 다양했다. 이들도 나와 마찬가지로 인민군의 포위망에서 제각기 빠져나온 병사들이었다. 일부는 우리와는 다른 지역에서 전투하다 포위망을 뚫고 이곳까지 왔다고 했다. 모두 용케도 잘 빠져나왔다.

하지만 우리가 넘어야 할 앞산 능선에는 온통 인민군이 주둔하고 있었다. 이미 많은 인민군이 배치되어 산을 넘기가 쉽지 않아 보였다.

얼마간 있다 보니 아군 병사들의 숫자가 좀 더 늘었다. 우리는 처음 만났지만, 서로가 반갑고 위로가 되었다. 우리 가운데 두세 명의 장교가 나서서 분대를 편성하려 했다. 하지만 도중에 앞산에 주둔하고 있던 인민군에게 또다시 공격을 받고 말았다. 결국 분대 편성은 실패하였다.

우리는 각자 흩어져서 인민군이 주둔하는 고지의 능선을 향해 나아갔다. "만세! 만세!"라고 크게 외치며 위협하고 공격을 시도했다. 하지만 희생자만 더 늘어날 뿐이었다. 안타깝기 그지없었다. 이런 상황에서는 희생이 따르더라도 분대 조직을 만들어 싸워야 했다. 특공대를 편성하여 산 능선에 배치된 인민군과 전략적으로 싸우면 좋을 텐데, 장교와 상사들도 있는 상황에서 조직 편성을 이루지 못한 것이 아쉬웠다.

이곳에 모인 병사 모두가 우연히 만나 서로가 처음 보게 된 사이였기에 단합의 의지가 없었다. 각자 살겠다는 생각뿐이었다. 상사들은 위험 속에 희생당할까 봐 겁먹었고, 병사들은 싸울 사기를 잃었고, 지휘관은 지휘를 포기하여 많은 아군이 그야말로 오합지졸이었다.

인민군의 사격은 갈수록 심해졌다. 많은 병사가 모여 있는 이곳을 피하는 것이 낫겠다는 생각이 들었다. 나는 옆에 있는 친구 대원에게 말했다.

"여기에 모여 있다가는 다 같이 당하겠다. 얼른 이곳을 피해야겠어. 너, 나랑 같이 갈래?"

"좋아, 같이 가자."

나는 친구 대원과 함께 약간 떨어진 곳에 크고 작은 바위가 있는 오대천 강가로 뛰어갔다. 커다란 바위가 많아 몸을 숨기기에 제격이었다. 이미 바위틈에 숨어 있는 병사가 십여 명 정도 있었다. 나도 친구 대원과 함께 바위 사이에 숨었다.

지금쯤 아군의 전세가 어떻게 되었는지 너무나 궁금하고 답답했다. 몇십 리나 되는 곳까지 후퇴해 왔다. 이제는 아군 부대가 있을 법도 한데 그렇지 않았다. 이렇게나 먼 후방까지 인민군에게 포위되었다는 사실이 믿기지 않았다. 지원군이 나타나지 않으니 서럽고 원망스러운 생각도 들었다. 그런데 생각할 여유도 잠시, 생각지도 않게 강 건너편 제방에서 인민군이 나타났다.

"손들어! 손들어!"

그들은 우리 쪽을 향해 큰소리를 질렀다. 여기까지 우리를 잡으러 쫓아온 인민군은 우리가 분열되었다는 것과 힘이 빠져 있다는 약점을 완전히 파악하고 있었다.

갑작스러운 기습에 '이제 나는 죽었구나.'라는 생각밖에 들지 않았다. 정신을 잃은 듯 모든 생각이 정지했다. 어떻게 대처해야 할지 생각나지 않았다. 나도 모르게 온몸에 힘이 빠져 총도 쏠 수 없었다. 나뿐만 아니라 바위틈 속에 숨어 있는 다른 병사들도 나처럼 정신을 잃은 것 같았다.

인민군은 강 위에서 점점 우리 쪽으로 접근해 왔다. 아무 생각도 하지 못하고 얼음처럼 굳어 있을 때였다. 갑자기 아군 누군가가 소리쳤다.

"쏴라! 쏴라!"

그는 연발 카빈총 사격으로 인민군에게 반격을 가하였다. 당황하여 갈피를 잡지 못하던 우리도 문득 힘이 나서 이에 가세하여 총을 쏘았다. 인민군은 희생자가 생기자, 원래 숨어 있던 강 건너 제방 쪽으로 급히 후퇴하였다. 우리를 너무 업신여겨 보고 잡으러 왔다가 도리어 기습 사격에 당한 것이다.

여러 명이 바위틈에 숨어 있어서 얼굴은 볼 수 없었지만, "쏴라! 쏴라!"라고 소리치며 사기를 돋운 용사가 고마웠다. 카빈총[29]을 연발로 쏘는 것으로 보아 중사 이상 계급의 부사관인 것만은 확실하였다. 당시 카빈총은 중사 혹은 상사 이상의 간부만 가지고 있었기 때문이다. 이때 이 용사가 아니었다면 나는 물론, 많은 병사가 잡히거나 희생당했을 것이다.

이제는 이곳도 매우 위험하였다. 다른 은폐할 만한 곳을 찾아야 하는데, 갈 곳이 마땅찮았다.

인민군에게 온통 포위되어 우리가 후퇴해야 할 방향이 완전히 차

---

29 M1 카빈을 말한다. 칼빈총으로 불리기도 했다. 일반병이 들고 다니던 'M1 개런드'와 함께 2차 세계대전 때부터 미군이 사용하던 반자동 소총이다. 우리나라 해방 이후 미군정 때부터 꾸준히 한국군에 제공되어 한국전쟁에서 주력 소총으로 사용하였다. M1 카빈은 M1 개런드보다 가볍고 길이가 짧아 휴대하기 용이했고, 탄창을 통해 장전하는 등 상대적으로 사용하기 편했다.

단된 상황이었다. 더는 갈 곳이 없으니 머릿속에 죽게 될 것이라는 생각만 가득 들어찼다. 그래도 살기 위해서는 이미 저항할 힘이 빠져버린 아군 무리에서 벗어나야 했다.

마지막 방법은 죽음을 각오하고 단독으로 인민군의 포위망을 돌파하는 방법뿐이었다. 아무리 생각을 짜내어도 그 방법밖에 없겠다는 생각이 들었다. 돌파하지 못하면 죽음이라는 마지막 결심이 섰다.

나는 친구 대원과 함께 강가의 잡목을 은폐물로 이용해 동쪽으로 산이 나 있는 방향을 따라 조용히 이동했다. 한참을 가다 보니 어느새 강가가 끝나고 절벽이 앞을 가로막았다. 더 이상 앞으로 나아갈 수 없었다. 당황하여 잠시 멈추고 다음 행동을 생각했다.

"너, 나하고 이 동쪽 산허리를 타지 않을래?"

"나는 불안해서 도무지 안 되겠다. 아무래도 대원들이 있던 곳으로 다시 돌아가야겠어."

"그러면 할 수 없지. 너 좋을 대로 해."

나는 지휘관 없이 우왕좌왕하는 무리로 다시 돌아가고 싶지 않았다. 그리하여 그곳에서 친구와 헤어졌다.

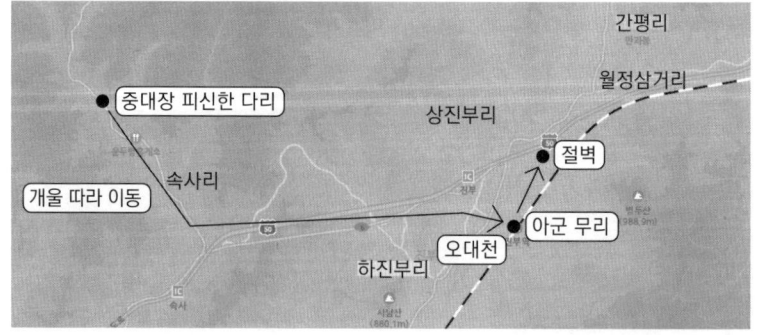

5. 첫 번째 고지 점령

이제부터는 죽어도 혼자 죽고 살아도 혼자 살아야 했다. 총알이 빗발치는 전장에서 외롭고 비참한 외톨이 신세가 되었다. 만약 내가 죽더라도 아무도 알지 못할 것이며, 누구 하나 와 줄 사람도 없다는 생각이 들자 서글퍼졌다. 앞으로 어떠한 상황을 마주하게 될지 두려웠다. 이런저런 생각을 하는데, 나 스스로가 불쌍하고 가엽게 여겨졌다.

그래도 학교 다닐 적에 운동과 군사훈련 경험이 많아 단련된 몸이었다. 포위망 돌파에 자신감을 가지기로 했다. 만약 내가 죽게 된다면 인민군도 몇 놈은 함께 죽을 것이라고 생각하며 마음을 단단히 먹었다.

우선, 티끌 하나 없이 새하얀 눈으로 덮인 산속에 몸을 숨기기 위해 위장해야 했다. 나는 군복 안에 흰 내의를 입고 있었다. 군복의 상의와 하의를 벗는 게 좋겠다는 생각이 들었다.

군복 상의를 벗어 놓고 하의를 벗으려는데 발목에 매어 놓은 끈이 꽁꽁 얼어붙어 풀어지지 않았다. 총 개머리판으로 몇 번이나 발목 끈을 내리쳐 보았다. 그래도 끈이 풀어지지 않았다. 어쩔 수 없이 하의만 그대로 입기로 하였으나 마음에 걸렸다.

두툼한 겨울 장갑도 총의 방아쇠와 노리쇠를 신속하게 당기는 데

좋지 않아 벗어 던졌다. 철모 역시 신분의 혼동을 주고 민첩하게 움직이기 위해 벗어 버렸다.

　마지막으로 눈에 들어온 것은 학생증. 북에서부터 유일하게 챙겨 온 물건이었다. 내가 남쪽에 내려온 이유, 자유주의 세상에서 학업을 이어 나가는 것. 그것을 연결해 주고 가능하게 해 줄 단 하나의 희망이었다. 나의 대학과 소속 학과, 그리고 우수했던 성적이 고스란히 기록된, 새로운 세상에서 내 신분을 증명해 줄 유일한 물건이었다.

　함흥에서 어머니와 헤어지고 집을 떠나 흥남 부두에서 군 수송선을 탈 때만 하더라도, 이렇게 혼란스러운 상황은 금방 지나가리라고 생각했다. 곧 모든 것이 제자리를 되찾을 것이라고 확신했다. 내가 하던 대로 열심히 학업에 정진한다면 원하던 공장 기사의 꿈을 이루고 사랑하는 사람을 만나 안정적으로 가정을 이루고 멋진 미래를 만들어 갈 수 있을 것이라 생각했다.

　하지만, 그런 꿈은 지금의 내게는 과분한 것이었다. 생명줄같이 귀중하게 간직하던 대학의 학생증마저도 이제는 짐이라는 생각이 들었다. 혹여나 인민군에게 잡혔을 때 신분이 밝혀지면 목숨이 더 위험해질 수도 있었다. 그것뿐만 아니라 고향에 있는 우리 가족들까지도 위험에 처하게 될 수 있을 것이라는 염려가 머리를 떠나지 않았다. 나는 눈을 질끈 감고, 숨을 한 번 골랐다. 마음을 강하게 먹은 뒤, 소중하게 간직했던 나의 학생증을 찢어 버렸다.

　이제 나는 총 한 자루만 가진 가벼운 몸으로 위장하였다. 일 년 중 가장 추운 계절이었다. 눈이 한가득 덮인 3월 초. 강원도의 깊은 설산 한가운데에 있는데도 추위는 조금도 느껴지지 않았다.

잠시 어떻게 적진을 돌파할지 작전을 생각해 보았다. 나는 산허리라고 할 수 있는 산 중턱을 타고 은폐하면서 산을 넘기로 했다. 보통 군에서 점령한 고지의 경계 보초를 세울 때, 고지로 향한 능선 맨 아래쪽과 고지 꼭대기에 병사를 많이 배치하고 산 중턱에는 보초가 별로 없다는 것을 경험상 알고 있었기 때문이다. 사생결단의 굳은 마음으로 이 길만이 내가 살 길이라 확신하였다. 몸의 모든 신경을 집중시키고 산으로 올라갔다.

나는 대학에 다닐 때 인민군 군사훈련에서 배운 '옆으로 포복' 자세로 민첩하게 이동했다. 이 방법은 왼 다리를 땅에 늘어뜨려 거의 왼쪽으로 누운 상태에서 오른손에 총을 들고, 왼 팔꿈치와 오른발의 힘을 이용해 신속하게 움직이는 자세다. 몸을 산에 가까운 왼쪽으로 기울여 최대한 낮추어 은폐하며 재빠르게 이동하였다. 이것은 내가 대학에서 군사훈련을 받을 때도 다른 학생들보다 잘했던 주특기였다.

훈련을 거쳐 몸에 익힌 세련된 옆 포복으로 신속하게 이동한 후 짧은 거리에 위치한 은폐지를 찾아 숨고, 한참 동안 사방을 경계하며 가까운 거리에 있는 다음 숨을 곳을 찾는다. 이상이 없으면 다시 재빠르게 옆 포복으로 이동하고, 숨고, 다음 은폐할 만한 장소를 찾는다. 이를 수없이 반복하면서 눈과 귀에 온 신경을 집중하고 산허리를 이용해 사선 방향으로 빙 둘러 산을 올라갔다.

한 은폐지에 도달하자마자 사방을 경계하며 살펴보다가, 별안간 왼쪽 위 언덕진 곳에 서남쪽을 향해 있는 검은 총신을 발견했다. 갑자기 놀라 가슴이 터질 듯 울렁거렸다. 생각지도 못한 상황이 눈앞에 나타나니 너무 긴장되어, 숨을 몇 번이나 크게 쉬며 마음을 진정시키지 않으면 안 되었다. 흥분을 가라앉히고 조금 더 자세히 살펴보았다. 총신이 길고 움직이지 않는 것으로 보아 경기관총 같았다.

　인민군은 조금 전까지 내가 있던 포위망 속의 국군 무리를 향해 총을 겨누고 있었다. 나는 나도 모르는 사이, 그들의 남쪽에 위치하여 비스듬한 각도로 은폐하고 있었으니 이것이야말로 하늘의 도움이자 기적이었다. 그들은 내가 가까이 있는 것을 전혀 눈치채지 못했는지 내 쪽으로는 전혀 눈을 돌리지 않는다. 그 산의 지형이 나를 살린 것이다.

　은폐한 곳의 위치가 좋아서 인민군의 동태를 잘 살필 수 있게 조금 더 움직여 보았다. 경기관총 사수의 왼쪽 상반신이 나타났다. 인민군과의 거리는 약 50m 정도. 고민하다가 M1 소총의 크리크 숫자를 '2'로 맞추고 조준하였다. 또다시 가슴이 쿵쿵 뛰었다. 조준에 오차가 생길까 봐, 순간 멈추고 숨을 돌려야 했다. 다시 신중하게 조준하였다.

　별안간, 저 병사가 혹시 북에 있는 형님들이나 친척들 또는 친구들이면 어쩌나 하는 생각이 들어 마음이 복잡했다.

　'아니겠지, 아닐 거야. 우선 내가 살아야지.'

　떠오르는 걱정을 덮어놓기로 굳게 마음먹었다. 방아쇠를 당겼다.

　"탕!"

　명중.

　한마디 비명도 없이 경기관총 사수가 쓰러졌다.

　나는 다시 조심조심 소리가 나지 않게 손으로 노리쇠를 잡아당겨 탄알이 장전된 것을 확인했다. 내가 가진 M1 총은 반자동 소총이었다. 하지만, 급한 위험과 마주칠 때 작동하지 않을까 염려되었다. 또

한 전장에서 여러 차례 몸과 함께 뒹굴던 총이라서 혹여나 기능에 이상이 있지 않을까 의심하며 직접 수동으로 조작했다. 서둘러 다음 사격 준비를 끝내자, 사수 옆에 있던 경기관총 부사수가 모습을 나타냈다. 즉시 방아쇠를 당겼다.

"탕!"

또다시 명중.

그 역시 그 자리에 쓰러졌다.

잠시 후, 또 다른 인민군 병사가 경기관총을 가지러 오더니, 몸을 구부려 경기관총을 쥐어 들었다. 그가 총을 들려는 순간 그대로 쏘았다.

"탕!"

한마디의 비명이나 소리조차 내지 못하게 단발로 명중시켰다. 한 자리에서 셋을 쓰러뜨렸다. 심장이 걷잡을 수 없이 빠르게 뛰었다. 정신을 잃을 것같이 아찔하고 어지러웠다.

정신을 바짝 차리고 생각해 보니, 내 위치가 좋아 그들의 입장에서는 어디서 총알이 날아오는지 알지 못했던 것 같았다. 한동안 나를 잘 보호해 준 이 은폐 장소를 쉽게 뜰 수 없었다. 이제는 내가 살 수 있겠다는 희망이 생겼다.

더는 인민군이 보이지 않고 조용하였다. 인민군들이 도망갔다는 예감이 들었다. 계속해서 옆 포복과 은폐를 거듭하면서 산의 고지 정상에 도달하니, 한곳에 엉켜 죽은 세 명의 인민군을 내 눈으로 확인할 수 있었다. 그 외에는 아무도 없었다. 나머지는 모두 겁을 먹고 도망간 것 같았다.

나는 즉시 떨리는 마음으로 인민군 세 명의 얼굴을 하나하나 확인했다. 모두가 내가 알지 못하는 사람들로 나이가 좀 들어 보이는 얼굴이었다. 내가 너무나도 염려했던 형님들, 친척들, 친구들은 아니라는 것을 알고 안도의 숨을 내쉬었다.

그 순간, 이들이 여태까지 우리 아군들을 죽음으로 몰아넣었다는 생각에 분노가 크게 치밀어 올랐다.

'너희들이 그간 우리 전우들을 죽이고 얼마나 집요하게도 괴롭혔단 말인가?'

나는 한참 동안 그들을 노려보며 분노를 삭였다.

잠시 뒤, 내가 점령한 고지로 수십 명의 국군 대원들이 올라왔다. 포위되어 죽음 직전의 상황까지 갔다가 다시 살아서 만나니 너무도 반갑고 형용할 수 없는 기쁨이 일었다.

산 아래 포위되어 있던 그들은 혼자서 산 위로 올라가는 나의 뒷모습을 보았던 것이다. 이구동성으로 누군가가 혼자 백설이 뒤덮인 산 위로 올라가는 것을 보았다고 입을 모았다. 전우들은 산 아래에서 누군지도 모르는 병사를 보며 끝없이 격려하였다고 했다.

인민군들이 포위하고 있던 고지를 혼자서 점령했다는 사실은 누구나 믿기 힘든 기적이었다. 나 역시 상상 속의 일이거나, 꿈이 아닌가 싶을 정도의 엄청난 공적이었다. 이 모든 것이 하늘의 도움이 아니면 있을 수 없는 일이라고 생각하였다.

때는 이른 점심 무렵이었다. 전날 저녁은 물론이고 아침까지 아무것도 먹지 못하였으니 배가 고플 대로 고팠다. 우리는 인민군의 군주머니 배낭을 열어 보았다. 잡곡으로 만든 꽁꽁 언 떡이 몇 개 있어 꺼내어 입에 물어 보았다. 겨울 날씨에 딱딱하게 얼어 이가 들어가지도 않고, 맛도 없어서 먹을 수 없었다.

그때였다. 누군가가 인민군들이 능선을 따라 앞산 고지에 올라간다고 소리쳤다. 이십여 명 정도 되어 보이는 인민군들이 각기 뿔뿔이 흩어져 도망치면서 동쪽 고지로 올라가고 있었다. 거리가 멀어 총으로 사격하기가 거의 불가능했다. 일부 대원이 사격을 시도했지만, 위협만 할 뿐 허탕이었다. 나도 안정적인 엎드려 쏴 자세로 두 발을 쏘았지만 맞지 않았다.

포위에서 완전히 탈출하기 위해서는 우리가 들어왔던 동쪽의 횡계 방향으로 후퇴해야만 했다. 인민군들이 도망간 높지 않은, 바로 그 산 고지를 돌파해야 했다.

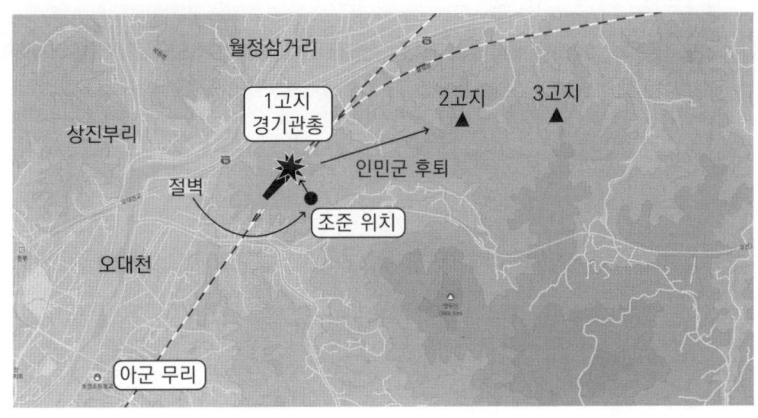

6. 두 번째 고지 점령

　나는 인민군들이 도망간 동쪽 고지를 돌파할 방법을 곰곰이 생각했다. 지금 이 고지를 차지한 방법대로 한다면 점령할 수 있겠다는 확신을 가졌다. 나는 곧바로 그 고지를 향해 앞장섰다. 앞선 고지에서의 기적 같은 성공으로 자신감이 생겼다. 한 번 더 부딪혀 보자는 마음으로, 죽음의 위협과 공포는 완전히 잊었다.

　산 능선을 타고 동쪽 고지 바로 아래에 도착했다. 앞 고지를 점령했던 것처럼 산을 옆으로 돌아서 산 숭턱을 향해 올라가기 시작했다. 무성한 잡나무들에 몸을 숨기면서 조금씩 앞으로 나아갔다. 경사가 심했던 앞의 고지에 비해 이번 고지는 조금 더 높지만, 경사가 완만했다. 비탈 없는 평평한 곳이 넓게 드리워져 있어서 많은 아군이 자유자재로 활동하며 전투하기 좋은 조건이었다. 잡목이 많아서 인민군의 눈에 띄지 않게 몸을 은폐하면서 진격하기에도 좋은 환경이었다.

　얼마 가지 않아서였다. 뜻밖에 국군 소위 계급장을 단 처음 보는 장교 한 사람이 나보다 앞서 기어가는 것이 보였다. '나보다 한발 앞선 사람도 있구나.'라고 생각하며 나아가는데, 한순간 그 장교의 모습이 시야에서 사라졌다. 소대장급 장교가 소대원도 없이 홀로 산에 올라가는 상황이었다. 이것만 보더라도 당시 국군이 각자 뿔뿔이 흩어져서 얼마나 힘들게 싸우고 있는 상황인지 가늠할 수 있었다.

어느덧 산 중턱을 빙 둘러 올라가다가 산의 반대편에 다다랐다. 나는 꼿꼿이 뻗은 어린 아까시나무가 많아 은폐하기 좋은 곳에 자리를 잡았다. 주위를 경계하며 산 정상의 고지 쪽을 올려다보았다. 별안간 인민군 2명이 시야에 들어왔다. 나와는 약 60m 정도 떨어진 참호 속에서 상반신만이 보였다. 우연히 이번에도 나는 운 좋게 그들의 시선이 향하지 않는 산 아래쪽에 위치하였다. 그들은 나를 비스듬히 등지고 방금 우리가 점령한 서쪽을 향해서만 신경 쓰느라 내가 숨은 뒤쪽의 경계는 소홀히 하는 것 같았다.

나는 두근거리는 가슴을 진정시키면서, 다시 조준점을 맞추었다. 그들과의 거리를 가늠한 후 M1 소총 크리크 숫자를 2로 할까, 3으로 할까 잠시 망설였다. 아까보다 인민군이 약간 더 멀리 있기 때문이었다. 지난번 고지에서 잘 맞았던 것을 떠올리며 크리크를 2로 조정했다. 총알이 참호의 인민군에 도달하기까지 사이사이에 있는 시든 아카시아 잎사귀가 약간 거슬렸다. 하지만 작은 잎사귀 한두 개쯤은 지장 없이 뚫고 명중할 것이라 믿었다. 숨을 고르고 인민군을 향해 조준했다.

"탕!"

그런데 웬걸, 사격이 빗나갔다. 겨울 혹한 속에도 나뭇가지에 붙어 있는 시든 잎사귀가 명중에 지장을 준 것이다. 잎사귀와 잔가지를 피해 서둘러 자리를 약간 옮겼다.

다시 방아쇠를 당겼다.
"탕!"
이럴 수가, 또 허탕이다. 앞의 고지 사격에서는 그렇게 잘 명중하던 총이 맞지 않으니 몹시 당황스러웠다. 그제야 아카시아 잎사귀 하나가 사격에 얼마나 방해가 되는지 깨달았다. 갑자기 마음이 조급해지고 가슴이 울렁거렸다.

다시 잎사귀가 없는 곳을 찾아 인민군을 향해 조준했다. '이번엔 제대로 맞혀야지.'라고 생각하며 호흡을 가다듬었다.

그런데 참호 속에서 앞에 있는 아군에게 수류탄을 던지던 인민군이 갑자기 뒤를 휙 돌아보았다. 순간 눈이 마주쳤다. 나도 놀라고 인민군도 놀랐다. 서로의 생사가 결정되는 순간이니 놀랄 수밖에 없다. 가까이 있어 너무도 똑똑히 그의 얼굴을 볼 수 있었다. 갑자기 인민군이 쥐고 있던 수류탄을 나를 향해 던졌다. 나도 그와 동시에 조준하던 방아쇠를 당겼다. 그리고 혹시라도 조금 전에 봤던 앞서간 소위가 근처에 있을까 싶어 "소대장, 수류탄!"이라고 크게 외치며 재빨리 산 아래쪽으로 뒹굴었다.

"펑!"

수류탄이 터졌다. 나는 수류탄이 터진 장소에서 좀 떨어진 곳으로 간신히 피할 수 있었다. 그러나 황급히 몸을 뒹구는 순간 위쪽으로 올라간 다리를 채 내리기도 전에 수류탄이 폭발하였다. 조그마한 수류탄 파편이 천으로 된 군화를 뚫고 들어와 내 오른발에 박혔다. 하지만 이때는 아픔도 느껴지지 않았다. 부상당했다는 사실도 전혀 몰랐다. 시간이 흐를수록 신발 앞쪽에서 출혈의 흔적이 차츰 보이고 발이 부어올랐으나, 밤낮을 가리지 않고 실시간으로 온 힘을 다해 사투를 벌이는 전장에서 당장에 신발을 벗고 상태를 살필 여유조차 없었다. 수류탄이 터지자 공포를 느끼기보다 더욱 악에 받쳤다.

'그래, 너도 어디 한번 죽어 봐.'

다시 고지를 향해 포복으로 조심스럽게 올라갔다. 고지 정상에 다 올라갈 때까지 아무도 나타나지 않았다. 조금 전까지 인민군 둘이 있던 참호에는 피를 많이 흘린 자국만 선연히 남아 있었다. 내가 세 번째로 쏜 탄환을 맞고 피신한 것 같았다.

잠시 뒤, 첫 고지 때와 같이 인민군을 향해 정면으로 진격해 오던 국군 대원들이 고지 위로 올라왔다. 우리는 약 두어 시간 만에 첫 번째 고지에 이어, 두 번째로 고지를 점령했다. 포위에서 벗어나 자유로워졌다고 생각하니 비로소 긴장했던 마음이 조금 놓였다. 죽음 앞에서 막혔던 말문도 그때야 열렸다.

"야, 너 이 자식. 죽지 않고 용케 살았구나."

"이 새끼, 보통이 아니네."

나를 본 친구 대원들의 첫마디였다.

"야, 나는 이미 죽을 각오하고 올라왔다. 생각한 것보다 인민군이 그리 많지 않았네."

"저들은 모두 어디로 도망갔을까?"

"산 능선으로 계속 진격하면 아군 지원군을 만날 수 있겠지?"

모든 대원의 마음은 어서 지원군을 만날 수 있기를 바라는 마음으로 같았다.

새로 점령한 두 번째 고지에서부터 길고 평평한 능선을 따라 동쪽으로 한참 이동했다. 그제야 그라만 전투기가 낮게 비행하며 빙글빙글 돌면서 우리 머리 바로 위로 날아왔다. 혹시라도 인민군으로 오인될까 봐, 대원 중 누군가 갖고 있던 빨간색과 노란색 비닐로 만든 항공 표시판을 능선에 펴 놓았다.

평창 진부면 부근에 위치한 첫 번째, 두 번째, 세 번째 고지

7. 포위망을 벗어나 안전한 곳으로

　동쪽으로 계속 후퇴하다 보니 높지 않은 언덕 고지가 나타났다. 이것이 이 산의 마지막인 세 번째 고지였다. 두 번째 고지에서 피를 흘리며 도망간 인민군들은 그림자조차 보이지 않았다. 국군이 30명 정도 모였으니 이제는 모두 사기가 되살아났고 인민군과의 싸움에도 겁먹지 않고 맞설 수 있었다. 같이 있던 선배 병사 이완호가 말하였다.
　"이제 우리 주위는 완전히 포위된 것 같다. 동쪽 길도 인민군에게 막혀 있을 거다. 더 이상 갈 데가 없으니 우리는 지원군이 올 때까지 여기를 사수하자."
　하지만, 내 생각은 달랐다.
　"인민군이 이쪽으로 남진해 온 지는 얼마 안 되었으니까 아직 전투 대열을 갖추지 못했을 거야. 지금도 이쪽으로 포위해 오는 중인지 몰라. 길은 아직 막히지 않았을 거다. 시간이 급하니 서둘러 계속 후퇴하자."
　나는 어서 이곳을 빠져나가자고 독촉하였다. 하지만, 대부분이 나보다는 나이가 많은 이완호 병사의 말을 들으려는 것 같았다.
　나는 혼자서라도 산에서 내려가야겠다고 작정했다. 막상 혼자 행동하려니 조금은 막막했다. 옆에 있는 5살 정도 많아 보이는 병사에게 물었다.

"나는 이곳을 빠져나가겠소. 당신, 내 뒤를 따르겠소?"

"좋소, 나도 따르겠소."

그도 이곳을 빠져나가고 싶었는지 힘 있게 대답했다. 그는 나를 뒤따라 함께 하산길에 나섰다. 그는 수색대 소속 병사가 아니라 건설공병으로 나와는 초면이었다.

한참을 하산하는데, 이제껏 보지 못한 정사각형 모양으로 크게 파 놓은 인민군의 참호가 나타났다. 참호 바닥에는 지푸라기가 깔려 있었다.

'인민군들이 여기서 잠을 잤구나.'

보통 우리가 파는 참호는 두 명 정도가 들어갈 만한 직사각형 모양인데, 이 참호는 특이하게도 대여섯 명이 들어갈 만한 큰 규모였다. 바로 아래쪽에 외딴집이 있었는데 굴뚝에서 많은 연기가 나고 있었다. 왠지 그 집에서 인민군들이 식사하는 것 같은 예감이 들었다.

산을 뛰어 내려가 그 외딴집 앞에 있는 큰 계곡 아래로 들어가 몸을 숨겼다. 우리는 몸을 숙이고 조용히 계곡을 따라 내려가 점점 외딴집으로부터 멀어졌다.

얼마간 산을 내려가니 계곡이 끝나고 큰 들판에 있는 동네가 보였다. 한동안 공포와 위험이 도사리는 깊은 산기슭만 다니다가 뜻밖에 사람 사는 동네를 만나니, 마치 어둠 끝에 밝은 세상을 만난 것 같았다. 그런데 조금 더 가까이 가 보니 어쩐지 낯이 익었다. 바로 우리 수색대가 속사리로 진격하기 전에 주둔했던 간평리의 월정삼거리 근처 동네이다. 전혀 생각지 못한 곳이 나타나니 반갑기 짝이 없었다.

내 뒤를 따라오던 공병은 겁이 많아 행동이 느려서인지, 아니면 나보다 나이가 많아서인지 5분 정도 뒤에 도착하였다. 무사히 다시 만나니 반가웠다. 둘이 계곡에 숨어서 대여섯 채의 집이 띄엄띄엄 있는 동네를 살펴보았다. 나는 그에게 한 집을 가리키며 말했다.

"저 집에 가서 사람이 있는가 보고 오는 게 좋겠소. 사람이 있다면 이곳까지 인민군이 왔는지 확인하고 오시오. 나는 다른 집을 확인해 보겠소."

각자 조사를 하러 헤어진 후, 나는 근처의 한 집을 들어가 보았다. 집주인을 불러 물었다.

"이 동네에 인민군이 들어왔습니까?"

"여기는 인민군이 안 들어왔어요."

공병 대원과 다시 만나니, 그가 확인한 바도 같았다. 이제는 인민군이 주변에 없다는 확신을 가질 수 있어 안도감이 들었다.

그때였다. 마을에서 조금 떨어진 큰 도로 위에 우리가 가야 하는 동쪽으로 군인들이 두세 명씩 띄엄띄엄 내려가고 있는 것이 보였다. 저들이 국군인지 인민군인지 당장에 식별할 수 없었다. 우리 둘은 마침 도로 쪽으로 뻗어 있는 개울이 있어 주특기인 옆 포복으로 개울에 몸을 숨기며 도로 가까이 가 보았다. 가까이서 확인해 보니 아군이었다. 우리와는 다른 쪽에서 후퇴해 오는, 전장에서 각기 흩어졌던 국군들이었다. 너무나 반가웠다.

겨우 살았다는 기쁜 마음으로 개울에서 큰 도로 위로 올라와 후퇴하는 아군 무리에 합류하였다. 그동안 여러 차례의 죽을 고비 속에서 온갖 위협과 고통을 이기고 살았으니 '하늘이 날 살려 주었구나.'라는 마음에 한없이 고맙다는 생각이 들었다. 한편으로는 내가 정말 살아 있는 것이 맞는지 의심조차 들었다. 이런저런 생각을 하면서 점점 제정신이 돌아오는 것 같았다.

그런데 무리 중에서 생각지도 않았던 사람을 만났다. 우리 수색 중대에서 영리하며 용감하다고 인정받았던 지도계 김병칠 이등상사였다. 우리 중대의 지도계 상사를 만나니 날아갈 듯 기쁘고 너무도 반가웠다. 그는 평양 출신으로, 전투 시 순발력 있게 판단을 잘하는 상관이었다. 또, 평소 다른 상관들이 자기 양말을 병사들에게 빨아 오게 하는 것과 달리 자기가 직접 빨아 신는 사람이었다.

"야! 너 어떻게 된 것이냐. 국군이냐, 빨치산이냐. 꼴이 왜 그 모양이야."

김 상사가 날 보고 놀라서 내던진 첫마디였다. 그의 지적에 정신이 번쩍 들어 처음으로 내 모습을 위아래로 살펴보았다. 그때야 내 행색이 말이 아니라는 것을 깨달았다. 철모도 없고, 상의 군복과 장갑을 벗어 던진 채 M1 소총만 들고 있었다. 그간 군인의 옷차림이라고는 전혀 신경을 쓸 새가 없었다. 나 자신이 놀랄 정도로 초라하고 가엾게 보였다. 그래도 그를 만난 흥분이 가시지 않아 허술한 차림새에 대해 조금도 신경이 쓰이지 않았다. 나는 김 상사에게 이런 차림으로 다니게 된 배경을 설명하고 그동안 내가 경험한 이런저런 끔찍한 전투 과정과 성과에 대해 보고하였다.

"너, 참 용감했다. 정말 고생 많았어."

김 상사는 포위되었던 많은 아군을 구출하고, 죽지 않고 살아난 용감함을 칭찬하고 격려해 주었다.

나는 포위망 속에서 용감하게 싸운 이야기와 고된 탈출 이야기, 중대장 김 대위가 내 3m 앞에서 인민군의 총탄에 맞아 내가 지혈을 시도했으나 얼음 위에 계속 피를 흘린 비참한 이야기 등을 보고하면서 동쪽을 향해 같이 걸었다.

얼마간 가다 보니 길옆 논에 국군 일등중사 한 사람이 비참하게 쓰러져 전사해 있었다. 그것을 본 김 상사가 말했다.

"너, 저기 가서 군복과 모자를 벗겨다가 입어."

나는 전혀 생각지도 못한 일이었다. 상관 전사자의 몸에 감히 손을 대기가 어려워 주저했다. 김 상사는 나의 마음을 이해하였는지, 재빨리 길옆 논에 뛰어들어 가 사체를 돌려 상의를 벗기고 철모도 벗겨 왔다. 그는 일등중사 계급장을 떼고 군복을 건네주었다.

"자, 이제 이걸 입어."

자상한 김 상사 덕분에 나는 완전한 국군 병사의 복장을 한 모습으로 복귀하였다. 군복을 입으면서 깨끗한지를 의심하기보다는 장렬하게 전사한 상관의 옷을 입게 되어 미안하면서도 고마운 마음뿐이었다.

이때부터 내 상의 동복과 철모는 전사한 이름 모를 일등중사의 유품이었다. 이 군복은 나중에 내가 인민군에 잡혀 인민군 군복으로 바꿔 입을 때 하는 수 없이 이북 땅에 남겨 놓았다. 이 군복을 입은 동안, 이름 모를 전사자에게 고맙고도 미안한 마음이 가득했다.

나와 김병칠 상사와 공병, 셋은 눈 쌓인 도로를 따라 계속 걸어갔다. 우연히 길옆에 도살한 소의 한쪽 넓적다리가 버려져 있는 것이 보였다. 수십 명의 병사들이 지나가면서도 공포와 피곤함에 젖었는지 누구 하나 눈여겨보지 않았던 것 같았다.

"저거 주워다가 어디 가서 삶아 먹자."

공병이 넓적다리를 어깨에 메었다. 공병은 내 덕택으로 살았다는 고마운 마음에서인지 나를 잘 따라 주었다.

한참 가다가 산을 끼고 구부러진 도로를 지나갈 때였다. 우측의 먼 산에서 또다시 인민군의 총격이 날아들었다. 우리는 즉시 도로 옆 개울에 몸을 숨기고 총격을 피해 후퇴하였다. 총격 지점을 벗어나자 다시 도로 위에 올라섰다. 그런데 뒤따라오던 공병이 메고 있던 소 넓적다리가 보이지 않는다. 총격을 피하면서 소중한 넓적다리를 길가에 버리고 온 것이다.

전날 저녁부터 아침은 물론 점심까지 세 끼나 굶고 힘이 빠진 상태였다. 오랜만에 배부르게 먹고자 했던 귀중한 식량인데, 그대로 놔두고 갈 순 없었다. 나는 즉시 개울을 이용해 오던 길을 되돌아가 길 한 구석에서 그가 내던진 소 넓적다리를 찾아냈다. 총격을 피해 개울 안에 몸을 납작 숙이고, 소 넓적다리를 한 손으로 끌면서 옆 포복으로 요령 있게 되찾아 왔다.

이제는 더 이상의 총격도 없었다. 얼마 가다 이름 모를 국군 지원부대 선발대와 마주쳤다. 구세주를 실제로 만난 것처럼 너무나도 반가웠다. 이들은 너무 긴장했던 탓인지 죽음의 사선을 넘어온 우리를 무표정으로 아무 말 없이 냉정하게 지나쳤다. 하지만 지원군을 만났으니 안도감을 느끼며 큰 심호흡을 할 수 있었다. 이제 정말 살았구나 싶었다.

해가 조금씩 기울어 가는 무렵, 우리는 길에서 좀 떨어진 나무가 무성한 숲속의 오막살이집으로 들어갔다. 할머니만 혼자 계셨다.

"할머니, 이 소 넓적다리 좀 먹게끔 삶아 주세요."

할머니는 알았다는 듯이 고개를 끄덕이며 별말 없이 소 넓적다리를 가지고 갔다. 얼마 후, 당시에도 보기 힘들었던 커다란 옛날식 백도자기 사발에 삶은 고기를 가득 채워 내왔다. 할머니가 차려 준 밥은 처음 먹어 보는 맛의 강냉이밥이었다. 까슬까슬하여 입안에서만 맴돌고 목으로 넘기기가 좀처럼 힘들었다. 고기는 배고파서 몇 사발이라도 먹을 수 있을 것 같았는데, 맨 소금물에만 끓인 탓인지 짜기만 하고 퍽퍽하여 소금 고깃국이 된 한 사발을 겨우 먹었다. 배가 고파도 너무 고프면 오히려 잘 넘어가지 않는 탓도 있었을까, 먹지 못하고 남긴 많은 양의 소고기가 아쉬웠다. 할머니께 남은 고기는 가져가지 않을 테니 잘 잡수시라고 하면서 고맙다고 인사하고 헤어졌다.

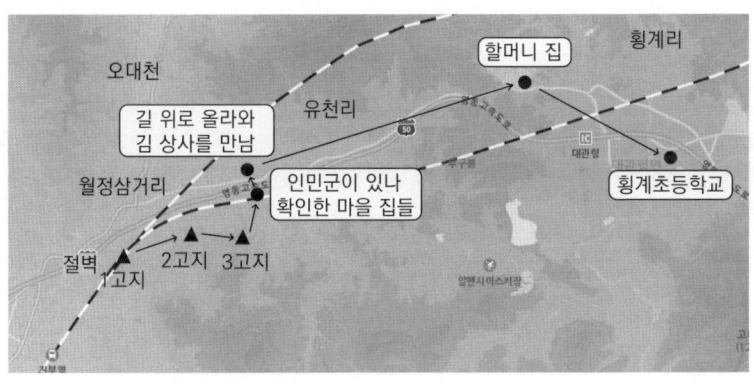

온 산야가 흰 눈으로 덮였는데, 이날 밤도 함박눈이 무섭게 내린다. 수색 중대의 생존 대원들은 비참한 꼴로 대관령 쪽에 있는 횡계초등학교 근처 외딴집에 집결하였다.

대관령 위쪽은 3월 초인데도 함박눈이 많이 내렸다. 눈이 어찌나 많이 오는지 병사들의 키보다 높은 집 울타리와 집채가 온통 눈에 뒤덮여 버렸다. 쌓인 눈 때문에 마당으로 난 부엌문도 열 수 없었다. 정말이지 이곳에서밖에 볼 수 없는 광경이었다.

　이제껏 쌓인 피로도 풀지 못한 채 그대로 집 밖에서 보초를 섰다. 먼 곳에서 우리가 주둔한 집 쪽으로 가끔 인민군의 총탄이 날아와 긴장을 늦출 수 없었다.

　다음 날 밤, 대관령 제일 꼭대기 위 도로에서 보초를 섰다. 매섭고 차가운 바람이 강하게 불어닥쳐 병사들을 금세라도 얼려 버릴 것만 같았다. 이에 삽으로 눈을 퍼내어 땅속 참호가 아닌 눈 속 참호를 만들게 되었다. 눈이 사람의 키 높이만큼 쌓여서, 바닥에 쌓인 눈을 다 파내지도 않았는데 허리까지 들어갈 깊이가 되었다. 이렇게 눈으로 참호를 만든 것은 처음이었다. 안에 들어가면 옷이 녹은 눈을 흡수하여 축축하게 젖지 않을까 걱정하였다. 하지만 겨울이 채 끝나지 않은 3월 초 대관령 꼭대기의 추위에 눈이 한 줌이라도 녹을까 걱정하는 것은 크나큰 기우였다. 참호 속 눈이 녹지 않아 옷도 젖지 않았다. 폭설로 참호 안을 둘러싼 눈이 단단하게 다져져 있어서 몸을 한쪽에 기대어도 눈이 푹 들어가거나 무너지지 않았다. 거기에다 바람까지 막아 주니 온실에 들어간 것처럼 따뜻하여 잠이 솔솔 왔다.

대관령 전경

이틀간 대관령에서 경계 보초를 서던 중, 뿔뿔이 흩어진 우리 기갑연대 대원들 모두 후방에 위치한 강릉농업학교에 이동 집결하라고 지시가 내려왔다. 때는 1951년 3월 6일쯤이었다. 후에 알게 된 바로는, 공격부대인 기갑연대를 후방에서 지원하던 감제고지(가장 높은 고지) 일대의 26연대 3대대가 인민군의 야간 기습을 받고 와해되어 동쪽으로 철수했다고 한다. 인민군은 둥그렇게 둘러싼 형태로 포위망을 좁혀 오는 방법인 '마대 포위 전술'로 부대를 공격했다. 그래서 많은 희생자가 나왔다.

26연대 3대대는 국군의 주된 저항선과 속사리의 기갑연대를 이어주는 역할을 하였다. 때문에, 이 부대가 동쪽으로 철수하면서 기갑연대의 후방인 유천리가 인민군에게 차단되어 우리 기갑연대가 온통 포위당했던 것이다. 그 결과, 기갑연대 전체가 뿔뿔이 흩어져 각자 눈을 헤쳐 가며 포위망에서 탈출해야 했던 것이다.

일부 친구 대원들은 연대장과 미군 고문관과 함께 후퇴하고 있었는데, 도중에 인민군 무리가 튀어나와 총을 겨누면서 "손들어!" 하였다. 이때 미군 고문관이 살고자 두 손을 들며 "I am 고문관!"이라 하였다. 이러던 찰나, 국군 대원들이 극적으로 인민군을 사살하여 무사히 탈출할 수 있었다고 한다.

연대장 김동수 대령은 이 전투를 치르면서 동상에 걸려 지팡이를 짚고 다니다가 병원에 입원하였다. 속사리 쪽에서 발목에 총상을 입고 돌다리 밑에 피신했던 우리 수색 중대장 김 대위는 결국 다리 밑에서 빠져나오지 못했다. 3소대에서 나를 아끼던 대학 선배 박춘국 병사도 복부에 인민군의 총탄을 맞고 전사했다. 비참한 전투 속에 너무나도 많은 희생이 났다.

흩어졌던 우리 기갑연대는 강릉 농업학교에 다시 모여 신병을 보충받아 새롭게 부대를 편성하였다. 부중대장 격인 부관 윤덕한 소위가 중대장 역할을 맡게 되었으며, 병원에 입원한 연대장을 대신하여 이용 대령이 새로운 연대장으로 부임했다.

나는 수류탄 파편으로 인한 발 부상으로 더는 걸을 수 없는 지경에 이르렀다. 이곳 강릉에 도착해서야 부상을 입은 지 3일 만에 신발을 벗고 부상 상태를 확인할 수 있었다. 발이 신발에 꽉 끼어서 자연 지혈이 되었으나, 너무 많이 부어 걸을 수 없었다. 하지만 중대장은 중대원이 줄어든다는 이유로 나를 후방에 있는 병원에 보내지 않고 강릉농업학교 내 다른 교실에 자리한 기갑연대 본부 정보과 S-2에서 치료받게 하였다.

그리하여 그곳에서 한동안 지내며 치료를 받았다. 자고 나면 상처에서 고름이 한 컵씩 흘러나왔다. 치료 방법은 병원이 아닌 관계로 별 뾰족한 치료 기술 없이 빨간 소독약인 머큐롬(mercurochrome)을 바르는 것이 전부였다.

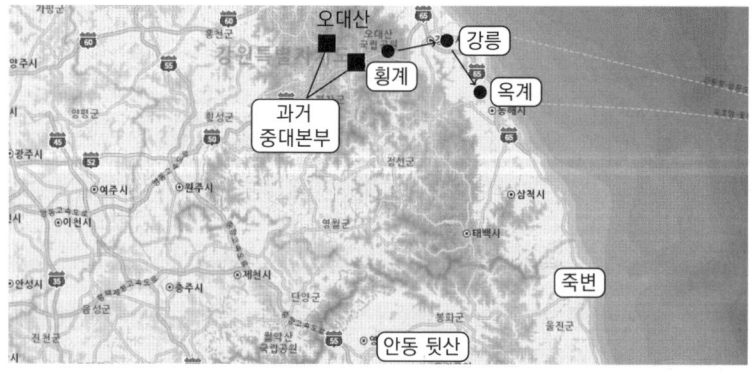

3월 초중순 무렵, 강릉농업학교에 집결한 지 일주일쯤 되었을 때다. 새로 편성된 연대 수색 중대는 첫 파견으로 정동진 밑에 위치한 강릉 옥계로 나가야 했다. 우리 수색 중대는 치료 중인 나를 두고 먼저 이동했다. 며칠 후, 연대 본부도 재편성을 마치고 다른 곳으로 이동하게 되자 수색 중대는 치료 중인 나를 데리러 병사 두 명을 보내 왔다. 나는 지팡이를 짚고 그들의 부축을 받아 옥계에 위치한 중대 본부에 도착하였다. 그곳에서 한동안 치료를 계속하였다.

옥계로 와서야 안전하다는 것에 안도감을 느낄 수 있었다. 오랜만에 마음의 여유를 찾은 전우들은 그제야 오대산 속사리, 하진부리에서의 고약하고 비참한 전투에서 겨우 살아난 이야기를 나누면서 정답게 잡담을 할 수 있었다. 전우들은 내가 군복을 모두 벗어 던져 위장하고, 제일 먼저 고지를 향해 포복하며 올라가던 모습을 기억하였다. 민첩한 행동으로 혼자서 고지를 탈환한 나를 알아보고 감격했던 이야기를 나누며 칭찬을 아끼지 않았다.

"아니 글쎄, 누가 용감하게 혼자 적진의 산으로 진격한다고 밑에서 보고 있었는데, 그게 바로 너였구나."

전우 엄명혁은 많은 수색 대원 앞에서 "너, 큰 공을 세웠구나."라고 칭찬하면서, 내 총을 빼앗아 올려 들고 어루만졌다. 그는 "너보다 이 M1 총이 인민군을 무찌른 공로가 더 크다."라며 총에다가 거수경례를 하여 모두에게 폭소를 자아냈다.

내가 중대 본부에서 치료받는 동안, 수색대원들은 다시 옥계의 중부 산악지대로 수색해 들어갔다. 옥계는 비교적 후방의 안전한 지역이었지만, 그새 혹여나 인민군들이 산 쪽으로 진입해 들어갔을지도 몰라 옥계로 빠져나오는 것을 차단하는 작전이었다.
 옥계에서 중부 산속에 깊숙이 들어간 대원들은 인민군 포로 세 명을 붙잡았다. 그들을 심문한 결과, 놀랍게도 그들은 경상북도 안동의 뒷산까지 내려갔다가 이동하는 인민군의 대열에서 낙오하여 후퇴하는 중이었다.

8. 연대장의 즉결 처분 명령을 받은 무전병

3월 중순 무렵, 우리 수색대는 옥계를 출발하여 북진하였다. 나도 부상 입은 발이 회복되어 수색 활동에 함께 투입되었다. 우리는 처음으로 봉급을 받았다. 이승만 대통령의 얼굴이 크게 그려진 지폐 몇 장이었다. 새 종이에 금방 인쇄했는지 얼룩 하나 없이 깨끗하고 빳빳했다. 봉급을 받았지만, 왜 돈을 주는지 몰랐다. 군에서도 돈을 주나 싶었다. 전쟁 중인 데다 그것도 산속에서 지냈기에 돈 쓸데도 없으니 어떻게 해야 하나 싶었다. 하다못해 음식을 사 먹는 등 어딘가 돈 쓸 수 있는 곳을 가 볼 수나 있으면 좋겠다고 생각했다. 지폐 몇 장을 주머니에 넣었다. 이 돈은 불행하게도 여기저기 정신없이 수색을 다니다가 한번 써 볼 기회도 없이 어디론가 금세 사라져 버렸다.

우리 중대는 동해안에서 내륙의 산 지형을 따라 수색해 들어갔다. 그리 높지 않은 소나무가 우거져 있는 구부러진 언덕 고개를 넘자, 주변이 산으로 둘러싸인 넓은 들판이 나타났다. 도착하자마자 숨 돌릴 새 없이 소대별로 명을 받고 아침 일찍부터 수색 작전에 나섰다. 이곳은 그동안 날마다 수색하던 환경과는 다르게 험한 계곡이나 높은 고지가 없어서 다니기도 쉬웠다. 그래서인지 불안함이 별로 없었고 직감적으로 안전지대임을 느낄 수 있었다. 고생 많은 우리 수색 중대원에게 숨을 돌릴 수 있는 기회를 주는 것 같았다.

좀 더 가다 보니 평탄한 논밭이 펼쳐지고 멀리 농가가 보였다. 향긋한 시골 냄새가 풍겨 왔다. 마음에 여유를 가지고 오랜만에 고즈넉한 경치를 바라보며 순수한 자연의 향기를 맡으니 안정감이 들었다. 이날은 날씨도 따뜻하게 풀리고 화창하여 눈 속에 첫 봄소식을 알리는 것 같았다.

수색 정찰을 마치고 돌아오는 길에, 1분대 수색대원 두 명이 들판에서 주인 없는 소 한 마리를 몰고 왔다.

"야아, 이 소 어디서 가져왔니?"

"안쪽에 산비탈 쪽에서 주인이 없어서 끌고 왔어."

"이야, 잘 가져왔네. 오늘 저녁, 오랜만에 소고기 먹게 됐다."

"야 이놈아, 너 어디 인민군 잡아 오라 그랬지, 소 잡아 오라 그랬냐."

"인민군 잡아 오는 것보다 소 한 마리 잡아 오는 게 낫다."

"맞다 맞아. 야, 누가 보겠나. 안 보이는 한쪽 구석에 갖다 매어 놔라."

대원들은 손뼉을 치며 기뻐했다. 항상 긴장하며 무아지경 속에서 전투하였는데 오랜만에 힘이 나는 웃음이었다. 인민군을 잡으러 갔다가 엉뚱하게 소를 잡아 왔으니 말이다. 오늘 저녁에는 풍요로운 만찬으로 굶주린 배를 채울 수 있겠다고 웃으며 한마디씩 했다.

점심쯤, 우리가 들어왔던 산길에 갑자기 지프차가 나타나더니 곧바로 중대 본부 쪽으로 달렸다. 중대 본부는 길가에 버려진 작은 오막살이집이었다. 지프차가 집 앞에 도착하더니, 하사 계급의 병사 한 명과 운전병을 차에 남겨 두고 고급장교 두 명이 내렸다. 우리 연대장과 연대 본부 통신 대대장이다. 두 고급장교가 여기까지 직접 나오다니 무슨 일일까. 두 사람은 마중 나온 우리 중대장과 함께 방 안으로 들어갔다.

방에 들어선 통신 대대장은 별안간 연대장 앞에 무릎을 꿇고 용서해 달라고 간청했다. 하지만 잔뜩 화가 난 듯한 연대장은 끄떡도 하지 않는다. 대대장은 모자를 벗고 군복에 부착한 자기의 소령 계급장을 옆에 떼 놓으면서까지 머리 숙여 용서해 달라고 애원했다.

우리 신임 중대장은 윤 소위로 이름난, 연대장이 아끼는 부하였지만 한마디 참견도 못 하고 섬뜩한 긴장 속에 옆에 앉아 있을 뿐이었다. 평소 연대장은 우리 중대장을 '윤덕한 소위' 혹은 '윤 소위'라고 부르며 특별히 칭찬하면서 정을 주었다. 소문에 의하면, 그는 일등병으로 시작하여 많은 공로를 세워서 소위로 특진했다고 한다. 연대 수색중대 총책임자를 맡고서부터는 작전을 잘 짜서 부하들의 희생도 별로 없이 큰 성과를 내었다. 그러나 이날만큼은 연대장의 냉엄한 분위기에 억눌려 한마디 말도 못 하고 눈치만 살폈다.

곧이어 1개 분대를 동원하라는 명령이 떨어졌다. 분대가 신속히 집결하자 그중 서너 명을 시켜 중대 본부 앞에 있는 밭 건너 산기슭에 삽으로 구덩이를 파게 했다. 나머지 8명은 행렬로 줄을 서서 총으로 무장한 상태로 대기했다.

우리 수색대원 그 누구도 영문을 몰랐다. 지시에 따라 구덩이를 다 파고 나서야 이 상황을 알게 되었다. 지프차에서 내리지 않고 안에 남아 있던 무선 통신병이었던 하사가 두 손이 결박된 채로, 부대의 최고 상관인 연대장의 처분을 기다리고 있던 것이었다. 지난밤에 전투가 한창일 때, 연대 본부에서 무선 통신 임무를 수행하던 하사가 그만 잠이 들어 버렸다. 그래서 일선에서 전투 중이었던 여러 부대에서 오는 무선 연락을 받지 못하였다. 결국, 연대 본부가 상황을 파악하지 못해 작전상 많은 지장을 초래하였다. 이에 연대장은 무전병에게 책임을 물어 그를 즉결 처형하기 위해 지프차에 태우고 여기, 최일선의 으슥한 곳까지 데려온 것이었다.

곧이어 결박된 무전병이 지프차에서 끄집어 내려졌다. 그는 두 수색대원이 이끄는 대로 산기슭에 파 놓은 구덩이를 향해 밭고랑을 한 발짝씩 넘어갔다. 연대장과 통신 대대장, 수색 중대장이 집 앞 밭두렁에서 이를 지켜보았다. 나머지 분대원은 일렬횡대로 줄을 맞춰 서서 일제 사격을 준비하고 명령을 기다렸다.

별안간 끌려가던 무전병이 밭 한가운데쯤에서 멈춰 서더니 밭고랑 사이에 풀썩 주저앉는다. 그는 "연대장님! 연대장님!" 하며 단말마의 비명인 듯 크게 울부짖었다. 결박된 몸을 경련하듯 흔들며 바닥에 뒹굴면서 온몸으로 발버둥 친다.

"연대장님! 한 번만 용서해 주세요. 일선에 나가 적탄에 맞아 죽겠습니다."

그는 계속해서 눈물을 흘리며, 있는 힘을 다해 용서를 빌었다. 너무나도 애처로운 마지막 하소연이었다. 죽을 듯이 고요한 산야에 피를 토할 듯한 울부짖음만 홀로 퍼져 나갔다. 그러나 연대장은 끄떡하지 않는다. 부대원 모두가 지옥 같은 두려움과 가혹함에 입술이 바짝 타들어 갔다. 인도하던 수색대원 두 명도 밭고랑에 엎어져 요동치는 병사 앞에서 정신이 혼미한 듯 멍하니 보면서 어쩔 줄을 몰라 했다. 이때 불같이 노한 연대장이 큰 소리로 호통쳤다.

"이놈 새끼들! 너희들도 모두 총살이야!"

그는 옆구리에 찬 권총을 빼 들면서 벼락같이 소리쳤다. 깜짝 놀란 수색대원 두 명이 발버둥 치는 하사를 하는 수 없이 끌어당기려 했다.

"하지 마!"

하사는 요동치며 계속 눈물을 흘리면서 애처롭게 애원하였다. 하사에게 동정을 느낀 두 수색대원도 어느샌가 같이 눈물을 흘리고 있었다. 세 사람이 모두 눈물바다가 되었다. 연대장의 즉결 처분 명령을 받고 총을 겨누고 있던 8명의 사수 눈에도 눈물이 고였다. 연대장이 고함을 치면 하사를 끌어당기다가도, 잠잠하면 같이 멈춰 서서 울기를 여러 번 반복하였다.

이런 상황에서 강철 같던 연대장의 마음도 돌아설 수밖에 없었다. 그는 조용히 권총을 거두고 아무 말 없이 지프차에 올라탔다. 결국 처형 명령이 조용히 거두어진 것이다.

아군 손으로 아군을 죽인다는 것은 아무리 잘못했어도 생각하지 못할 일이다. 연대장이 실제로 즉결 처형을 집행하려고 하였는지, 아니면 교육적 측면에서 본보기로 그렇게 하였는지는 오직 그만이 아는 속마음일 것이다.

전장에서의 졸음은 돌이킬 수 없는 결과로 이어질 수 있다는 것을 다시 한번 되새기는 계기였다.

9. 설악산 전투와 신흥사 주둔

3월 말경, 우리 수색대는 강릉에서 북진하여 양양 지역을 수색하였다. 앞서 국군은 치열한 전투 끝에 중동부 전선에서 양양[30]을 점령하였다. 그리하여 이때는 인민군을 별로 발견하지 못했다. 우리 소대는 처음으로 과수원이 있는 빈집을 소대 본부로 삼았다.

낮에 수색 활동을 하는데 비가 내리기 시작했다. 잠시 집 옆에 있는 흙마루에 들어와 벽에 기대어 쉬는데 졸음이 솔솔 쏟아졌다. 마침 집 한구석에 있던 수숫대를 가져다 흙마루 위에 깔고 그대로 누워 잠들어 버렸다. 빗소리를 자장가 삼아 한동안 단잠에 빠져들 수 있었다. 어느덧 구름이 조금씩 밀려난 틈 사이로 햇살이 비추는지 따스한 기운이 느껴졌다. 눈이 부셔 잠결에 돌아누우며 눈을 반쯤 떴다. 꼿꼿이 뻗은, 사람 키보다 큰 수숫대 사이에 시커멓고 기다란 무언가가 바로 눈앞에 있었다. 아니, 이게 뭐지?

"으아아악!"

"뭐야, 뭐야?"

"뱀이야!"

---

[30] UN군 총사령관 리지웨이 장군은 휴전에 대비하여 38선 북쪽에 임진강-연천-화천-양양에 이르는 '캔자스 방어선'을 구축했는데, 이때 방어선의 가장 오른쪽 끝이 양양 지역이었다.

자고 있던 내 옆에 1m가 넘는 긴 뱀이 나란히 누워 있었다. 잠결에 소스라치게 놀라 정신이 번쩍 들었다. 내가 벌떡 일어나 소리치자 근처에 있던 다른 대원들도 함께 놀랐다. 그러자 뱀이 스르르 움직여 집의 벽 쪽 구멍 밑으로 들어갔다. 스스로 체온조절을 하지 못하는 파충류는 햇볕을 쬐며 신진대사에 필요한 영양분을 얻는다. 파충류인 뱀이 날씨가 따뜻해져 일광욕을 나온 것 같았다.

살펴보니 집 군데군데에 뱀 구멍으로 추정되는 구멍들이 있었다. 집 안쪽을 보니 방 안의 흙바닥에 시커먼 뱀이 몇 마리 더 있었다. 하지만 뱀을 잡거나 쫓을 수는 없었다.

과수원집에 주둔하는 동안 함흥에 있는 고향집 생각이 많이 났다. 우리 집에도 과수원이 있었다. 어린 시절 가족을 도와 과수원 일을 많이 했던 추억이 떠올랐다.

하루는 밤에 이 과수원집 나무 아래서 엎드려 잠을 잤다. 그때 집 떠난 이후 처음으로 고향집에 있는 가족 꿈을 꾸었다. 그리운 가족을 이렇게 꿈에서나마 볼 수 있다니. 새벽쯤 잠에서 깨어 보니, 나도 모르게 두 눈에 눈물이 그렁그렁 고여 있었다.

4월 초순쯤, 우리 수색 중대는 줄곧 북진하면서 전투를 벌였다. 속초 아래쪽 지역에서 저녁을 먹고 서쪽에 있는 설악산 신흥사 쪽으로 진입하였다. 깊은 산속에도 이른 봄이 왔지만, 여전히 추위가 감돌아 쌀쌀하였다.

신흥사를 지나 서쪽 산지형으로 더 깊숙이 들어가 보니, 이쪽은 사방에 펼쳐진 산 능선 위로 어둠 속에 군데군데 불빛이 보였다. 많은 수의 인민군이 주둔하고 있는 것이다. 어두운 밤, 산 능선에 주둔한 얼마인지 알 수 없는 다수의 인민군을 상대로 수색대원 150여 명이 싸운다는 것은 위험한 일이었다. 우리 수색 중대원 모두가 들키지 않도록 긴장 속에 조용히 철수했다. 우리는 신흥사에 약간 못 미친 동쪽의 한 외딴집에 중대 본부를 설치했다.

이튿날, 아침 식사를 마친 우리 대원들은 인민군의 병력이 얼마나 되는지 좀 더 확실하게 파악하기 위해 또다시 적진에 돌입했다. 그 무렵 중대 본부에 무전으로 교신하는 통신 본부가 신설되었다. 내가 발에 부상을 입었다는 것을 알고 있던 중대장이 나를 통신 본부에 새로이 배치해 주었다. 나의 주 임무는 발전기를 돌리는 일이었다. 통신병으로 중대 본부에 소속되었음에도 병력이 부족하여 보초를 서야 하는 것은 물론이고, 수색 작전이나 전투가 있으면 그때그때 최일선에 투입되는 경우도 많았다.

아침에 중대 본부에서 임무를 수행하다가 잠시 밖으로 나왔다. 가늘고 키가 높이 자란, 잔솔가지가 우거진 소나무 밑에서 소변을 보았다. 그런데 신흥사 계곡 쪽에서 "샤아아~ 샤아아~", "피야아~ 피야아~" 하고 세찬 바람 소리가 들려왔다. 이상한 일이었다. 내가 서 있는 주변의 나무들 위를 올려다봐도 잎이나 가지가 흔들림 없이 고요하여 바람이라고는 한 점도 느낄 수 없었다. 마침 하늘도 맑고 푸르게 개고 있었다. 내가 잘못 들은 것은 아닐까 의심하며 다시 귀를 기울여 보았다. 무장도 하지 않은 채, 혼자서 이상한 바람 소리를 따라 한 발짝씩 움직여 소리가 나는 쪽으로 다가갔다.

한참을 가다 보니, 소리의 정체는 바람 소리가 아니라 쌍방에서 울려 퍼지는 총성이었다.

'아, 싸움이 붙었구나!'

순간 온몸이 긴장되었다. 지난밤에 꽤 많은 병력이 있는 것을 확인했던 터였다. 인민군이 중기관총까지 동원하여 우리 수색대를 향하여 마구 공격을 퍼붓고 있었다. 황급히 중대 본부에 달려와 이 사실을 보고했다.

"중대장님, 지금 신흥사 쪽 전방에서 전투가 난 것 같습니다. 밖에 나갔더니 총소리가 대단히 요란하게 들립니다."

"그래?"

"우리도 후원하러 가야 하지 않겠습니까? 저희를 보내 주십시오."

이에 나를 포함한 중대 본부 병사 20여 명이 지원군으로 투입되어 전장으로 향했다. 이미 전투 중이던 우리 수색 중대 대원들은 인민군의 전력을 파악하고 공격에 맞대응하면서 철수 중이었다. 이때 황급히 철수하는 소대원 중 나의 유일한 고향 친구였던 윤영호를 만났다. 그는 나와 마주치자마자 반갑다고 인사할 새도 없이 다급하게 말했다.

"탄알이 떨어졌어. 나 탄알 좀 줘."

나는 서둘러 몇 개의 탄알 케이스를 건네주었다. 곧이어 1소대 향도인 김 일등중사가 다리에 총상을 입고 피를 흘리며 업혀 나오는 것이 보였다. 전투가 긴박하게 돌아가는 상황을 보면서 저절로 표정이 굳어졌다. 우리는 신흥사 쪽으로 더 들어갔다.

얼마간 진격했을까. 갑자기 '픽픽' 하는 소리를 내며 총탄이 여기저기서 정신없이 날아들었다. 전투 경험상 짧게 '픽' 소리를 내며 지나가는 총탄은 매우 위험한 것이다. 길고 울림 있는 소리를 내는 총탄은 나로부터 어느 정도 떨어져서 지나갈 때 나는 소리다. 이와 달리, '픽' 하며 지나가는 소리는 나를 조준해서 발사한 총탄이 나와 매우 가까이에서 지나가는 것이었다.

우리 대원들은 하는 수 없이 신흥사까지 가지도 못하고 황급히 돌아서서 동쪽 본부로 철수해야 했다. 아침에 들었던 바람 소리가 다시금 떠올랐다. 우리에게 가해진 집중 사격과 격렬하게 반복되는 국군과 인민군의 총 쏘는 소리는 산을 타고 멀리까지 날아가 후방의 숲속에서 신비롭고 거친 바람 소리로 변해 있을 것이었다.

해가 넘어갈 무렵이 되자 후방의 기갑연대 전투부대가 도착했다. 이들은 우리 수색 중대 본부 근처의 땅을 평평하게 삽으로 정리하기 시작했다. 곧이어 그들은 어깨에 메고 온 박격포들을 조립하여 군데군데 설치하였다. 이에 우리 대원들도 전투에 대한 용기가 생겨나고 사기가 되살아났다.

"야, 우리 이제 세게 나갈 수 있겠다."

"대대적인 싸움이 나겠구나."

"우리의 복수는 이제부터 시작이다."

조용하지만 비장한 마음으로 부지런히 공격을 준비하며 밤이 지나갔다. 다음 날, 해 뜨기 전 이른 새벽부터 국군이 박격포 포격과 함께 공격을 시작하였다. 박격포 포탄은 포물선을 그리며 인민군이 주둔하고 있는 산 능선의 앞뒤로 빗발같이 떨어졌다. 적진을 향하여 집중적으로 공격하였다.

"펑! 펑! 퍼펑!"

동시에 신흥사 서쪽 방면에서도 포 소리가 요란하게 들렸다. 내설악을 둘러싸고 여기저기서 국군의 대부대가 공격을 개시한 듯했다.

며칠간의 전투 끝에 결국 국군이 신흥사를 완전히 점령하였다. 우리 수색 중대는 지난번 철수했던 방향으로 다시 진입하여 신흥사에 새로 중대 본부를 세울 수 있었다.

그 후로 며칠간 전투가 더 이어졌다. 우리 기갑연대가 치밀한 포위 작전을 펼친 끝에 수일 만에 인민군 1개 중대를 격멸하였다. 이 전투는 인민군에게 큰 타격을 주었다. 그들은 많은 희생을 감내해야 했다. 큰 성과를 내고 연대의 모든 대원이 사기가 충전되어 더욱 의기양양해졌다.

우리가 점령한 설악산을 방어하면서, 신흥사를 중심으로 이제부터는 소대원들이 동북쪽 산악지대와 동해안 쪽 속초, 간성읍 방면으로 북진하는 수색 작전에 들어갔다. 특히 깊은 산골짜기를 나와 해안가 평지에서 싸우게 된 것은 매우 반가운 일이었다. 자유롭게 아군 전투기의 기총 사격과 전함의 함포 포격까지 지원받을 수 있으니 국군으로서는 상황이 유리해진 것이었다. 소총으로 가볍게 무장한 우리 수색대도 기습 공격을 받더라도 맞대응할 수 있다는 자신감으로 사기를 충전했다.

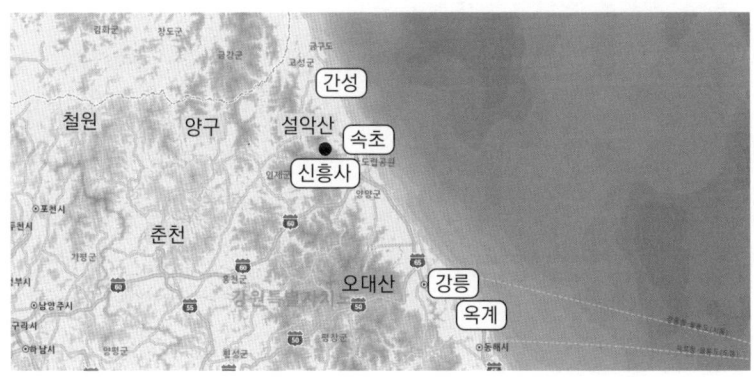

신흥사를 점령한 다음 날, 느닷없이 휘발유를 채운 드럼통을 싣고 군용 짐차인 스리쿼터[31]가 한 대 들어왔다. 그 차를 타고 온 병사 중 한 명이 마침 고향의 중학교 후배인 한익정이었다. 그에게 까닭을 물으니 어제 전투하다가 전사한 수색대원 두 사람을 화장하러 왔다고 했다.

그리고 보니 신흥사 앞에 바위가 많은 계곡 한쪽에 크고 푸른 소나무 가지들이 엇갈려 쌓여 있는 것을 봤는데 아무도 알려 주지 않아 그 속에 전사자가 있다는 것을 전혀 모르고 지나쳤다. 생각지 못한 이야기에 많이 놀랐고 마음이 너무 아팠다. 여태까지 전사자가 생기면 후방으로 후송하는 것만 보았지, 이렇게 최일선의 전선에서 화장하는 것은 처음이었기 때문이다.

전사자의 영혼을 위하여 슬퍼하고 애도할 사이도 없었다. 소나무가 타는 매캐한 냄새와 붉고 시꺼먼 연기 속에서 전사자가 이 세상의 마지막 순간을 보내고 있었다. 전쟁의 비참함에 나시 한민 몸시리쳤다. 피와 땀으로 조국을 지키던 그들은 소리도 없이 사라져 버렸다. 가족의 품으로 돌아가지 못하고 최전선에서 허무하게 생을 마치다니, 그야말로 서글픈 죽음이었다.

나도 이 끔찍한 전쟁 속에 언제 어디선지는 모르겠지만, 이들처럼 어느 한순간 기약 없이 스러질 수도 있겠다는 생각이 들었다. 이 전쟁에 참전한 군인은 누구든지 어느 순간 연기와 한 줌의 재가 되어 조용히 사라질 수도 있는 것이다. 이런저런 생각에 마음이 무겁게 가

---

31 3/4톤 트럭을 의미한다. 6·25 전쟁 당시 57mm 대전차포를 견인하는 등 군수물자와 무기를 수송하는 데 주력으로 사용했던 트럭이다.

라앉아 착잡했다.

  그날 밤, 나는 신흥사가 마주 보이는 앞산 꼭대기에서 중대 본부 전우와 둘이 보초 근무를 하였다. 우리는 두 사람이 들어갈 만한 참호를 깊이 팠다. 직사각형 모양의 참호로 앉으면 밖이 보이지 않고, 무릎을 꿇으면 얼굴만 내밀 수 있는 정도의 깊이였다. 비와 추위를 피하고 위장도 할 겸, 주변의 나뭇가지에 끈을 매어 진녹색 판초 우의를 참호 약간 위로 낮게 매달았다. 안정적인 초소를 만들고 만족스러운 마음으로 신흥사 경계근무에 들어갔다. 하지만 긴장을 늦출 수 없는 최일선에서의 중요한 임무를 알면서도, 과로가 쌓인 육체가 정신 상태와는 다르게 경계근무 수행에 지장을 주었다.

"아, 잠이 너무 온다."

"그럼 네가 한 시간 정도 먼저 자고, 한 시간 뒤에 교대하자."

  그렇게 우리는 서로가 자는 동안 교대로 보초를 서기로 했다. 시간이 흘러 내가 잘 차례가 되었다. 전우를 깨우고 금세 단잠에 빠져들었다.

  별안간 잠결에 "바삭!" 하는 소리가 들렸다. 번뜩 놀라서 일어나 주변을 살폈다. 옆을 보니 내가 잠자는 동안 보초를 서기로 약속한 전우가 자고 있다.

"야, 무슨 소리가 난다. 밖에 지금 누가 온 것 같다."

  다급하게 속삭이고 한참 기다려 보았다. 더 이상 아무 소리가 나지 않았다.

"야, 너 진짜 이렇게 보초 안 서고 잘래?"

  그제야 나는 화를 내면서 그를 질책했다.

"으음……. 미안해. 이제 안 잘게."

나는 다시 잠을 이기지 못하고 선잠이 들었다. 잠에 빠져들려고 하는데 어느 순간 "바스락!" 소리가 아까보다 더 크게 들리더니 별안간 판초 위에서 인민군의 송곳 같은 총검이 내리찍는 것 같았다. 죽었구나 싶어 겁에 질린 표정으로 말없이 팔꿈치로 친구를 깨우고, 얼른 다른 쪽 벽으로 붙었다. 그새 또 잠들어 있던 친구도 놀라 반사적으로 벽에 붙었다. 하지만 웬일인지 한참 동안 총칼로 내리찍지 않고 조용했다. 아마도 지나가던 산짐승이었나 보다. 하늘에 감사하며 탄식이 절로 나왔다.

"이 새끼, 너 진짜 바로 안 설래?"

하지만 친구는 좀처럼 잠을 이겨 낼 의지가 없어 보였다. 우리는 서로를 탓할 것 없이 죽어도 좋으니 잠이나 자고 죽자고 하면서 둘 다 잠들었다. 얕은 잠에 들었다 깼다를 반복하며 노루잠을 잤다.

새벽에 다시 번뜩 정신이 들어 깨 보니, 친구는 여전히 옆에서 고히 자고 있었다. 전장에서 이렇게 속수무책으로 잔 적은 처음이다. 죽음의 공포도 잠을 이기지 못한다는 말이 사실로 믿어졌다. 잠은 어쩔 수 없는 사람의 생리적인 기본 욕구로, 그 무엇보다 강력하기 때문이다. 정말 위험한 순간을 넘겼다고 나도 몰래 안도하는 숨이 저절로 내쉬어진다. 두고두고 잊지 못할 일이었다.

우리 수색 중대는 한동안 넓고 큰 신흥사를 중대 본부로 삼고 외설악을 장악하였다. 설악산에서 제일 높은 대청봉 고지에 수색 1소대가 주둔했다. 잠깐 본부에 내려와 들른 1소대 전우 엄명혁의 말에 의하면, 높고 험한 대청봉 일대에서 밤낮을 가리지 않고 수색해야 하기에 힘들어 죽을 지경이라고 하였다. 가끔 인민군 부대와 마주쳐 접전을 한다고도 했다. 그곳에는 물이 없어서 설악산 꼭대기에 아직 녹지 않고 남아 있는 눈을 녹여 쓴다고 했다. 밥 같지도 않은 밥을 겨우 지어 먹는다고 하였다.

반면에 나는 한동안 중대 본부에 남아 있었다. 여기서는 밥도 잘 먹고 보초를 서지 않는 밤은 따뜻한 신흥사 별관에서 자기도 하는 등 그간의 피로를 조금이나마 풀 수 있었다.

이곳 신흥사 내부 벽에는 길게 붙어 있는 뒤주[32]가 있었다. 그 뒤주에는 한동안 이곳에 주둔했던 인민군들이 저장해 놓은 흰쌀과 간고등어가 가득 쌓여 있었다. 덕분에 산 위에서 고생하는 소대원에게는 미안했지만, 신흥사에 주둔하는 내내 생선을 실컷 삶아 먹고 따뜻한 밥을 지어 먹을 수 있었다. 삶은 간고등어가 어찌 그리 맛있던지, 기억에 길이 남을 식사였다.

날이 따뜻해지자, 절 앞 계곡 주변의 큰 두릅나무에 두릅 순이 많이 올라왔다. 우리는 가시에 찔리지 않도록 조심하며 나무에 올라가 두릅 순을 하나하나 따다가 중대장에게 나물 반찬을 만들어 주기도 하였다.

신흥사 주변은 경치가 참 좋고 바위들의 모양도 기이하고 멋있었다. 내가 감탄하는 소리를 들은 승려 한 분이 설악산에 얽힌 전설을 구수하게 들려주었다. 우리는 오래간만에 민간인과 정감 있는 대화를 나누며 얼음장같이 굳은 마음을 잠시나마 녹일 수 있었다.

승려가 들려준 전설의 내용은 그럴싸한 호기심을 자아냈다. 부처

---

32 쌀을 보관하는 나무통이다.

님은 금강산을 세상에서 가장 아름다운 절경의 산으로 만들고 싶었다. 그래서 신들을 시켜 수만 리 남향에서 기묘하고 아름다운 바위를 끌어오게 했다. 먼저 도착한 바위부터 금강산을 만드는 중, 총 1만 2천 봉우리의 괴암으로 절경을 완성하게 되었다. 부처님은 이제 바위를 그만 가져오라 하였다. 그러자 힘들게 끌려왔다가 금강산에 올라가지 못하고 남은 바위들이 그 자리에 멈추어 금강산 아래 설악산을 만들었다고 한다.

"설악산은 참 안됐네요. 금강산이 될 수도 있었는데……."

내가 이렇게 말하자 모든 대원이 웃었다.

스님의 나긋나긋한 이야기를 들으며 사찰 밖의 풍경을 감상하였다. 4월 중순의 새파란 하늘 아래에 무르익어 가는 봄이 눈부셨다. 스님이 들려준 이야기 속의 웅장하고 아름다운 울산바위를 비롯한 기암들과, 새롭게 초록으로 단장한 갖가지 나무들이 함께 어우러져 봄을 노래하고 있었다. 앞에는 큰 개울이 흘리기며 외부와 단절된 설악산만의 특별한 절경을 뽐내고 있었다.

각양각색의 초록빛 나무들은 몇 가지 색깔인지 셀 수도 없을 정도로 화사하고 조화롭게 온 산을 수놓았다. 신흥사 마당에도 풍성하게 피어난 겹벚꽃이 만개하였다. 그림으로 그리려고 해도 그렇게 아름다운 풍경은 그려 내지 못할 것 같았다. 맛있는 음식으로 배부르게 포식하니 기분도 좋고, 중대부에는 모처럼 만에 그리 큰일도 없었다. 전장에 나온 이후로 가장 좋았던 날들이었다. 하루빨리 전쟁이 끝나길 마음속으로 빌고 또 빌었다.

10. 인민군 병사의 목숨을 살려 주다

 1951년 5월 초쯤, 설악산에 주둔하던 우리 수색 중대는 인민군의 대대적인 반격에 후퇴하여 동해안의 평야 지대를 따라 남쪽으로 이동하였다. 그 무렵 중대장도 바뀌어 강릉 출신의 김 중위가 우리 수색 중대를 이끌었다. 나도 병력이 부족하여 소대로 다시 배치받았다.
 아침 무렵, 우리 수색 중대는 묵호(현재의 동해시)의 철도 터널 안을 지나, 철도 옆길을 따라서 중부 산악 지역으로 수색해 들어갔다. 그런데 난생처음으로 산의 한쪽 전체가 온통 검은 석탄과 검은 돌, 검은 흙으로 이루어져 있는 것을 보았다. 검은 산에는 키가 크지 않은 소나무들이 자라고 있었다. 처음 보는 광경에 신기할 따름이었다. 가까이 가서 석탄인가 돌인가 한번 만져 보고 싶었으나 대열에서 혼자 이탈할 수 없어 관두었다. 여기 사는 사람들은 나무 장작을 패지 않고 주변 석탄을 가져다 불을 때면 되겠구나 싶었다. 피로가 누적된 상태였지만 신기하고 기이한 풍경을 보게 되어 행운이라고 생각했다.
 얼마쯤 갔을까, 철로가 더는 보이지 않았다. 우리는 중부 산악지대로 계속 들어갔다. 주변에 있는 산중에서 가장 높은 산을 올라야 했다. 바위가 많은 깊고 험준한 계곡지대를 따라 가파른 고지 위로 사방을 경계하면서 긴 시간 올라갔다. 꼬박 반나절을 힘들게 오른 끝에, 산 고지에 도달해서야 한숨 돌리면서 점심을 먹을 수 있었다. 이곳은 아군 진지인지 인민군의 적지인지 구별할 수 없는 지대라서 긴장을 풀 수 없었다.

급히 식사를 마친 대원들이 즉시 고지 능선과 아래 계곡에 각각 배치되어, 각자 위치에서 은폐하며 경계근무를 하였다. 나는 산 능선에 엎드려서 주위를 경계했다.

얼마 후, 능선 아래쪽에서 십여 명의 인민군 수색대원이 반대편 능선을 타고 우리가 이미 보초를 서는 곳으로 일렬로 줄을 서서 올라오는 것이 보였다. 그들은 우리가 있는 것을 전혀 모르고 있는 것 같았다. 중대 연락병은 인민군이 근접해 올 때까지 공격하지 말고 최대한 가까이 유인하여 생포하라는 중대장의 지시를 뛰어다니며 전달하였다.

하지만 지시가 제대로 전달되지 않았는지, 아니면 겁을 먹었는지 어느 대원이 갑자기 총을 쐈다. 인민군이 놀라서 각자 흩어져 도망쳤다. 곧바로 아군의 집중 사격이 이어졌다. 인민군 한 명이 죽고 한 명이 총상을 입었다. 사망자는 인민군 분대장이었는데 주머니에 자기 애인과 같이 찍은 사진을 가지고 있었다. 이것을 보고 참 마음이 아팠다.

다친 인민군은 나이가 어려 보였다. 하필이면, 허벅지와 생식기 바깥 부위에 총상을 입었다. 전투 중 음경에 총을 맞은 사람이 또 있을까 싶었다. 부상당한 인민군을 우리 소대 쪽으로 이송하였다.

내가 그의 심문을 맡았다. 나는 인민군에게 강제로 징용되어 희생되는 사람이 많은 것을 누구보다 잘 알고 있었다. 그래서 억울한 사람을 가려내자는 생각이 늘 마음 한구석에 자리 잡고 있었다. 나 자신도 북한에 있을 때 원치 않는 인민군에게 강제로 징용당할 뻔했고, 주변의 친구나 선후배들도 실제로 자신의 의지와 상관없이 강제 입대한 경우가 많았기 때문이다.

부상을 입은 인민군은 17세쯤으로 보였는데, 너무나 앳된 모습이었다. 살려 달라고 애원하는 모습이 너무나도 애처롭고 불쌍해 보였다. 그는 눈물을 흘리며, 자신은 정말 억울한 처지이니 제발 살려 달라고 몇 번이나 애원했다.

"너 고향이 어디냐?"

"개성입니다."

전쟁이 발발하기 전에 개성은 남한지역에 속해 있었다. 그래서인지 그는 서울말을 쓰고 있었다.

"너는 대한민국 학생이면서, 인민군에 자원입대하였구나?"

"아니요. 인민군들이 같이 이북으로 가자고 하여 따라갔습니다."

"그럼, 너는 빨갱이구나!"

"아니요, 절대 아니요. 우리 아버지 이름은 김 아무개이고 우리 집은 어디 어디인데, 우리 아버지한테 물어보십시오. 절대 아닙니다."

나는 그의 이어지는 말에 어안이 벙벙하여 할 말을 잃었다. 이 깊은 산고지 전쟁터에서, 여기가 어디라고 함부로 물어보지도 않은 아버지 이름과 집 주소까지 대다니. 너무 어리고 철딱서니가 없어 보였다. 그는 1분 1초도 어떻게 될지 모를 죽음의 문턱 바로 앞에서 공포에 질려 지푸라기라도 잡고 싶어 하는 것 같았다. 우리 대원 몇 사람이 의무병과 함께 그를 간단히 지혈하고 소독하여 내 소속 분대로 데리고 갔다.

나는 대원들과 심문 내용을 잠시 상의한 후 선임하사에게 보고했다. 이 병사는 적색분자가 아니라 우리 같은 처지의, 시대의 억울한 희생양이니 속히 후방의 병원에 후송해 줄 것을 중대장에게 건의해 달라고 했다. 이런 경우, 국군에서는 함부로 생명을 희생시키는 것을 원하지 않기에 치료한 후 후방의 포로수용소로 이송하기도 했다. 선임하사도 우리와 같은 생각으로 중대장에게 건의를 하였다.

중대장은 곧바로 답을 주지 않고 한참 동안 고민하였다. 마을 근처 야산도 아닌, 이 깊은 산속에서 하산하는 데만 하더라도 시간이 한참 걸릴 것이었다. 앞뒤 좌우가 온통 위험이 도사리는 산악지대였다. 그런데 누굴 위하여, 누가 후송해 가야 하느냐 하는 것이었다. 인민군 병사가 중상을 입어 잘 걷지 못하니 필히 아군 2~3명을 동원해야 할 상황이었다. 우리 수색 중대원의 병력도 빠지고, 하산하는 도중에 인민군의 기습 공격을 받을 수 있다는 위험까지 도사리고 있었다.

나와 대원 몇 사람이 선임하사에게 또 사정했다. 어리고 애걸복걸하는 딱한 부상자를 그대로 죽일 수는 없지 않은가. 한 번만 더 중대장에게 잘 말씀드려 달라고 간청했다. 부상자가 혼자 걸어서 가겠다고 하니 우리 병사 한 사람만 선출하면 될 것 같다고 건의해 달라고 했다. 나도 모르게, 그 어린 인민군 병사를 살리겠다는 마음이 거짓말을 하게 했다. 말을 맞추기 위해서 부상을 입은 인민군 병사에게도 귀띔해 주었다.

"만약 우리 상사가 와서 너를 보자고 하거든, 있는 힘을 다해 용기 있게 '혼자 가겠습니다!' 하고 일어서야 한다. 그리고 걸어갈 수 있는지 물으면 걸어갈 수 있다고 대답해. 알았지?"

우리의 간절한 마음이 통했는지, 선임하사의 두 번째 자세한 설명으로 중대장에게 건의가 받아들여졌다. 중대장은 너희들 마음대로 하라고 하였다. 중대장에게 보고 없이 아군 병사 2명을 비밀리에 차출하여 어린 인민군을 간신히 산 아래 CP의 후방병원에 이송할 수 있었다.

하루는 혼자 산마루에서 밤새 보초를 서야 했다. 길고 어두운 밤이 지나고 새벽녘이 되자 세상이 조금씩 밝아 왔다. 산 아래를 내려다보니 사방으로 구름이 깔려 온통 새하얀 세상이 펼쳐졌다. 마치 하늘 위에 나 혼자 구름을 타고 공중에 떠 있는 듯한 느낌이 들었다. 동이 트고 아침이 되자 두꺼운 구름이 조금씩 걷히더니, 구름 아래 낮은 산들이 봉우리만 하나씩 고개를 내밀기 시작했다. 어느 순간, 이 산들이 마치 띄엄띄엄 있는 공동묘지처럼 보였다. 참으로 신기한 광경이었다. 당시 나는 평소에 믿는 종교가 없어서 섬기는 신이 없었다. 하늘 위를 올려다보았는데, 별안간 수염 기른 영감 모습을 한, 신의 환상이 나타났다. 그것을 보자 죽을 만큼 고생스러운 내 처지가 다시금 생각나 저절로 눈물이 흘렀다.

"나는 태어나서 잘못한 것도 없고, 맡은 일을 열심히 하며 살고 있었습니다. 그런데 왜 이렇게 많은 고생을 주십니까?"

그 신에게 억울한 처지를 울면서 하소연하였다. 매일 깊은 산속에서 길이 아닌 곳도 가리지 않고 뛰어다녔다. 계곡의 큰 나무들과 잡풀을 헤치고 다니며 인민군을 수색하였다. 죽음의 공포와 긴장 속에서 크고 작은 전투를 벌이느라 몸과 마음은 지칠 대로 지쳐 있었다. 가끔은 전우들과 "서로 총을 쏴 주어 부상병이 되어 후방에 갈까?" 하면서 농담을 주고받기도 했다. 너무 힘들어 자총을 할까 하는 극단적인 생각을 하는 전우도 있을 정도로 우리는 힘든 시간을 견뎌 내고 있었다.

이곳에서 3~4일간 더 정밀하게 수색 활동을 하며 인민군이 나타나지 않는 것을 확인하였다. 이에 수색 중대는 하산하여 철수하였다. 한 마을 앞을 지나가는 길에 작은 학교가 있었는데, 바로 아군의 후방병원이었다. 며칠 전 인민군 부상병을 이곳까지 이송해 준 두 명의 대원들은 행군 중에 잠시 대열을 이탈하여 그를 보러 얼른 들어가 보았다. 나도 가 보고 싶었지만, 행군 중이라 어쩔 수 없었다.

병실에 들어갔을 때, 그 어린 인민군 병사는 침대에서 일어나 앉더니 눈물을 흘리며 연신 "고맙습니다."라고 인사를 했더라고 한다. 그는 생명의 은혜를 영원히 잊지 않겠다면서, 상처도 염려해 준 덕분에 거의 회복되고 음경 기능에도 지장이 없다고 감사를 전했다고 했다. 행군 중이라 더 말을 나눌 여유가 없던 대원들은 서서 인사만 받고 뛰어와서 다시 대열에 합류했다.

나는 이 일을 가끔 회상하며 한목숨을 살렸다는 것에 큰 자부심을 느낀다. 아직도 생생하게 그 어린 인민군 병사를 기억하고 있다. 나중에 죽은 후에라도 영혼이 있다면 네가 나를 찾을 것이고, 나도 너를 찾으리라. 우리 인정 많은 수색 중대장과 우리를 늘 걱정해 주던 소대 선임하사 덕분에 죽어 가는 소중한 목숨을 건질 수 있었다.

1951년 5월 초순에서 중순 무렵, 국군은 인민군이 차지했던 설악산에서 용감하게 싸워 일대를 다시 점령하였다. 외설악에 있는 신흥사 본부에 4~5일을 더 머물며 주위를 수색하였으나 더는 인민군의 흔적을 찾을 수 없었다.

수색 중대는 신흥사에서 철수하여 속초로 이동해야 했다. 산을 통해 진입하기에는 인민군의 위험이 도사리고 있을 가능성이 컸다. 그리하여 한밤중에 동쪽 해안가까지 내려가 조용히 배를 타고 청초호를 건너 속초 해안 쪽으로 진입했다.

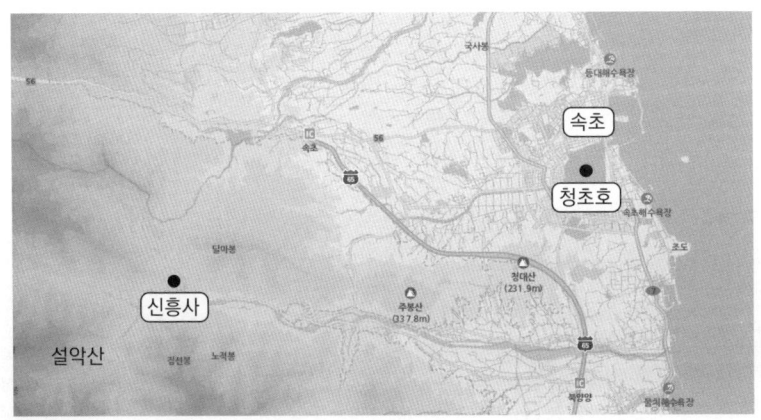

속초는 당시 작은 마을이었다. 모두 피난을 떠나 버렸는지 사람 하나 보이지 않고, 빈집들뿐이었다. 마치 죽은 동네 같았다. 우리는 아무도 없는 빈 이층집을 중대 본부로 삼고 각 소대를 배치하여 전투 태세를 갖추었다. 대원 모두가 인민군이 가까이 있을까 봐 긴장하여 누구 하나 말하는 이가 없었다. 다행히 밤사이에 인민군은 나타나지 않았다.

아침이 밝아서야 서쪽 산에서 마을로 내려오는 인민군을 볼 수 있었다. 그들은 그리 많지 않은 병력으로 아군을 향해 공격해 왔다. 하지만 평지가 많아 아군이 유리하게 싸울 수 있는 지역이었다. 서로의 총격전 끝에 인민군이 몇 명 희생당하자, 결국 그들은 산 쪽으로 다시 도망쳤다.

전투하던 중, 우리는 또다시 부상을 입은 인민군 한 명을 붙잡았다. 그에게 고향이 어디인가 물었더니, 내가 북에서 하숙하며 과외를 했던 집 근처에 있는 화학 공장을 다니던 사람이었다. 그 외엔 별말이 없었다. 비록 적군인 인민군이었지만, 고향 사람을 만난 애틋한 마음에 그를 살리고 싶은 마음이 컸다. 하지만 한시가 바쁜 전쟁터에서 전투를 치르느라 그를 돌볼 여유가 없었다.

우리 중대는 속초 해안가에서 인민군들이 도망친 서쪽 산으로 추격해 들어갔다. 1개 분대의 수색조가 앞장서서 별다른 공격을 받지 않고 산 고지까지 올라갈 수 있었다.

"야, 없다, 없다!"

낮은 목소리로 서로 말을 주고받았다. 고지에 다 올라가 한숨 돌리려는 그 순간,

"탕! 탕!"

"손들어! 손들어!"

생각지도 못한 공격에 놀라 모두 황급히 흩어졌다. 인민군은 특이하게 우리 발밑 아래쪽에 참호를 파 놓고 나뭇가지로 위장한 채 총격을 가해 왔다. 이런 식으로 참호가 위치한 형태는 처음 보았다. 보통은 산 위에서 아래를 내려다보면서 공격할 수 있게 참호를 파는데, 여긴 반대로 산 고지를 넘어 내리막에 참호를 파놓고 아래에서 위를 공격하였으니 말이다. 감쪽같이 위장하여 인민군이 있을 것이라고 의심하지 못했다. 이렇게 참호를 판 이유는 짐작하건대, 위치상 속초 해안이 가까워

UN군의 군함에서 날아오는 함포사격을 피하기 위해서인 것 같았다.

"앗!"

뒤돌아서 후퇴하던 분대장이 갑자기 몸을 앞으로 휘청거렸다. 등에 인민군의 총탄을 맞은 것이다. 하지만 그는 뒤에서 등을 '탁!' 치는 느낌에, 인민군이 다가와서 자신을 붙잡으려는 줄 알고 더 있는 힘껏 내달렸다. 한참을 뛰어도 잡히지 않자 뒤를 돌아보니 아무도 없었다고 한다. 그제야 정신이 들어 비로소 등에 총탄을 맞았다는 것을 알게 되었다고 한다. 고지 위에서 후퇴하던 내 고향 친구 윤영호 대원도 별안간 손목에 총탄을 맞고 말았다.

참호 속의 인민군들은 우리 수색대를 얕보다가, 생각보다 많은 중대 병력이 뒤따라오자 금방 도망쳐 버렸다. 우리도 고지에서 내려와 다시 속초의 수색 중대 본부로 돌아왔다.

분대장은 고지를 내려오자마자 곧바로 들것에 실려 후방 병원으로 이송되었다. 상의를 벗겨 보니 몸 앞부분에 피를 흘린 흔적이 없는 것으로 보아 총알이 몸을 관통하지 않고 안에 박혀 있는 모양이었다. 아마도 화력이 비교적 약한 따발총[33]에 맞은 것 같았다. 생각지도 못한 고지 너머 아래쪽에서의 소규모 기습에 부상병이 생기니 운이 나빴다.

우리 수색대는 속초를 지나 고성군 간성읍 북쪽까지 계속 수색해 들어갔다. 해안 지대에서는 약간의 공격만 있을 뿐이었다. 대부분의 인민군 병력은 서쪽 산악지대에 집결되어 있음을 알 수 있었다.

---

33 소련제 기관단총 PPSh-41을 북한이 자체 생산한 49식 기관단총을 의미한다. 총신이 짧고 탄창이 둥근 연발식 총으로 근거리 공격에 강했으나, 장거리 공격 시에는 연발식으로 사용하면서 총구가 뜨거워지는 탓인지 비교적 화력이 약했다.

11. 향로봉 전투

    1951년 5월 말, 우리 부대는 동해안 쪽 간성지역을 모두 점령하였다. 이에 계속해서 속초에서부터 큰길을 따라 북쪽으로 수색 작전을 펼쳤다. 이후 진부령을 향해 서남쪽으로 나 있는 도로를 따라 진군하였다.
    한참을 가다가 갑자기 대열의 선봉에 있던 정찰병이 적군을 발견했다는 수신호를 보내왔다. 이에 전 대원은 진군을 멈추고 길가 양쪽 노랑에 은폐히여 전투태세에 들어갔다. 1개 소대는 길 우측에 접한 서쪽 야산으로 은폐해 들어가 인민군들이 길에서 벗어나 산을 타고 도망갈 수 있는 진로를 차단했다.
    약 25명 정도의 적군은 우리가 숨어 있는 줄도 모르고 질서 없이 흩어져 길을 따라 점점 가까이 다가왔다. 그들이 어느 정도 인접해 오자 중대장은 몇 발의 권총 신호와 함께 "손 들어! 손 들어!"라고 크게 고함치며 투항을 유도하였다.
    깜짝 놀란 적군들이 멈칫했다. 길 좌측에 높이 쌓아 놓은 논둑에 몸을 숨기다가 우리를 얕보고 총을 발사하며 대항해 왔다. 하지만 수적으로 국군이 강세였다. 많은 아군의 대항 사격에 자신들이 약세라는 것을 깨달은 적군은 분산되어 도망가기 시작했다. 예상대로 그들은 아군의 1개 소대가 미리 잠복해 있는 우측 야산 쪽으로 도망치다가 아군의 총격을 받고 몇 명이 살상되기도 하였다.

논둑에 은폐해 있던 나머지 적군들은 그제야 아군의 병력과 화력을 알아보았다. 흰 수건을 흔들고 손을 들어 투항을 표시해 왔다. 적군을 잡고 보니 우리는 모두가 놀라지 않을 수 없었다. 인민군이라고 여겼던 그들은 우리가 전혀 생각지도 못했던 중공군이었다.

동부지역은 인민군과 국군의 접전지역이었다. 주로 중부와 서부에서 싸우던 중공군이 눈앞에 나타났으니 모두 당황할 수밖에 없었다. 그간 중공군에 대해 듣기만 했지, 실제로 본 적도, 그들과 마주한 전쟁 경험도 없던 터였다. 이제껏 미지의 존재로만 생각했던 중공군이 우리 앞에 처음으로 나타나니 마음이 이상했다.

중공군의 행색을 보니 소총을 가진 병사는 절반 정도이고 나머지는 수류탄으로만 무장하여 단출했다. 그들은 속초 위의 간성 일대가 자신들의 점령 구역이라고 착각하는 것 같았다.

서로 말이 통하지 않아 중공군에게서 정보를 전혀 알아낼 수 없었다. 우리 중대의 진군 일정을 더는 늦출 수 없어 포로들을 급히 연대본부에 이송하였다. 이 작은 전투로 우리 수색 중대의 진군 계획에 차질이 생기면서 어두운 밤까지 고생을 겪게 되었다.

진부령 근처까지 도달한 우리는 우측 산 능선을 타고 바삐 서쪽의 향로봉으로 향하였다. 산속에 내린 어둠이 피곤함에 지친 우리의 발걸음을 더욱 재촉하였다. 그날 밤은 유난히 어둡고 캄캄하였다. 올라가는 길도 잘 보이지 않는 산을 앞장선 정찰병의 작은 손전등 빛에 의

지해 간신히 분별하며 나아갔다.

  5월이라고 하지만, 높은 산악지역의 밤 기온이 쌀쌀했다. 이슬방울이 조롱조롱 맺힌, 무릎까지 오는 수풀 사이를 헤치며 누구 하나 말 없이 침묵으로 능선을 올랐다. 병사들의 하반신이 이슬에 흠뻑 젖어 더욱 차디찬 한기를 느끼게 했다. 앞도 잘 보이지 않는 공포감에 피로까지 겹치니 몹시 힘들었다.

  한밤중에야 향로봉 정상에 도착할 수 있었다. 앞서가던 수색조도 다행히 인민군을 맞닥뜨리지 않고 모두 무사히 도착하였다. 향로봉은 꼭대기에 큰 나무들 없이 낮은 잡목만 띄엄띄엄 있어 산봉우리가 대머리처럼 둥그렇고 넓적하게 드러나 있었다. 마치 둥그런 향로 모양을 닮아서 그렇게 이름이 붙여진 듯했다. 일반 산봉우리와는 두드러지게 다른 모습이었다.

멀리서 바라본 향로봉

우리는 서둘러 주먹밥으로 늦은 저녁 끼니를 해결하였다. 그런 후 시간이 늦었으니 아랫도리는 말리지도 못한 채 낮은 잡목들 사이에 판초 우의를 걸어 천막처럼 쳤다. 그 밑에 두세 명씩 들어가 맨바닥 위에 눕자마자 깊은 잠에 빠져들었다. 판초 우의를 이렇게 쳐 놓으면 바람도 막고 떨어지는 이슬도 맞지 않아 야전에서 여러모로 쓸모가 많았다. 하지만 모든 병사가 이런 꿀 같은 휴식을 맛볼 수는 없었다. 일부 소대에서는 이렇게 고된 중에도 보초 임무를 다해야 했다.

네 시간 정도 잤을까. 우리 수색 중대는 아침 일찍 일어나 조식으로 다시 주먹밥을 먹은 후 서남쪽 능선을 따라 산두곡산[34] 쪽으로 진격하였다. 중간에 이름 모를 고지를 하나 더 넘으면서 능선을 따라 수색했으나 인민군은 나타나지 않았다.

무사히 산두곡산에 도착한 우리 중대는 곧바로 근처 수색 활동에 나섰다. 그런데 갑자기 생각지도 못하게 건너편 산에서 이쪽을 공격해 왔다. 서로 간에 한동안 치열한 격전을 벌였다. 시간이 지나면서

---
34 지금의 명칭은 '산머리곡산'이다.

총격은 곧 잦아들었지만, 인민군 대부대의 활동이 분주하다는 것을 확인하였다. 앞으로의 우리 수색대 활동에도 걱정이 생겼다.

아니나 다를까, 3일 후부터 예상했던 대로 산두곡산에 주둔한 우리 수색대를 향해 인민군이 대대적인 공격을 시작하였다. 우리는 이에 대항해 고지를 방어하면서 반격을 시도했다. 서로를 향한 강렬한 총격전은 밤낮을 잊은 채 이틀 동안 계속되었다. 계곡 하나를 사이에 두고, 반대편 고지에서 서로 마주 본 국군과 인민군은 쉴 틈 없이 서로를 공격하였다. 하지만 큰 나무들의 방해와 인민군들의 민첩한 엄폐로 명중을 하기란 쉽지 않았다.

그전 다른 고지들에서는 보통 진격한 길을 따라 하나의 전화선만 설치했었다. 하지만 이곳은 중요한 작전지였는지, 우리가 지나온 능선뿐만 아니라 산 계곡 쪽까지 양쪽으로 전화선을 설치해 놓았다. 그런데 치열한 총격전이 이틀째 계속되던 중, 오후에 전화선 두 개가 모두 먹통이 되어 버렸다. 위급한 상황에서 연대나 대대 OP[35]와 연락이 끊기니 몹시 당황스러웠다.

다행히 무전으로 겨우 연락이 닿을 수 있었다. OP는 국군이 차지하고 있던 산두곡산을 포기하라고 지시했다. 인민군이 공격해 오는 반대 방향으로 하산하여 계곡을 가로질러 옆의 산을 타서 향로봉으로 철수하라고 하였다. 우리는 상부의 지시대로 급히 정찰조를 앞세우고 산을 내려가기 시작했다.

그런데 아뿔싸, 이미 인민군이 우리가 후퇴하려는 방향의 옆 산까지 차지하고 있었다. 우리는 매우 놀랐고 극도의 공포감을 느꼈다.

---

35 전방 지휘 본부(작전 사령부)를 말한다.

그때야 비로소 우리 부대가 인민군에게 양쪽으로 포위되었음을 알았다. 인민군은 우리가 설치해 놓은 전화선을 다 끊고 포위망을 좁혀 온 것이다. 이제는 도리어 조금 전 우리가 차지하고 있던 산두곡산을 속히 회복하지 않으면 안 될 지경이었다.

우리는 다시 산두곡산 고지 위를 향해 있는 힘을 다해 뛰었다. 인민군이 다 올라오기 전에 우리가 먼저 고지를 차지해야 했다.

고지 가까이 갔을 때였다.

"퍼엉!"

"펑!"

별안간 많은 포탄이 날아와 요란한 소리를 내며 터지는 것이 아닌가! 박격포 포격 같았다. 나는 속히 지면이 약간 움푹하게 파인 엄폐 지대를 골라 납작 엎드렸다. 등에 무엇인가 툭툭 떨어지는 느낌이 났다.

'포탄 파편이 떨어지는구나.'

부상 걱정과 함께 죽을 수도 있겠다는 공포심이 일어 눈을 질끈 감았다.

행여나 국군의 오인 포격일 수도 있다는 생각이 들었다. 중대장의 지시로 난리 속에 무전병이 황급히 무전기를 조립하여 "여기는 낙동강, 낙동강! 포사격 중지, 포사격 중지!" 하고 두 마디를 외쳤다. 바로 그 순간, 포격은 즉각 중지되었다. 신속한 전달로 시끄럽던 산속에 언제 그랬냐는 듯이 적막이 감돌았다.

국군의 오포라니, 너무나도 다행이었다.

조심스럽게 엎드린 자리에서 일어나 주변을 둘러보니, 사방에 키 큰 소나무 가지들이 포탄 파편을 맞고 잘려 나가 땅에 어지러이 흩어져 있었다. 엎드려 있을 때 등 위로 떨어진 것도 포탄 파편이 아니라 소나무 잔가지들이었던 것이다.

다행히 이번 오포로 인한 아군의 희생자는 없었다. 이번 경험으로 솔밭같이 큰 나무가 많은 곳에서는 포탄의 효력이 그리 크지 않다는 것을 알게 되었다. 물론 직접 포탄에 명중되면 그대로 죽겠지만 말이다. 이때 아군의 박격포 포격은 우리가 고지에서 후퇴했을 것으로 생각한 상부가 이제 이 일대는 인민군이 차지하였을 것이라 판단하고 쏜 것이라고 짐작된다.

멀리서 바라본 산두곡산 능선 전경

우리 부대는 죽을 고비를 넘기면서 산두곡산 고지를 되찾았다. 밤은 깊었고 인민군도 조용하였다. 곧이어 상부에서 작전이 하달되었다. 우리와 교대하기 위해 기갑연대 2대대 7중대 전투부대가 출동하겠으니 우리 수색 중대는 들어왔던 길로 철수하여 향로봉으로 돌아오라는 것이다. 이때 선발 정찰병은 7중대와 마주치면 손전등을 세

번 연속으로 껐다 켜서 신호하라고 했다. 양쪽에서 세 번 연달아 껐다 켰다가 하면 서로의 정찰병들이 아군임을 알아보아 별다른 사고 없이 무사할 것이라고 하였다.

그리하여 우리 수색 중대는 처음에 향로봉으로부터 들어왔던 길로 산 능선을 타고 조용히 철수하였다. 깊은 산중 컴컴한 밤의 어둠 속에 병사들의 흙 밟는 소리만 자박자박 들릴 뿐이었다.

향로봉을 향해 가던 중 드디어 7중대 대원들을 만났다. 약속한 대로 선발 정찰병이 손전등을 세 번 깜빡였다. 한마디의 대화도 없이 서로를 조용히 스쳐 지나가는 순간이었지만, 속으로는 살았다는 안도감에 큰 소리로 환호를 외치고 있었다.

우리 수색 중대는 결국 쥐도 새도 모르게 향로봉 대대 본부 OP로 철수하는 데 성공하였다. 포위망을 벗어난 우리 대원들의 기쁨은 이루 말할 수 없었다. 포위에서 우리를 구출한 7중대 대원들에게 마음속 깊이 감사하였다. 우리 수색대원들은 오직 소총 하나만 지녔을 뿐 경기관총이나 수류탄 같은 무기는 갖고 있지 않으니 단출한 무기로 격전을 지속하는 데 한계가 있기 때문이다. 우리도 만약 중화기로 무장했다면 마음 든든히 전투에 임할 수 있을 텐데, 그러지 못하는 상황이었다. 밤늦게야 도착한 우리는 주먹밥으로 저녁을 때우고 잠에 빠져들었다.

12. 최후 3인의 고지 사수

　겨우 잠에 빠져들까 하는데 금세 집합 명령이 떨어졌다.
　"기상! 기상!"
　아직 잠이 덜 깨어 몽롱한 상태에서 정신을 차릴 수 없었다. 일상이 되어 버린 이른 새벽 기상이다. 이번에는 향로봉과 산두곡산의 중간 쯤에 있는 무명의 고지가 목표였다. 향로봉과 산두곡산 사이를 오갈 때도 중간에 이 무명고지를 넘어야 했다.
　이른 새벽부터 또 주먹밥을 허겁지겁 먹은 후 출발하였다. 우리는 향로봉에 올라와 며칠 동안 이어지는 전투를 하면서 별맛 없는 주먹밥만 먹었다. 그 외에는 제대로 먹지도 못하고 잠을 충분히 자지도 못했다. 불과 몇 시간 전에 전투의 공포와 고통 속에서 살아 나왔는데, 눈을 얼마간 붙이지도 못하고 다시 전장으로 가야 했다. 대원들은 모두가 지치고 고단하여 말조차 나오지 않는 지경이었다.
　군에 입대하여 이제까지 여러 크고 작은 전투를 치렀지만, 특히 오대산 부근 '속사리-하진부리 전투'와 '산두곡산 전투', 두 번이나 크게 포위망 전술에 걸려들어 간신히 죽을 고비를 넘기며 살아났다. 우리의 마음 한구석에는 늘 인민군에게 포위된 곳으로 가는 것은 아닌가 하는 불안과 공포가 자리해 있었다. 목표 지점으로 진격하는 순간마다 반반의 확률로 살 수도, 죽을 수도 있었다.

내가 이 전쟁을 치르면서 언제, 어디서, 어떻게 죽을 것인가를 생각해 보지 않을 수 없었다. 가만히 생각해 보면, 틀림없이 전쟁 중에 산속에서 불시에 아무도 모르게 전사할 것만 같았다. 죽는다면 내 몸은 어떻게 처리될 것인가. 고향의 가족들에게 연락은 해 줄 것인가. 항상 마음 한구석에는 불안으로 인해 여러 가지 염려가 자리했다.

때는 6월 초, 우리 수색 중대는 무명고지로 향하던 도중 반대 방향으로 철수하는 7중대 전투부대 대열과 마주쳤다. 그들은 우리를 포위망에서 구출한 후, 이른 새벽까지 산두곡산에서 전투하느라 몸에 흙이 묻고 흐트러진 군복차림에 얼굴마다 지친 기색이 역력했다. 7중대 대원들은 조금 전 우리가 출발했던 향로봉의 대대 본부로 가고 있었다.

우리는 지난밤 전투 상황이 어떻게 되었는지 궁금하여 지나가면서 물어보았다. 우리와 교대한 후, 인민군의 근접 공격에 밤새 치열한 수류탄전까지 치르느라 양쪽 모두 많은 부상자가 나왔고, 전사자까지 발생했다는 몇 마디의 간단한 대답만 들을 수 있었다.

그 말을 듣자 심장이 벌렁거렸다. 만약 어젯밤에 7중대와 교대하지 않았다면 수류탄마저 갖고 있지 않은 우리는 어떻게 되었을까. 기갑연대 2대대 7중대는 로켓포, 경기관총, 수류탄 발사기 등으로 중무장한 정예 전투부대로 전투에 매우 강하다는 평을 받고 있었다. 그런데도 인민군의 공격에 시달려 산두곡산을 포기하고 귀대하고 있으니 말이다. 그것도 단 하룻밤의 몇 시간 만에 철수한다는 것은 지난밤 전투가 얼마나 치열하고 격렬했는지를 짐작하게 했다.

우리는 진군 끝에 아침 일찍이 향로봉과 산두곡산의 중간 지점인 무명고지에 도착하였다. 곧바로 전투 준비를 하고 작전에 들어갔다. 중대 본부와 각 소대의 위치를 선정한 후 고단한 몸을 이끌고 새로운 수색 임무를 펼쳤다. 무명고지는 산두곡산에서 멀리 떨어진 곳인데도 벌써 인민군이 나타났다. 소대 전방에서 인민군과 맞싸우는 총소리도 들렸다. 첫날 밤과 다음 날 밤은 서로를 경계하며 작은 전투를 계속했다.

사흘째에는 아침부터 날씨가 구질구질하더니 온 산에 비가 퍼붓기 시작했다. 그칠 줄을 모르고 내리는 빗줄기는 밤이 되자 더욱 강해졌다. 컴컴한 밤의 시야는 더욱 가려져 앞을 분간할 수 없었다. 사정없이 퍼붓는 요란한 빗소리는 전장에서 제일 중요한 청각까지도 둔해지게 했다. 온몸이 물로 목욕이라도 한 것처럼 빗물로 적셔졌다. 사생결단으로 싸우는 전장에서 사정없이 쏟아지는 폭우에 눈과 귀가 완전히 막혔으니, 이보다 더한 악전고투는 없을 것이다. 이제까지 경험해 보지 못했던 산속에서의 무서운 폭우였다.

우리 수색대원 모두는 중대 본부가 있는 무명고지 주변에서 판초우의를 입고 경계근무를 하였다. 보통은 우의를 입으면 상반신 정도는 비에 젖지 않을 수 있는데, 이날은 비가 너무 많이 와서 우의를 입어도 아무 소용이 없었다. 중대장은 이런 상황일수록 각자가 자기 위치를 지키며 한 치도 물러서지 말라고 강조하였다. 인민군의 공격이 있을 시 육박전[36]으로 사수하라는 명령을 내렸다.

이때 인민군은 이런 날씨의 조건을 놓칠세라 한밤중의 폭우 속에 조용히 기습공격태세에 들어가 우리 보초병들 가까이 접근해 왔다.

---

36 육탄전, 즉 적과 바짝 맞붙어서 치고받으며 싸우는 전투를 말한다.

그들은 우리가 모르는 사이 밤새 우리 보초병들의 동작 하나하나를 감시하며 허를 찌를 기회를 엿보았다.

인민군이 이렇게 근접해 온 것을 전혀 눈치채지 못한 채, 여명이 가시고 아침이 밝아 왔다. 비도 가랑비로 변해 대략 그쳐 가고 있었다. 밤사이에는 교전도 없었다. 중대장은 빗물에 젖은 대원들을 생각하여 나뭇가지를 모아 불을 피우고 몸을 말리라고 각 소대장에게 전령을 보내 연락하였다. 그때 나는 잠시 지령을 전하려고 능선에 배치된 1소대를 찾아갔다.

중대 본부에 다시 돌아와, 주위에 떨어진 썩은 나뭇가지를 주워다가 성냥개비 몇 개를 그어 불을 댕기며 입김을 불고 있을 때였다.

"만세! 만세!"

갑자기 인민군들이 소리치며 능선 위로 뛰어 올라오지 않는가! 정말 생각지도 못한 일이 눈앞에서 순식간에 벌어지고 있었다. 우리 중대원은 모두가 불을 피운다는 기쁨으로 불을 댕기는 데에만 열중하고 있을 때였다. 하지만 이런 무방비 상태에서 기습당했음에도 손을 들고 투항하는 대원은 하나도 없었다. 모두가 황급히 전투태세를 갖추었다.

나는 우리 수색 중대가 향로봉에서부터 무명고지로 진입했던 길을 따라 되돌아가기 위해 신속하게 움직였다. 그러나 인민군은 이미 그쪽 능선에 먼저 올라와 후퇴할 길을 가로막고 있었다. 할 수 없이 우리가 점령했던 무명고지 정상에 올라 아래에서 올라오는 인민군들을 공격해야겠다고 생각했다. 나를 비롯해 대여섯 명의 중대 본부 병사와 중대장, 그리고 중대지도계 김병칠 상사가 함께 뛰어 올라갔다.

중대장은 이 고지를 사수해야 한다고 말했다. 그러나 잠시 뒤, 어떻게 된 일인지 나머지 대원들은 겁을 먹고 몰래 고지에서 슬며시 빠져나갔다. 어느 순간 보니 중대장 김 중위, 김병칠 이등상사 그리고 나, 이렇게 셋만이 무명고지 정상을 지키고 있었다. 흩어진 나머지 대원들은 인민군에 대응하는 사격 소리만 들릴 뿐 어떻게 되었는지 알 수 없었다. 알아볼 여유조차 없었다. 이런 다급한 상황에서는 지시를 기다릴 새 없이 흩어진 대원 각자가 알아서 싸워야 한다. 너무나 비참하고도 서글펐다. 중대장도, 전투 경험이 많은 이등상사도 아무 힘도 쓸 수 없었다.

중대장과 김병칠 이등상사가 이 무명고지를 포기하고 후퇴하느냐, 아니면 사수하느냐를 두고 이야기를 나누었다. 김 상사가 먼저 말했다.

"세 사람이 꼭 이 고지를 사수해야겠습니까?"

"중대원이 전투태세를 갖추기 위해서는 얼마 동안이라도 이 고지를 사수해 시간을 벌어야 한다."

중대장의 고지 사수란 말에 가슴이 철렁 내려앉았다. 그야말로 충격뿐이었다. 아무리 급한 상황이라도 셋이서 고지를 사수한다는 것은 무리수인 것 같았다. 나는 하급 병사였기에 말도 꺼내지 못하였다. 그나마 용감하고 영리한 김 상사가 어떤 말을 할까 기다렸다. 하지만 뜻밖에 김 상사도 중대장의 말에 순응하였다. 그렇다면 이제는 정말 죽었구나 하는 생각만 들었다. 나는 김병칠 이등상사의 말이 끝나자마자 즉시 땅에 엎드려 자세를 취했다. 중대장은 나의 우측에, 김 상사는 나의 좌측에 각각 자리 잡고 엎드려 방어 자세를 취했다.

일단은 위협 사격으로 막 쏘아붙여 인민군에게 겁을 주었다. 곧이어 무명고지에 올라오는 인민군을 한 명씩 맞히기 위해 조준 사격에 들어갔다. 하지만 사람 키보다 크게 자란 억새와 잡초가 우거져 있어 앞이 잘 보이지 않는다. 인민군은 억새 속에 은폐하기를 반복하며 점점 위쪽으로 올라오면서 공격해 왔다.

별안간, 인민군이 던진 수류탄이 얼마 안 되는 거리 앞에서 터졌다. 인민군들이 턱밑까지 온 것이다.

나는 온 정신을 집중하였다. 오대산 하진부 고지 전투에서 실력을 발휘했던 명중 작전을 떠올렸다. 한 발씩, 한 발씩 인민군을 조준하여 쏘았다. 하지만 시간이 흐를수록 수적으로 우세인 인민군의 공격이 더욱 거세졌다. 상황이 긴박해지니 이제는 마구잡이로 쏠 수밖에 없다. 고지 방어에는 수류탄이 필수인데, 수류탄도 없다.

'나는 오늘 비로소 운이 다하여 여기서 죽는다.'

단단히 죽음을 각오하니 초조하고 불안했던 마음이 점차 사그라들었다. 목숨을 포기하자는 결심이 생겼다.

'좋아, 내가 죽을 때는 너희도 십여 명은 죽을 것이다.'

오기가 생겨나자 마음속을 어지럽히던 겁도, 두려움도 사라졌다.

억새에다 마구 사격을 퍼부었다. 그 와중에 인민군들은 '만세'를 외치며 우리를 위협했다. 중대장도 카빈총으로 마구 퍼부어 쏘았다. 공격해 올라오는 많은 인민군은 우리의 사격에 희생자가 생겼는지 공격을 잠깐 멈추기도 하였다.

그 무렵, 내 좌측 옆에 바싹 붙은 김병칠 이등상사의 사격 소리가 잘 들리지 않았다. 나는 상황이 긴박하니 후퇴해야 하지 않겠냐고 물어보기 위해, 옆으로 고개를 돌릴 새도 없이 앞을 향해 총을 쏘며 그를 불렀다.

"김 상사님! 김 상사님!"

그러나 대답이 없었다. 또다시 불렀으나 여전히 대답이 들리지 않았다. 나는 '김 상사가 단발식 명중 사격에 정신이 없구나.'라고 생각하며 김 상사를 부르기 위해 왼손을 뻗었다. 나도 모르게 김 상사의 손에 부딪힌 순간, 그의 손이 뜨겁지 않은가. 놀라서 곧바로 고개를 돌려 그를 봤다. 김병칠 이등상사는 얼굴을 땅에 대고 아무 소리도 없이 전사해 있었다.

깜짝 놀란 나는 얼떨결에 "중대장님, 김 상사 전사! 김 상사 전사!"라고 보고했다. 중대장 또한 놀라 그제야 "후퇴!"라고 외쳤다. 중대장과 나는 즉시 무명고지 아래로 정신없이 뛰어 내려갔다.

한참을 내려가던 중, 국군 병사 두세 명을 지나쳤다. 한동안 계속 뛰어 내려가다가 중대장이 갑자기 멈추었다.

"방금 위쪽에서 전투하는 우리 대원들을 본 것 같다. 나는 다시 올라가서 대원들을 봐야겠다."

그때야 나도 제정신이 조금씩 드는 것 같았다. 중대장도 나도 모두 넋이 나간 모습이었다. 치열한 전투 중에는 사람이 정상적인 생각을 하지 못하고 제정신을 잃는 것 같다.

잠깐 둘이 숨을 돌리고 있을 때였다. 갑자기 중대 본부 인사계 특무상사 김종천이 나타났다. 그는 왼팔에 피를 흘리고 있다.

"상사님, 웬 피가 납니까? 어디 부상당했습니까?"

"뭐? 어디?"

그는 자신의 몸을 훑어보았다. 그때까지 총상을 입었다는 것을 전혀 모르고 있던 것이다. 모두가 제정신이 아니었다. 인민군이 쏜 탄환이 김종천 특무상사의 팔등을 관통하여 소매를 검붉은 피로 적시고 있었다. 나는 즉시 옆구리에 차고 있던 수건으로 그를 지혈해 주었다.

내 옆구리에 차고 있던 수건은 두 번의 큰 공로를 세웠다. 첫 번째는 지난번 오대산 속사리 전투에서 중대장 김 대위가 인민군의 탄환에 발목 총상을 입었을 때 지혈에 쓴 일이다. 이번에는 두 번째로 김종천 특무상사의 팔 총상 지혈에 썼으니 나의 수건들도 전장에서 참으로 열심히 제 역할을 다했다. 그러나 불행하게도 오대산 속사리 전투에서 김 대위는 얼음판에 맑은 선홍색 피를 흘리며 포위된 적진에서 살아 나오지 못했다.

중대장은 나와 특무상사에게 둘이 하산하여 인민군을 뚫고 본대로 가라고 명령하였다. 그러고는 중대장 자신은 남아 있는 중대원을 지휘하러 능선 쪽으로 홀로 올라갔다. 이것이 중대장 김 중위를 본 마지막 모습이었다.

그러고 보니, 나는 위험한 전투 고비마다 중대장이 옆에 있었다. 불행히도 두 분의 중대장 모두 희생되었지만, 나는 목숨을 지킬 수 있었다. 이는 하늘이 도와준 고마운 은혜라고 믿을 수밖에 없다.

나는 여기에서, 무명고지를 사수하다가 내 옆에서 전사한 김병칠 이등상사에 대해 말하지 않을 수 없다. 그는 우리 중대에서 가장 용감하고 병사들에게 존경받는 상급자였다. 누구라도 겁먹는 야간 수색과 부하들이 꺼리는 단독수색까지 직접 나서며 '인민군 헌터'라는 별명까지 얻은 그였다.

전투 경험도 많고, 강원도 일대의 산을 누구보다 많이 타 보았다는 소문도 있었다. 그 복잡하고 많은 지형을 모두 익혀 자세히 알고 있는 데다가 몸도 빠르고 영리하여 인민군의 포위망도 잘 뚫어냈다. 오죽하면 '포위당하면 김병칠 상사의 뒤를 따르면 살아날 수 있다.'라고들 하기까지 했다. 그리고 앞서 말했듯이 다른 상급자들과 달리 부하들에게 강제로 일을 시키는 적이 없었다. 자신의 일을 스스로 하며 누구보다 부하들을 아꼈다. 그때 당시는 상사들이 자기가 할 일을 부하들에게 시키는 것이 당연시되던 전시 상황이었다. 옷과 양말, 기타 등등의 빨래에서부터 식사 준비 등 소소한 심부름까지 말이다.

김 상사는 평양 상업학교 출신인 것으로 보아, 고향이 북한의 평양 아니면 평남이라고 여겨진다. 그는 나와도 인연이 깊었다. 오대산 하진부 전투에서, 내가 눈 속에 군복 상의를 벗어 던지고 흰 내의만 걸친 상태로 위장하여 전장에서 공을 세우고 후퇴할 때 길가에서 서로 마주쳤다. 그때 그는 상의 군복과 철모가 없는 나의 허술한 차림새를 보고는 "너 복장이 어떻게 된 것이냐. 국군이냐, 빨치산이냐?"라고 하면서 길가 논바닥에 전사한 아군 상의와 군모를 손수 베껴 나에게 입으라고 주었던, 나를 아껴 준 잊지 못할 상사였다. 지금도 그분을 떠올리면 가슴이 먹먹하다.

수도사단의 항로봉지구 전투 전적비

13. 억새들 속에서 기다리던 것은

　중대장과 헤어진 후, 나는 팔에 부상을 입은 김종천 특무상사의 카빈총을 대신 들어 줘야 했다. 인민군이 보이지 않고 놀랐던 마음도 약간 진정되자 공복에 허기가 느껴졌다. 거기다가 양쪽 어깨에 총을 메니 힘이 더욱 빠지고 다니기도 불편하였다.
　'이거 큰일이구나. 두 개의 총을 메고 있는 상태에서 만약 인민군이 나타나면 빠르게 대항하지도 못하고, 이를 어쩌지⋯⋯.'
　갑자기 부담감이 엄습해 왔다. 차마 말도 하지 못하고 혼자 걱정하면서, 김 상사를 만난 것이 불행으로 여겨졌다. 나 혼자라면 어떻게든 인민군의 포위망을 민첩하게 탈출할 수 있을 텐데, 탄식이 절로 나왔다.
　사실 나는 그와 조금은 서먹한 사이였다. 하루는 중대 본부에서 밤늦게 통신병 임무를 끝내고 불침번을 정할 때였다. 통신병 책임자인 조 일등상사가 나의 고생을 알고 빼 주려고 했다. 그런데 김종천 특무상사가 이 말을 듣지 않고 나를 불침번에 넣었다. 이때 잠도 자지 못하고 그대로 야간 보초를 서다가 잠시 졸았던 것이 탄로 나서 그에게 호되게 얼차려까지 받았었다. 어찌 됐든 간에 부상 입은 김 상사가 총을 메고 혼자 다니게 할 수는 없는 노릇이었기에 그의 카빈총을 들어 주며 함께 다녔다.

사람의 발길이 아직 닿지 않은 산속에는 썩은 낙엽이 수북이 쌓여 있었다. 한 발짝씩 내디딜 때마다 부스럭부스럭 소리가 났다. 마치 눈 속에 깊이 빠지는 것처럼 발목 위까지 낙엽 더미가 올라왔다. 우리는 경계를 늦추지 않고 산 아래로 최대한 빠르게 내려갔다. 산 밑에 계곡이 보이자, 향로를 결정할 겸 쉬려고 잠시 멈추었다. 나는 그에게 말했다.

"상사님, 계곡을 넘어 옆 산을 타다가 만약 적이라도 보이면 적 진영을 교묘히 넘어가야 하니, 이 근처에 은폐하고 있다가 밤에 이동하는 것이 어떻겠습니까?"

하지만, 김 상사의 의견은 달랐다.

"아니다. 우리가 타고 있는 능선이 산의 주된 능선이니까, 저쪽으로 분리된 다른 능선을 타자."

그때 이상하게도 썩은 낙엽을 밟고 지나간 듯한 사람 발자국이 하나하나 이어지는 것이 눈에 띄었다.

"저 발자국이 아군의 발자국 같으니 저걸 따라가자. 총소리를 유심히 들으면 국군과 적군을 구별해 낼 수 있을 거야."

인민군이 갖고 다니는 소련의 아식총[37] 총소리는 "따꿍! 따꿍!" 하는 소리가 나서 '따꿍총'이라고도 불렀다. 우리가 타고 있는 산은 높은 산이라서 산줄기가 여러 갈래로 뻗어 있어 동서남북을 전혀 가릴 수 없었다. 사방에서 교전하는 소리만 어지러이 들릴 뿐이었다.

---

37 모신나강 소총을 말한다. '아라사(러시아)식 보병 소총'을 줄여 아식 소총(A식 소총)이라 불렀다. 러시아제국 시기부터 오랫동안 제식소총으로 사용하였다. 우리나라에 들어와서는 독립군의 항일 투쟁에 사용되기도 했다. 6·25 전쟁 시기에는 소련의 지원을 받은 인민군이 주력으로 사용하였다.

그런데 총소리만 듣고 이를 구별하여 국군 쪽을 찾아가자고 한 것이다. 김 특무상사의 군 생활 경험이 나보다 훨씬 많으니, 어쩐지 개운치 않으면서도 그를 따랐다. 이제껏 여러 고비를 맞으며 죽음의 사선을 넘어온 끝에 겨우 목숨을 건졌는데, 새로 나타난 이 선택의 길은 과연 옳은 것일까?

인민군 사병이 주로 사용하던 AK소총(일명 따꿍총)

우리 둘은 아침과 점심을 굶어 몹시 허기가 져 있었다. 거기에다가 김 상사는 부상자로 몸이 불편하였고, 나는 양쪽 어깨에 멘 두 자루의 총이 더욱 무겁게 느껴져 둘 다 기진맥진하며 이 산에서 저 산으로 헤매었다. 도중에 희망을 걸었던 발자국도 더는 보이지 않았다. 오직 살겠다는 생각으로 있는 힘을 다할 뿐이었다.

하는 수 없이 산줄기 하나를 골라 가파른 산 능선으로 올라갔다. 산에는 우리 키만큼 자란 무성한 억새가 바람결에 가볍게 흔들리며 점심 햇살에 번쩍이고 있었다. 다시금 오늘 아침에 억새들 사이에 은폐하며 공격해 올라오던 인민군이 생각났다.

억새 수풀 속을 헤치며 힘없이 앞으로 나아가던 그 순간, 별안간 억새 사이를 비집고 바로 앞에서 검은 총부리가 나타나더니 일제히 우리 가슴에 대고 "손들어!" 소리친다.

조용한 산중에서 갑자기 당한 일이었다. 너무나 놀란 나머지 손도 못 든 채 그 자리에 그냥 털썩 주저앉았다. 아까 김 상사와 내가 갈등하던 한순간의 선택이 이렇게 일생의 운명을 결정할 줄이야!

6월 6일이었다. 억새 수풀 속에 숨어 있던 대여섯 명의 인민군이 우리의 총을 빼앗았다. 이윽고 우리를 일으켜 세우더니 몸수색을 한다. 이제 무기를 빼앗기고 생포되었으니, 영락없는 포로 처지가 되어 그들의 말에 순순히 따를 수밖에 없다.

그길로 나는 김종천 특무상사와 헤어져 인민군 세 명을 따라가게 되었다. 어디로 가고 있을까. 가서는 또 어떻게 될까. 결국 이렇게 인민군에게 붙잡히려고 고향 함흥에서부터 기피 생활을 하다 가족들과 헤어져 여기까지 고생하며 왔단 말인가. 그동안 치른 수많은 전투에서 고생하던 상념들이 하나둘 떠올랐다. 모든 것이 허망했다.

머릿속이 복잡한 생각으로 뒤엉킨 채 따라 걷는데, 인민군 한 명이 몸수색할 때 알아냈는지 나에게 묻는다.

"동무, 담배 좀 줄 수 없습니까?"

담배를 피우고 싶으면 빼앗으면 될 텐데, 빼앗지는 않고 도리어 정중하게 요구하니 뜻밖의 일이다. 공포와 불안이 조금 누그러지고 마음에 온기가 돌았다. 죽을 줄만 알았던 나는 서슴지 않고 호주머니에서 세 갑을 꺼내 한 갑씩 고루 나누어 주었다.

"동무, 고맙소!"

모두 화색이 돌며 좋아한다. 이것 참 이상하다. 죽이지는 않겠구나 싶었다. 우리 국군 수색대는 언제나 담배 보급이 좋아 담배가 떨어지는 일은 없었다. 3일 전에 배급받은 것이 아직 여섯 갑이나 주머니에 남아 있었다.

담배를 받고 좋아하는 그들을 보니, 저들도 인민군이지만 실은 적색이 아니라 어쩔 수 없이 입대한 처지일 수도 있지 않을까 싶었다. 정답게 대하는 것이 꼭 내 친구들 같았다.

그들에게 연행되어 가다 보니, 아침에 중대장과 김병칠 이등상사, 그리고 나 셋이서 지키던 무명고지를 넘어가게 되었다. 그렇게 열심히 사수하려고 목숨을 내놓고 지키던 고지도 이제는 인민군이 점령한 땅이 되어 인민군들과 가볍게 넘고 있다니, 참 허탈했다. 가다가 중간에 오솔길 왼편에 전사자를 매장하기 위해 삽으로 흙을 파고 있는 것을 보았다. 문득 내 옆에서 전사한 김 상사가 아닌가 싶었다. 분노와 슬픔에 일순간 눈물이 일렁였다. 언제나 용감했던 김 상사가 이렇게 허망하게 세상을 떠나다니!

국군으로서의 내 운명도 여기까지였다. 중대장과 김병칠 이등상사 그리고 나, 3인은 마지막까지 이 무명고지를 사수하다가 전사한 것으로 파악되어 상부에 보고되었다. 이 내용은 훗날, 한국 전쟁 이후 40여 년이 지난 시점에서야 생각지도 못하게 전우 윤영호의 연락을 받고 알게 되었다. 현충원 국군묘지에 직접 가서 확인해 보니, 전사자로 위패에 새겨진 내 이름을 찾아 볼 수 있었다.

인민군들과 한참을 걸었다. 늦은 오후쯤에야 향로봉 중간쯤 산속에 진을 친 그들의 야전 지휘소에 도착했다. 이곳에는 나처럼 포로로 잡힌 다른 국군 대원이 3명 정도 더 있었다. 인민군이 전투 중이기 때문에 우리를 이송할 병력이 없는지 한동안 이곳에서 대기해야 했다. 그들은 밥 덩어리를 하나씩 주었다. 하루 종일 아무것도 먹지 못해서 굉장히 허기가 진 상태였다. 다른 반찬도 없었지만, 밋밋한 밥 덩어리를 소금과 함께 게 눈 감추듯 금세 먹어 치웠다.

우리 국군 포로들은 다시 인민군을 따라 출발했다. 이제 캄캄한 밤이 되어 앞이 잘 보이지도 않았다. 그런데 인솔하는 인민군은 길도 없는 곳을 마구잡이로 더듬으면서 간다. 어두운 산속 개울을 힘겹게 지나자, 이번에는 바위들이 첩첩이 쌓인 높은 절벽을 네발걸음으로 기어오르기 시작했다. 바위 절벽이 가파른 곳에서는 먼저 위로 기어 올라간 병사한테 총을 건넨 후 다음 병사가 기어 올라갔다. 정말 어안이 벙벙했다. 나는 조심조심 가는데도 몇 번씩 미끄러져서 겨우 따라 올라가려 하는데, 그들은 총을 메지 않은 우리보다 암벽을 더 잘 탄다. 나는 혼자 생각했다.

'이것이 바로 죽지법이구나.'

지도상에 없는 길로도 다니고, 암벽타기까지 마다하지 않는 그들이었다. 지도상의 길만 다니는 국군으로서는 상상도 할 수 없는 큰 차이점이었다.

높은 병풍처럼 생긴 절벽의 꼭대기에 간신히 올라가서 다시 산속을 한참 더 들어갔다. 어느 순간 평탄한 지대에 촘촘히 진을 친 커다란 인민군 진지가 나타났다. 이곳이 인민군 연대 본부인 것 같았다. 온통 인민군 세상이었다. 우리 국군 포로는 자그마한 집에 인계되었는데, 바로 인민군 안전보위부였다. 그들은 처음 본 우리에게 밤이 늦었으니 취침하라고 하였다.

다음 날 아침, 세수를 하러 개울가로 나갔다. 개울 근처와 큰 나무 밑에 인민군들이 군데군데 많이 모여 있었다. 번쩍번쩍한 견장을 단 인민군 고급장교들도 눈에 띄었다. 놀랍게도 말을 타고 다니는 지휘관도 볼 수 있었다. 이때 연설을 하는 한 고급장교가 있었다. 어디서 많이 보았던 얼굴 같아 다시금 곰곰이 생각해 보았다. 아, 그 순간 고등학교 때 공산주의 청년동맹 간사였던 선배가 떠올랐다. 그 선배가 틀림없었다. 재학 중 열렬한 적색분자였기에 뚜렷이 기억난 것이다.

나는 아침 식사를 마치고 그들의 심사를 받았다. 대위계급의 장교가 나를 심문했다. 옆에 나이가 들어 보이는 소좌[38] 계급의 고급장교는 내 얼굴만 쳐다보며 심사받는 것을 가만히 보고 있다가 옆방으로 들어갔다. 아마 그가 인민군 안전보위부의 총책임자인 것 같았다. 나를 심사하는 장교가 물었다.

"동무, 고향이 어디요?"

"함흥입니다."

"가족 사항에 대해 말해 보시오."

고향 얘기와 가족 얘기가 나오자, 갑자기 나도 모르게 차오르는 눈물에 모든 생각이 정지하여 흐느껴 울기만 했다. 부모와 형제들을 생각하니 가슴이 꽉 메어 와 찢어질 듯이 아렸다. 언제나 가슴속에 한으로 맺힌 가족이었다. 이야기를 풀어놓으니 많은 눈물 끝에 마음이 조금은 시원해졌다. 인민군 장교가 다시 물었다.

"동무, 학교는 어디 다녔소?"

나는 잠시 주저했다. 북한 최고 수준의 교육기관인 대학에서는 소

---

38 국군의 '소령'에 해당하는 계급이다.

련 볼셰비키 당사의 이론과 실천을 배웠으면서 공산당을 배반하는 자는 죽어 마땅하다고 가르치기 때문이다. 공산주의자들은 학력이 낮은 사람은 더 배우면 자기들에게 동조할 수 있다고 보아 관용으로 대한다. 반면, 학력이 높은 사람은 배반자로 생각하여 절대 용서하지 않고 무자비하게 처리한다. 내가 살기 위해서는 학력을 낮춰 말할 수밖에 없었다.

"저는 고급중학교[39] 2학년을 다니다 나왔습니다."

거짓말을 태연하게 하느라고 진땀을 뺐다. 다행히도 추가 질문이나 반문 없이 순순히 넘어가 주었다.

"동무는 무엇 때문에 남한에 갔소?"

"저는 고향 함흥시에 원자탄이 떨어진다고 해서 잠시 피난을 갔습니다. 그런데 피난길에 먹지 못해 배가 너무 고파 군대에 들어갔습니다."

"그래요? 나도 함흥 시싱리에 살았소. 우리 인민군이 UN군의 북진으로 두만강 가까이 후퇴했다가 회복할 적에 고향에 잠깐 들러 보니 젊은 청년이 하나도 없어 인민들에게 물어봤소. 그런데 모두 함흥에 원자탄이 떨어진다고 하여 남쪽으로 피난 갔다는 말을 들은 적이 있소."

인명은 하늘에 달려 있다 하더니, 나를 심문하는 그 대위계급 장교가 바로 같은 고향 출신일 줄이야! 나는 속으로 너무도 기뻤다. 고맙게도 내가 말한 진술이 그가 알고 있는 내용을 바탕으로 순순히 받아

---

39 당시 북한은 중학교가 총 6년이었다. 처음 3년은 중학교, 나중 3년은 우리나라로 치면 고등학교인 고급중학교에 재학하였다.

들여지고 있었다. 그때부터 그는 나의 다른 진술을 순수하게 들으며 나를 용서해 줄 눈빛으로 대하였다.

"동무, 내가 보내 줄 테니 집으로 갈 의사가 있소?"

생각지도 못한 제안에 잠시 생각해 보았다. 하지만 방심하면 안 되었다. 이것이 혹시 미끼이거나 함정일 수도 있다는 생각이 들었다.

"아닙니다. 저는 전투에서 공을 세워 당당히 집으로 돌아가겠습니다."

제안의 의도가 확실치는 않았지만, 그때 그 순간 마음 한편으로는 따뜻한 고마움을 느꼈다.

3부
인민군 생활과 탈출

1. 해방 전사 교육

 인민군에게 심사를 받았으니 이제 운명의 갈림길에 섰다. 심사가 끝나자 밖으로 나와 다음 지시를 기다려야 했다. 그곳에서 우연히 나처럼 잡혀 온 우리 수색 중대 1소대 연락병을 만났다.
 "무명고지에서 도망가는 도중에 인민군 한 명을 사살했어요. 따발총을 갖고 있더라구요. 한 번에 명중시켰지요."
 1소대장 연락병이 어깨를 으쓱하며 나에게 무용담을 자랑하였다. 그렇지 않아도 이곳에서 어린 인민군 연락병이 사살되었다고 국군을 욕하며 안타까워하는 말을 엿들었던 터였다. '그게 바로 너였구나.' 하는 생각이 들어 깜짝 놀랐다. 나는 그에게, 이곳은 인민군 진영이니 이제부터 말조심하자고 주의시켰다.
 잠시 뒤, 또 다른 낯익은 얼굴이 보였다. 우리 수색 중대 3소대장 연락병이었다. 이 연락병은 다리 부상을 입고 힘겹게 신음하며 물이 마른 작은 개울에 누워 있었다. 그의 정강이 부분 전체가 밀가루를 바른 것같이 허연색이었다. 총상에 밀가루를 바르다니 이상하여 가까이 다가가 보았다. 자세히 들여다보니 그의 종아리에는 눈에 띄지 않을 정도로 아주 작은 구더기들이 뭉쳐 꿈틀대고 있었다.

"개새끼들이, 이렇게 부상을 당했는데 약도 발라 주지 않는가! 국군 같으면 약도 주고 치료도 해 주었을 텐데. 에잇, 나쁜 놈들!"

그는 괴로워하며 인민군을 향해 막 욕을 퍼부었다. 나는 안쓰러웠지만 그가 걱정되어 낮은 목소리로 당부했다.

"야, 너 여기가 어디인데 네 맘대로 막 욕지거리를 퍼부어? 좀만 참고 인민군에게 잘 보여야지. 안 그럼, 너 죽어."

내가 마주친 두 명의 소대장 연락병들은 아직 어린 나이라서 그런지, 학생 티를 벗지 못해 적지의 무서움을 모르는 것 같았다. 1소대장 연락병은 주씨 성을 가졌으며, 고급중학교 재학 중 자원입대하였다. 열일곱 어린 나이에 인물도 좋고 노래를 잘 불러 부대에서 인기가 있었다. 또 다른 연락병인 3소대장 연락병도 고급중학교 재학 중 자원입대한 사람으로, 한씨 성을 가졌다. 고향 함흥에서 우리 앞집이 그의 친척 집인 듯 가끔 오가는 것을 보았다. 그렇지만 1소대장 연락병과 같은 또래로, 나보다 훨씬 후배라서 말을 많이 나눠 보지는 못했다.

이들과 헤어진 후, 나를 포함한 국군 낙오병 약 10명 정도는 인민군 하사와 사병 2명의 인솔로 북쪽의 후방으로 끌려가게 되었다. 한참 가다가 길 앞에서 우리 쪽으로 걸어오는 인민군 고급장교를 만났다. 연락병을 대동한 그는 미군 털 망토를 두르고 있어 한눈에 봐도 고급장교인 것을 알 수 있었다. 끔찍하게도 높은 계급인 인민군 대좌[40]였다. 그는 대뜸 우리를 인솔하는 하사관에게 멈추라고 하더니 우리를 어느 전투에서 붙잡았는지 묻는다. 그러더니 갑자기 "이 중에 북한 출신 국군 낙오병이 없는가?" 묻는다. 하사관이 "네, 있습니

---

40 국군의 대령에 해당하는 계급이다.

다." 하고 대답하고 나를 지목했다. 그러자 인민군 대좌가 순식간에 옆구리에 차고 있는 권총을 꺼내 들어 나의 가슴에 대는 것이 아닌가.

"네 이놈, 남쪽에서 얼마나 나쁜 짓을 하였느냐. 불쌍한 양민을 억압하고 죽였단 말이냐!"

그는 당장이라도 나를 쏠 것처럼 불같이 화를 내었다. 그는 '서북청년당'을 언급하며, 내가 그곳 소속인 줄 알고 악질 단체라고 하며 욕을 막 퍼부었다. '서북청년당'은 이북에 있던 자유주의 사상을 가진 학생들과 청년들이 월남하여 만든 단체다.

나는 서북청년당이 아니었으나, 이 단체에 대해 들어서 약간은 알고 있었다. 하지만 위험을 피하고자 전혀 모르는 것처럼, 손을 번쩍 들고 말했다.

"장교님이 말씀하시는 것을 전혀 모르겠습니다. 저는 이번 흥남 철수 당시 함흥에 원자탄이 떨어진다고 하여 남한에 온 것이고, 나머지는 전혀 모릅니다."

나의 말을 듣고 나서야 그는 들고 있던 권총을 내렸다.

"우리 위대한 김일성 수령님께서 1951년 4월 5일에 사람을 함부로 죽이지 말라는 온정을 베풀어 주셨다. 너는 영도자의 은혜와 덕분으로 무사하게 되었다는 것을 명심하라."

그는 나에 대한 반감이 사그라들었는지 마음이 조금 누그러진 듯했다. 그는 자신이 원래 남한 출신이고 육군사관학교 2기생인데 전쟁 전에 월북하였다면서, 내게 국군 연대장이 누구였냐고 물었다. 나는 이용 대령이라고 대답했다. 그는 같은 육군사관학교 출신임을 알아보고, "벌써 그놈이 연대장이 되었는가."라고 혼잣말을 하며 도로 옆 산기슭의 바위에 걸터앉았다.

 그는 옆구리에 차고 있던 장교 가방에서 편지지와 연필을 꺼내 들었다. 순간 놀랐다. 편지지는 빨간 줄이 세로로 그어져 있는 '괘선지'라고 부르는 종이였고, 연필은 노란색으로 꼭지에 지우개가 달린 미제였는데 모두가 북에는 없던 것이었다. 괘선지는 일제 강점기 이후 이북에서 본 적이 없었다. 또 평소 미국을 나쁜 놈들이라고 욕하던 이북이었기에 미제 연필을 쓰는 것에 놀랄 수밖에 없었다.

 그는 가방을 받침대 삼아 글을 빠르게 적어 내려갔다. 손목을 든 채 붓글씨를 쓰다시피 하여 흘러내리듯이 아래로 갈겨썼다. 속으로 '나보다 공부를 많이 한 사람이구나.' 생각했다. 그는 다 쓴 글을 봉투에 넣어 나를 인솔하는 하사관에게 건넸다. 이 편지를 도착지의 장교 책임자에게 주라고 지시한 후 자리를 떴다.

 편지 내용이 나를 죽이라고 한 것은 아닌지, 혹은 요주의 인물이라면서 나를 탄광 같은 곳에 노역자로 끌고 가라는 등 어떻게 처리할지에 대한 의견을 쓴 것인지 너무나도 궁금했다. 길을 가면서, 이제는 약간 정이 든 인솔자 하사관에게 하소연하듯 편지 내용을 보자고 하였다. 그는 보여 줄 듯 말 듯 하다가 끝내 보여 주지 않았다.

 길을 가는 도중 배가 고파 산 길가에서 밥을 지어 먹어야 했다. 가진 물이 충분치 않아 골짜기에서 조금씩 흐르는 물을 받아 왔다. 이날은 날씨가 흐려 UN군 폭격기가 뜰 수 없으니 식사할 때 공습 위험으로부터 자유로울 수 있었다.

 점심을 다 먹고 소변을 보러 계곡 위쪽으로 조금 올라갔다. 그런데 순간, 온몸에 소름이 돋아 그 자리에서 굳어 버렸다. 조금씩 흐르는 계곡 위에 퉁퉁 불은 인민군 시체가 있지 않은가. 상류로부터 내려오는 죽은 송장의 물로 점심을 해 먹었다는 것을 알게 되니 속에서 구역질이 올라오는 것 같았다. 하지만 이것도 특별한 경험이요, 보약인지 모른다고 스스로를 위로해야 했다.

 이제 어디로 끌려가는 것일까. 우리들의 운명은 어떻게 되는 것일까. 데려가는 목적지와 우리들의 처지에 대해 인솔자에게 몇 번이나 물어봐도 모른다고 입을 꼭 다문다. 이따금 내리는 가랑비를 맞으며 하염없이 걷기만 했다.

 몇 시간을 걸었을까. 마침내 도착한 곳은 강원도 회양군 목곡리[41]의 '해방 전사 교육장'이다. 이때 '해방 전사'는 '괴뢰군'이라 칭해지는 국군으로부터 인민군에 의해 해방된 전사라는 의미를 담고 있다. 다시 말해, 국군에 있다가 인민군에게 잡힌 포로가 그들의 교육을 거쳐 인민군이 된 사람들을 일컫는다. 이러한 교육장에서 사상교육을 거쳐 국군의 낙오병을 다시 인민군으로 이용하고자 하는 것이다.

---

41 목곡리는 후에 전곡리에 편입되면서 그 지명이 사라졌다.

산골짜기 오막살이집 마당에 우리 국군 낙오병 10명 정도가 정렬해 서니, 방 안에서 소좌[42]계급의 장교가 흙마루까지 나와 우리를 반긴다. 우리를 인솔한 하사관은 도착 즉시 아까 만난 인민군 대좌에게서 받은 서신을 넘겼다.

"동무들, 여기까지 오느라 수고 많았소. 오늘부터 동무들은 해방전사가 되었소."

너무나도 정중하고 반갑게 대하는 태도에 긴장했던 마음이 순간 확 풀렸다. 목숨을 부지할 수 있겠다는 생각에 말 그대로 해방을 맞은 것같이 기뻤다.

"배가 고프겠으니 빨리 저녁을 먹이시오."

장교는 그곳에 있던 인민군 병사에게 지시하였다. 우리는 그 병사를 따라 일제히 부엌으로 들어갔다.

열 명 남짓 되는 우리 국군 낙오병들은 방과 연결된 부엌 바닥에 자리를 잡고 앉아 밥을 먹었다. 하지만 내 마음속 한구석에는 온통 서신에 대한 걱정뿐이었다. 들어가지 않는 밥을 먹는 둥 마는 둥 하며 방 안을 몇 번이나 힐끗힐끗 쳐다보았다.

방 안에는 크고 네모난 밥상을 놓고 3~4명의 인민군 장교가 무엇인가를 의논하고 있다. 서신을 전달받은 제일 높은 소좌는 우리가 있는 부엌 쪽 가까이 앉아 있었다. 소좌는 편지를 한참이나 들여다보았다. 그러더니 이내 손으로 구겨서 밥상 아래에 놓았다. 얼굴빛을 보니 별것 아니라는 듯한 표정이다. 마음속으로 '이제 또 살았구나. 소좌님, 정말 고맙습니다, 고맙습니다.'를 되뇌었다.

---

42 국군의 소령에 해당하는 계급이다.

이렇게 1951년 6월 중순쯤부터 해방 전사 교육장에서의 생활이 시작되었다. 이곳 목곡리에는 북한 선전 교육을 하는 교육장이 여럿 있었다. 기다란 산골짜기에 띄엄띄엄 여러 채의 농가가 있는데, 한 집에 10명 내지는 15명까지 인원을 수용하였다. 이렇게 목곡리에서 교육받는 국군 낙오병 총 100명 정도의 규모가 중대 1개를 이루었다. 목곡리 외에 근처 다른 쪽 계곡에도 비슷한 규모의 교육장이 몇 개 더 설치되어 있는 듯했다.

우리의 일과는 먼저 UN군 폭격기로부터의 공습을 피하기 위해 새벽 일찍 기상하여 아침을 지어 먹고 소나무가 우거진 야산으로 올라가는 것으로 시작되었다. 이 지역은 다른 지역에 비해 소나무가 많았다. 으슥한 소나무밭에서 100명 정도가 함께 교육을 받았다. 인민군 교육 장교는 남한 자본주의의 모순을 비판하고 북한 사회의 장점을 선전했다. 공산주의의 이론과 역사를 가르치면서 북한 정치의 우월성을 강조했다. 국군 낙오병들이 공산주의의 이념에 마음 깊이 빠져들도록, 해가 질 때까지 열성적으로 교육했다. 우리는 혹시 모를 UN군 폭격기의 공습을 피해 해가 기울 무렵이 되어서야 숙소로 다시 돌아올 수 있었다.

그런데 알고 보니 모두가 남한 출신이고, 그중에 북한 출신은 나 혼자뿐이다. 잡혀 온 북한 출신 낙오병도 꽤 있을 텐데 한 명도 보이지 않았다. 아무래도 탄광에 끌려가는 등 엄중한 조치를 받은 것으로 짐작되었다. 나를 심사한 안전보위부 김 대위의 관용에 새삼 고마움을 가질 뿐이었다.

1950년 12월 흥남 철수 당시, 나를 비롯한 천여 명의 북한 학생들과 청년들은 자유의 땅을 찾아 국군으로 자원입대하여 고향을 떠나 UN군 수송선을 타고 남한으로 내려왔다. 그러나 불행히도 이제껏 자유의 맛은 하나도 보지 못한 채, 묵호초등학교에서 군사훈련을 받자마자 국군에 입대하여 몸 바쳐 지금까지 싸워 왔다. 그렇게 고생했는데 인민군에게 잘못 발각되면 북한 출신이 배반했다는 이유로 탄광 등의 노역장에 끌려가서 남은 일평생을 보내야 한다. 나만 유일하게 탄광에 보내지지 않았으니 감사하지 않을 수 없는 일이다.

이곳에서 놀란 것이 두 가지 있다. 하나는 우리를 교육하는 인민군 소위계급의 교육 강사가 나의 4년 위 중학교 선배라는 것이다. 그가 교육하는 중에 서로 눈이 마주칠 때는 너무나도 어색하여 앞에 앉은 동료 뒤에 숨어 일부러 시선을 피하기도 했다.

다른 하나는 교대하여 새로 온 인민군 분대장이 바로 내 초등학교 2년 위 선배로, 나와도 서로 안면이 있는 내 친형님의 동창생인 것이다. 우연한 만남에 우리는 서로 놀랐다. 나는 불행하고 처참한 포로의 모습을 보이게 되어 수치스러웠지만 그래도 형님 격인 그분을 만나 반가웠다. 그렇지 않아도 혼자만 북한 출신이라서 외로웠다. 늘 감시받고 있다는 생각에 찜찜함을 떨칠 수 없었는데, 약간은 안심할 수 있겠다는 생각이 들어 기뻤다. 우리는 남들의 시선을 피해 숙소 밖에서 따로 만나 이야기를 나눌 수 있었다. 그는 내게 형님의 소식을 물어보았고, 나는 그가 인민군에 입대한 일에 대해 물으며 서로 많은 이야기를 주고받았다.

"나는 해방 후에 초등학교를 졸업한 뒤로 중학교를 못 갔으니 달리 방법이 없었어. 그래서 인민군에 자원입대했지."

그의 사정도 들을 수 있었다. 불안한 포로 생활에서 오래간만에 느껴 보는 정이 깃든 만남이었다. 잠시나마 철통처럼 굳게 긴장된 마음을 어느 정도 풀어놓을 수 있었다. 그가 지나간 이야기를 꺼내어 전쟁이 시작된 날을 함께 되짚어 볼 수 있었다.

"1950년 6·25 전쟁이 나기 며칠 전에, 내가 속한 함흥의 인민군 보병부대는 군용기차를 타고 국군과 코를 맞댄 38선 경계 근처에서 멈춰 섰어. 기차역도 아니고 말 그대로 황무지에 딱 멈춰 선 거야. 철로 옆에는 풀이 높이 자라 우거져 있고, 차가 다닌 흔적도 없어서 기분이 썰렁했지. 그곳에 내려서 산에 올라가 전투를 준비했어. 다른 때처럼 바쁘게 전투태세를 준비하고 있는데 6월 25일 새벽 4시쯤에 갑자기 산 밑의 사방에서 생각지도 못하게 빨갛고 노란 신호탄이 번쩍하는 거야. 전차 작동 소리, 포사격 소리……. 천지를 뒤흔드는 것같이 요란했지. 상부의 작전 개시로 바로 그 산 뒤편 아래쪽에 배치된 인민군 포병늘이 이남을 향해 공격을 시작한 기야. 우리 부대가 산에 진을 치기도 전부터 다른 전투부대가 전차를 배치하고 있었던 거지. 우리는 그전까지 조금의 눈치도 채지 못했어. 그때 우리도 진격을 시작했지. 그 당시 나도 정말 놀랐어."

그가 인민군에서 지낸 이야기를 들으면서 당시 상황을 되짚어 보니 다시금 그때 생각이 났다. 이런저런 이야기를 하면서 우리는 서로에게 더한 정을 느낄 수 있었다.

한편으로 나는, 새로 취임한 이 분대장과의 관계에 대해 분대원 친구들에게 일절 말하지 않았다. 말이 나오면 행여 나의 신분이 들통나서 해로운 일이 생길까 봐 항상 주의하였다.

하루는 생각지도 못하게, 인민군 홍보 게시판에 나를 칭찬한다는 중대 본부의 홍보문이 나붙었다. 학습에 열중하고 열심이라는 내용이었다. 그동안 군소리 않으며 그들에게 복종하여 열심히 참여해 우수한 시험 성적을 거둔 것이다. 거기에다 선배였던 분대장이 상부에 보고할 때 나에 대한 칭찬을 곁들여 한 덕택일 것으로 생각했다.

이렇게 신임을 얻어 가는 와중에도 나는 언제나 정치부 중대장이 무서웠다. 많은 해방 전사 가운데 나 혼자 북한 출신이라는 것이 늘 마음에 걸렸다. 혹시나 요주의 인물로 낙인찍혔을까 봐, 한시도 긴장을 풀 수 없었다. 그래서 항상 중대장을 피하여 움직였다. 저 구렁이 같은 정치부 중대장이 내 마음속에 똬리를 틀고 앉아 언제나 나를 감시하는 것만 같았다.

그러던 중 하루는 우리끼리 오락 시간에 씨름대회를 열었다. 소대별 씨름선수를 뽑아 중대 씨름대회를 했는데 내가 최종 우승을 하였다. 그때 무섭고 꺼려지기만 하던 정치부 중대장이 다가왔다. 그는 내 어깨를 툭툭 치더니 웃으며 나를 칭찬해 주었다.

"좋아. 역시 이북 동무가 최고야, 최고!"

북쪽 출신이라고 더욱 기뻐해 주는 그의 말에 묘한 감정이 일었다. 고향에 대한 애틋한 마음이 생각나면서, 나를 극도로 경계하는 사람조차도 고향을 생각하는 마음은 같구나 싶었다. 왜 우리는 이렇게 따뜻한 정을 가지고 있으면서도 서로를 죽이고 싸울까 싶었다.

어느 날 나는 처음으로 당번이 되어 식량 배급소에 우리 소대가 먹을 식재료를 배급받으러 갔다. 여기에서의 식재료는 항상 쌀과 잡곡, 콩과 콩기름, 그리고 소금과 간고등어 등이다. 밥은 국군 때보다 많이 줘서 배부르게 먹지만, 소금물에 끓인 콩자반 말고는 딱히 반찬이라고 할 만한 것이 없다. 특히 간고등어는 일주일에 한 사람당 한두 마리 정도만 나올 정도로 부족했다. 이 외에 길가의 밭에서 생고추를 뜯거나 산에서 나물을 직접 캐어 소금에 절여 먹거나 국을 끓여 먹었다. 고추를 소금에 찍어 먹을 때는 국군에서 먹던 된장, 고추장 생각이 많이 났다.

국군에 있을 때, 설악산 신흥사에서와 같이 평지에서 밥을 해 먹을 수 있는 상황에서는 반찬도 더 다양했었다. 산속을 다닐 때는 주로 주먹밥을 먹었지만, 밥 속에 단백질이 든 멸치나 소고기가 함께 버무려져 있었다. 하지만 주먹밥이기에 절대적인 밥의 양은 충분치 않았다. 대신에 간식이 잘 나왔다. 일주일에 두어 번 비스킷이 담긴 종이봉투와, 보름에 한 번 정도 종이 포장된 전투식량 '시레이션'이 나왔었다. 시레이션 안에는 생선 통조림과 건어물, 다시마, 비스킷, 껌, 초콜릿, 건빵, 양담배 등이 들어 있어서 부내원들의 사랑을 받았다. 내가 제일 좋아했던 것은 껌과 여러 양담배 종류 중 낙타 그림이 그려진 카멜 담배였다. 카멜 담배는 커피 냄새가 나서 참 좋아했다. 가끔씩 납작한 작은 생선 통조림도 지급되었는데 정말 맛있었다.

그런데 배급소에서 우연히 익숙한 얼굴과 마주쳤다. 나와 함께 인민군에게 잡히면서 헤어진, 국군 우리 중대의 김종천 특무상사였다. 서로 오랜만에 만나 처음으로 생사를 확인할 수 있어 놀랍고도 반가웠다. 그는 나하고는 좀 떨어진 계곡에 있는 다른 중대 소속이었다.

"너, 어디 가서 혹시 말 나올 수 있으니까 알고 있어. 나는 인민군에게 심사받을 때 특무상사를 비밀로 하고 일등중사로 신고했어."

역시 살기 위해서는 각자 거짓말로 생존전략을 구할 수밖에 없다. 그와 국군으로서 마지막 순간에 운명 공동체가 되었다. 그의 선택을 따라 길을 잘못 들어 결국 인민군에게 잡혔지만, 둘 다 살아서 여기까지 함께 왔으니 이 또한 깊은 인연이다.

어느 날, 인민군은 기묘한 작전을 펼쳤다. 그들은 소나무로 우거진 교육장 산 사이에 펼쳐진 넓은 밭에 옥수숫대로 다발을 여러 개 만들었다. 그 다발을 전차 모양으로 쌓고, 통나무를 꽂아 포신처럼 보이게 하였다. 마치 전차를 가려 위장시켜 놓은 것처럼 꾸민 것이다. 그리고 옆 산 중턱에 소나무 사이로 잘 보이지 않게 중기관총을 설치하여, UN군 전투기가 가짜 전차를 보고 속아 공격하러 내려올 때 쏘려고 대기시켰다.

얼마 뒤, 과연 그들의 계획대로 속도가 빠른 UN군 제트기 한 대가 지나며 한 바퀴를 빙글 돌았다. 전투기는 점차 낮게 내려와 가까이 다가왔다. 제트기 안의 비행사가 뚜렷이 보일 정도로 가까웠다. 이때다 싶어 중기관총은 줄기차게 총격을 가하였다. 연속된 기관총 공격이 대단한 화력을 자랑하는 중에 정말로 제트기가 격추될까 봐 마음이 조마조마했다. 아마 총알 몇 발은 제대로 맞았을 것 같았다. 제트기는 옥수숫대로 만들어 놓은 모형 전차가 가짜임을 확인하고 얼른 방향을 바꾸어 총격을 피해 무사히 지나갔다.

인민군 사수는 비행기를 격추할 수 있었는데 놓쳤다고 몇 번이나 탄식하였다. 그의 가장 큰 욕망인 국기훈장을 탈 기회를 날린 것을 대단히 애석하게 생각했다. 평소에 조용하고 푸른 이곳 산골짜기에서는 UN군의 전투기를 거의 볼 수 없기 때문이었다.

인민군들은 모두가 죽는 한이 있더라도 공로를 세워 국기훈장을 타는 것을 간절히 바라고 있었다. 국기훈장은 이북에서 제일가는 공로 훈장이다. 이 훈장을 타면 국가 영웅이 되어, 나중에 후방의 좋은 자리를 차지할 수 있다는 기대감에 모두가 국기훈장 병에 걸린 듯했다. 상부에서도 장교급 지휘관들에게 국기훈장 타는 것을 적극적으로 선전하고 격려했다. 이북은 이것을 군의 사기를 높이는 방법으로 이용하여 사병들이 죽기를 각오하고 싸우도록 종용했다.

2. 인민군 부대에 배치를 받다

1951년 7월 하순경, 우리는 약 1개월 정도에 걸쳐 해방 전사로 사상교육을 받은 끝에 인민군 군복으로 갈아입었다. 머리도 짧게, 바짝 깎았다. 이제 완전히 인민군 신분이 되었다.

저녁을 먹고 우리가 머물던 교육장을 떠나 부대 배치를 받으러 남쪽 전방으로 향했다. 얼마 안 된 곳에 또 다른 해방 전사 무리가 있어 함께 합류하였다. 이틀 밤에 걸쳐 제법 멀리 떨어진 전방 근처까지 행군하였다. 주로 컴컴한 밤이나 구름이 많이 낄 때, 비가 올 때 이동하고, 낮에 해가 비칠 때는 폭격기의 공습을 피해 야산에 올라가 소나무 밑에서 잠을 잤다.

그런데 밤에도 UN군 폭격기가 나타났다. 이때 인민군들이 먼 거리에 걸쳐 중간중간 일정한 간격으로 폭격기 소리를 감시하는 초병을 배치한 것을 볼 수 있었다. 소리를 감시하는 원리는, 가장 먼저 폭격기 소리를 들은 1차 감시 초병이 총을 쏘아 신호한다. 그러면 근처의 2차 감시병이 이 총소리를 듣고 똑같이 신호탄을 쏘고, 마치 봉화처럼 점차 연쇄적으로 후방의 감시병에게 알리는 방법이다.

신호탄을 보고 후방에 있던 인민군과 중공군, 조랑말이 이끄는 중공군의 군수품 수송 마차들은 큰길에서 벗어나 오솔길이나 나무 아래로 들어가 숨었다. 식량 등 군수물자를 실은 트럭들도 헤드라이트를 끄고 큰 도로에서 약간 떨어진 곳으로 피해서 나무 사이에 숨었다.

 이렇게 폭격기가 나타나기 전에 모든 후방이 미리 대비해 움직여 UN군 폭격을 피할 수 있게 했다. 참 머리를 잘 썼구나 싶었다. 속수무책으로 당할 수 있는 상황에서도 어렵지 않은 방법으로 신속하게 신호를 보내 불필요한 희생을 막았으니 말이다. UN군 폭격기는 밤에 움직이는 적군을 찾느라고 조명탄을 터뜨려 지상을 밝게 비춰 보았으나 인민군이 미리 대피하여 허사일 뿐이었다.

 둘째 날 아침이었다. 식사하기 위해 작은 개울가 앞에서 젓가락으로 쓰려고 버드나무 가지를 꺾고 있는데 누군가 건너편에서 개울을 훌쩍 뛰어넘어 왔다. 눈앞에서 낯익은 얼굴과 두 눈이 마주쳤다. 바로 내 대학 동창 친구가 아니던가! 대학생 시절 노동당원이었던 그 친구는 인민군 상교가 되어 있었다.

 "앗!"

 우리 둘은 놀라서 동시에 소리쳤다. 순간, 지금 내 신분에 친구와 이야기 나누는 것을 정치부 중대장이 보기라도 한다면 어떡하지 싶어 걱정되었다. 나는 인민군 심사 때 고급중학교 2학년을 다니다가 왔다고 했기 때문이다. 이 상황이 발각되어 그 친구에게 나를 어떻게 아느냐고 자세한 말을 묻기라도 한다면 낭패였다. 대학생이었다는 것을 들킨다면 나는 여기서 끝나는 것이다. 당황해하는데 친구가 반가운 표정으로 물어 왔다.

 "야, 너 어떻게 된 거야? 여기서 뭐 하고 있어."

"여기서 아침 먹으려고 젓가락 끊고 있어. 너는 어느 부대야?"

"난 지금 공병부대에 있어. 너는?"

공대 출신이니까 공병이 되었구나 싶었다. 나는 해방 전사라는 말은 꺼내지 않는 게 좋겠다고 생각했다.

"우리는 지금 일선에 나가는 중이야. 넌 어디 가고 있어?"

"우린 지금 여기 앞에 있는 집에 주둔하고 있어."

"그래? 밥 먹고 시간 있으면 그리 갈게. 또 만나자."

그와 빨리 헤어지려고 간단히 대화를 마무리 짓고 대원들이 있는 곳으로 돌아왔다. 다행히 내가 그와 이야기하는 것을 본 사람은 아무도 없었다. 안도의 한숨을 내쉬었다.

3일 차 아침 일찍 우리 수백 명은 부대 배치 장소 근처에 도착했다. 우리는 UN군 전투기를 피하고자 소나무가 많은 산속에 올라가 부대 배치 전까지 잠시 오락회를 했다. 노래를 부르고 춤을 추거나 휴식을 취하며 시간을 보냈다. 이제 우리는 다 같이 모여 앉아 궁금한 표정으로 다음 지시를 기다렸다.

한참 후에 장교가 명부를 갖고 나타나더니 한 사람 한 사람 이름을 부르며 부대 배치를 하였다. 내 이름이 불리기를 기다리며 귀를 쫑긋 세웠다. 그런데 끝까지 내 이름을 부르지 않는다. 마음이 불안했다.

"이 가운데 이름을 부르지 않은 사람이 있지요? 자리에서 일어나시오."

일어나 보니 나 말고도 한 명이 더 있다.

"두 해방 전사는 여기 온 부소대장을 따라가시오."

그리하여 둘은 즉시 그곳에 온 인민군 부소대장을 따라 자리를 떴다. 또 한 사람은 알고 보니 국군 시절 나와 같은 기갑연대 보병 출신으로, 나와 함께 인민군의 의심을 받는 처지인가 싶었다. 그의 이름은 이홍균으로, 국군에서 보병 분대장이었다고 나한테만 알려 주었다. 그 또한 상부에는 거짓으로 국군 일등병으로 낮추어 신고했다고 한다.

우리는 어디로 배치받았는지, 어디로 가는지도 모르는 채 부소대장급인 인민군 한 명과 큰길을 따라 이동했다. 10km 정도의 행군 끝에 밤이 다 되어서야 도착한 곳은 산중의 땅속에 파 놓은 참호였다. 근처에는 다른 병사들도 머무는지 초가집이 두 채 정도 보였다. 이 참호가 바로 나와 이홍균 군이 지낼 숙소라고 하였다. 또다시 나는 땅속에서 지내야 하는 신세가 되었다.

국군 수색대 시절에도 방 안에서 두 발을 뻗고 잠다운 잠을 잤던 적이 다섯 손가락 안에 꼽힌다. 우리는 매일 2인 1조로 야간 보초를 섰는데 서로 교대하여 잠깐씩 자고 깨고를 반복하며 밤을 보내는 것이 수면의 전부였다. 시시각각 이동해야 하는 전쟁 중이라 참호가 없을 때가 더 많았다. 그래서 주로 들판이나 산에서 엎드려 보초를 서다가 거기서 그대로 자다 깨다 하거나, 앉은 상태로 옆에 머리를 기대고 잠들기도 하였다.

인민군에게 잡혀 인민군 교육을 받을 때는 모처럼 방 안에서 누워 자다가, 다시 차가운 땅속 참호에서 자게 되었으니 달갑지 않은 일이었다.

아침이 되자, 주변을 둘러보니 팔에 붉은 완장을 두른 대원들이 분주하게 서성거리는 것이 보였다. 그제야 여기가 경무대[43]라는 것을

---

43 북한군의 '헌병'을 말한다.

알아차렸다. 전혀 생각지도 못한 곳이었다. 왜 하필 우리 두 명을 지목해서 이곳으로 보낸 것일까? 불안하고 두려운 마음이 들었다. 아니, 오히려 일선 군부대가 아니라 후방의 권력기관이니 차라리 다행인 일인지도 몰랐다.

그런데 시간이 지나도 경무대 대원들 앞에서의 인사와 소개는 물론 그들과의 접촉도 전혀 없었다. 우리만 따로 떨어져 있으니 이상하다는 생각이 들었다. 잠시 후, 어제 우리를 인솔했던 인민군 부소대장이 와서 우리에게 주머니 배낭을 하나씩 나누어 주더니 따라오라고 재촉했다.

영문도 모른 채 그와 함께 한참을 가다 보니 인민군 식량 공급소에 도착했다. 이흥균 군과 나는 그제야 우리들의 임무를 알게 되었다. 우리는 식량 공급소에서 식량을 운반해 오는 경무대 사역병이 된 것이었다.

우리는 매일 아침 식사를 마친 후, 인민군의 주머니 배낭을 메고 우리를 감시하는 인민군 부소대장과 함께 셋이서 날이 맑으나 비가 오나 10km 정도 후방에 있는 식량 공급소에 가서 식량을 운반해 와야 했다. 부소대장은 언제나 어깨에 따발총을 메고 다녔다. 식량은 쌀과 잡곡을 1:1 비율로 배낭에 가득 채워 넣고, 간고등어는 배낭 옆에 매달고, 기름이 든 깡통은 손에 들고 운반했다. 인민군 경무대 대원들과는 철저히 분리되어 일절 접촉할 기회 없이 두 달가량 매일 똑같은 일을 반복했다. 때때로 우리를 믿는지 지도하는 부소대장은 빠지고 우리 둘만 열심히 식량을 운반하기도 했다.

식량은 배낭에 최대한 가득 채워 약 20kg이 넘는 무게를 메고 다녔다. 군복과 군모와 배낭의 옆 주머니에는 산에 많이 있는 잎사귀가 큰 떡갈나무 가지를 꺾어다가 끼워 놓고 완전히 위장하였다. 손에도 나뭇가지를 들고 다니면서 큰길을 피해 숲의 능선과 계곡으로만 다녔다. 전투기가 떴을 때 길 위에 있으면 금방 보이겠지만, 나무가 많은 산 쪽은 잘 안 보이기 때문에 위장하여 산속으로 다녔다.

산 능선의 오솔길을 다닐 때도 불시에 빠른 속도로 전투기가 나타나 모습이 노출될 수 있기 때문에 항상 뒤를 돌아보며 사방을 예의주시하였다. 제트 전투기는 속도가 소리보다 빨라 아무 소리 없이 뒤에 나타날 수도 있기 때문이다. 전투기가 보이거나 소리가 나면 곧바로 오솔길을 피해 옆에 있는 나무 아래나 갈대, 키 작은 잡나무 등에 바짝 붙어 엄폐했다. 이때는 혹여나 전투기로부터 기총소사를 당할까 봐 가슴이 콩알만 해졌다.

일년 중 가장 더운 계절이었다. 푹푹 찌는 무더위에 산길만 골라 다니다 보니 식량이 더욱 무겁게 느껴지고, 피로하여 걸음을 멈추고 쉬는 일도 많았다. 무리하여 몸이 아플지라도 우리가 식량을 운반해 오지 않으면 경무대 대원들이 굶게 되므로 참고 매일같이 힘든 일을 계속할 수밖에 없었다.

9월쯤에는 그리 멀지 않은 남쪽 전장에서 유달리 포 쏘는 소리가 요란했다. 시꺼먼 구름과 함께 비 오는 날이 계속되어 천둥소리인지 포 소리인지 구분하기 어려운 소리가 "쿵!", "쿵!" 하며 매일같이 들렸다. 저 근방에서 국군과 인민군이 접전을 벌이고 있다고 생각하니 국군 시절이 그리워졌다. 인민군에게 잡혀 사역병으로서 힘든 단순노동 생활만 반복하고 있으니 스스로의 신세가 가련하게 느껴지고,

허무함에 힘이 빠졌다. 밤낮을 가리지 않고 최전방의 위험지대를 뛰어다니는 수색대 활동은 너무 힘들었지만, 그래도 자유 남한의 국군으로 다시 돌아가고 싶은 마음이 간절했다.

이홍균 군이 몰래 제안했다.

"우리 여기서 탈출해서 포사격 소리가 나는 방향으로 도망가자. 그러다 보면 국군으로 돌아갈 수 있을 거야."

"야, 지금 산중에 동서남북도 모르는데 어디로 가자는 거냐. 절대 불가능한 일이다. 만약에 잡히면 너는 남한 출신이라 살려 줄지 몰라도 나는 북한 출신이니 즉시 총살당한다."

나는 그를 만류하였다. 하지만 그는 답답해하며 계속해서 나를 설득하려 하였다.

"야, 내가 그래도 국군에서 보병 분대장 했어. 나를 믿고 내 뒤 따라라. 포 소리 쪽으로 나가서 전선을 돌파하면 남쪽으로 갈 수 있어."

"나도 이북에서 대학 1학년을 다니면서 인민군 장교한테 군사훈련을 1년 가까이 받은 사람이야. 위험 요소도 너무 많고 성공할 확률도 낮고, 탈출은 어림도 없다."

나는 이북에서의 대학생 시절 1년간, 6·25 전쟁이 터지기 전에도 인민군 장교 밑에서 일주일에 서너 번씩 군사훈련을 받았기에 그에 못지않게 전술과 상황 파악에 자신이 있었다. 이렇게 함께 군사훈련을 받은 대학 동기들은 인민군에 자원입대하면 곧바로 하사관급의 분대장이나 부소대장으로 군에 나갔었다.

이홍균 군은 그 후에도 틈만 나면 함께 탈출하자고 여러 차례 권유했다. 그때마다 나는 산속에 들어가면 동서남북도 모르는 상태에서 산길이 얼마나 무서운지 수색대원으로서의 체험담을 말해 주었다. 또한 격전 지대를 빠져나가는 것은 불가능하다고 거절했다. 이 탈출 문제로 서로 의견이 달라 둘의 사이가 서먹해지기도 했다.

하루는 깜짝 놀랄 일이 있었다. 식량 운반을 끝내고 피곤하여 산 위에 누워 쉬고 있는데, 한 병사가 발아래 쪽에서 이쪽으로 올라오고 있었다. 숨을 헐떡거리며 다가오는 소리에 나도 모르게 벌떡 일어나 보니, 물이 담긴 인민군 밥통을 양손에 쥐고 있는 그 병사는 바로 내 고향 동네 이장이었던 이정호였다. 그는 우리 동네의 노동당 위원장을 할 정도로 열성분자였으며, 동네에서 악질로 소문난 적색 3인 중 한 명이었다. 그들의 별명은 각각 소련의 수상 스탈린, 총리 모로토프, 외무장관 비신스키였다. 주민들은 이정호를 '비신스키'라고 불렀다. 그는 6·25 전쟁 이전 평상시에는 경제 수준이 그럭저럭 괜찮은 사람들을 반동분자로 몰아세우며 억압했다. 농민들에게는 공출[44]을 많이 하자고 녹속하며 괴롭히기 일쑤었다. 6·25 전쟁이 일어나고서는 동네 젊은 사람을 인민군에 입대시키는 데에 열과 성을 다했으며, 기피자를 잡느라고 우리 집에도 한밤중에 총을 갖고 여러 차례 들이닥쳤던 놈이었다. 나이 많은 나의 부친까지 그가 무서워서 사과움[45]에 숨기도 했다.

우리는 서로 마주치자 둘 다 놀라서 "앗!" 하고 소리쳤다.

"너 지금 어디 소속이야?"

그가 단번에 물었다. 나는 일부러 큰 소리로 대답했다.

---

44   나라에 곡식을 바치는 것을 말한다.
45   사과를 저장하는 지하 창고이다.

"나는 이 산 아래 주둔하고 있는 경무대 소속이오."

이렇게 말한 것은 그와 우리 가족이 깊은 원한 관계에 있고 그때 당시 나는 '요주의 분자' 처지였기에, 내가 경무대 노역병이라는 것을 숨기는 것이 낫겠다고 판단했기 때문이다. 그래서 거짓말로 인민군이 두려워하는 경무대 대원이라고 큰소리를 쳐 그의 기를 꺾었다.

"이 형은 어느 부대에 있소?"

"나는 통신대대에 있다."

고향 동네에서 큰소리를 치고 다니던 그가 무슨 영문인지 육군 통신병으로 작대기 하나의 부분대장 계급장을 달고 나를 보기 부끄러워하는 것 같았다.

"너 언제 인민군에 나왔니?"

"나는 올해 6월에 나왔소."

나는 전쟁 발발로부터 1년 후에 입대했다고 거짓말했다. 그는 의아했을 것이다. 그가 동네 이장이던 시절, 작년 8월경에 내가 인민군으로 입대를 기피하고 숨어 있을 때 우리 집에 찾아왔는데 아버지께서 내가 이미 군에 자원해 갔다고 거짓말을 했기 때문이다.

"참, 이상한 것이 있다. 나는 군에 나와서 집에다가 편지를 몇 번이나 했는데도 회답이 없다. 네가 입대할 때까지 우리 마을에 별일 없었니?"

"내가 군에 나올 때까지 우리 마을에 별다른 변화는 없었소."

나는 이 역시 거짓말을 했다. 동네에 국군이 북진해 들어오자 이정호와 그의 가족들은 신변에 위협을 느껴 바로 도망갔는데, 동네 사람들이 악질 노동당 위원장인 그가 다시 동네에 오는 것을 막기 위해

인민군 생활과 탈출 195

그의 집을 부수어 버린 상황이었다. 긴장된 마음에서인지 나도 모르게 "나는 고향집에 편지를 하였는데, 잘 있다고 답이 왔소."라고 묻지도 않은 거짓말을 했다. 말을 해 놓고 보니 쓸데없는 말을 했구나 싶었다. 이것저것 오래 말하면 나에게는 위험할 뿐이어서 바쁘니 다음에 또 만나자고 하며 헤어졌다.

원수끼리 외나무다리에서 만난 것같이 긴장감 넘치는 순간이었다. 한편으로는 모두가 무서워하고 꺼리는 경무대 대원이란 명분으로 위험한 순간을 넘기게 되었으니, 이 경무대 간판에 고맙기도 했다.

고된 노역병 생활 중 상관들이 우리를 믿었는지, 혹은 대원이 모자라 충원이 필요했는지 나와 이홍균 군을 2군단 전투 보병으로 발령시켰다. 사단과 연대의 이름은 알려 주지 않았다. 나는 단지 이름 모를 한 중대의 3소대에 배치되었다. 전쟁 중에 인민군은 국군과 다르게 소속 부대 이름이나 전장의 위치 등 자세한 내용을 신병 대원들에게 알려 주지 않는 분위기인 듯했다. 어하든 간에 두 달 넘짓한 사역병 생활에 마침표를 찍고 이홍균 군과도 헤어졌다.

내가 배치된 2군단 군단장 최현에 대해 말할 것 같으면, 김일성 수상과 빨치산 투쟁을 같이한 친구 사이였다. 나이가 김일성보다 많은데 일선에서 둘이 전화할 때도 서로 존댓말을 쓰지 않고 '일성이'라고 이름을 부를 정도로 친하다고 소문이 퍼져 있었다. 그는 평소에 쌍욕도 잘하고, 글자를 잘 쓸 줄 몰라 군의 보고서에도 짐승 그림 등을 그려 넣었다고 한다. 또 한 번 빼든 권총은 무엇이든지 사살해야 다시 집어넣는 무시무시한 사람이라고 소문이 나 있었다.

3. 기회가 오다

나는 보병부대에서 데리러 온 인솔자 한 명을 따라 멀리 떨어진 산 중턱에 나무 사이에 은폐된 대대 본부에 도착했다. 대대장이라는 고급 장교가 나타나 나를 맞이했다. 그는 나에 대한 보고를 받았는지, 나를 보자마자 말했다.

"동무, 그동안 수고 많았소. 동무는 전투 요원으로 모든 것을 갖춘 것 같소. 내가 추천해 줄 테니 군관학교에 들어갈 의사가 없소?"

군관학교는 북한의 사관학교라 할 수 있는데, 입학하면 인민군 장교가 되어 평생 이남에 나갈 생각은 할 수조차 없다. 천 분의 일도 생각한 적 없는 놀라운 제안에 순간적으로 긴장하며 걱정이 앞섰다. 나는 이렇게 인민군에 한 몸 바치다 귀신이 되는 건가 싶었다. 어쩌면 대대장이 나를 떠보기 위한 쇼를 하는 것이 아닐까 싶기도 했다. 아니면 나의 사기를 돋우기 위한, 원치 않는 배려일까. 짧은 순간 머릿속이 복잡했다. 나는 머뭇거리다가 큰 소리로 대답했다.

"대대장님의 말씀에 감사하나, 저는 이번 전투에서 먼저 제 과거의 불명예를 없애고 싶습니다. 용감한 피의 투쟁으로 적을 물리치고 국기 훈장을 꼭 타고 나서야 군관학교에 대대장님의 추천을 받겠습니다. 이는 저의 결심과 각오입니다."

대대장은 아래위로 나를 훑어보더니 이내 흡족한 표정으로 말했다.

"동무, 정말 그렇게 생각하고 있소? 좋소. 그럼 동무 말대로 해 줄 테니 이번 전투에서 꼭 국기훈장을 타도록 하시오. 그럼 내가 반드시 군관학교에 동무를 추천해 주겠소. 약속하오."

대대장의 말에 위기를 잘 넘겼다는 안도감이 들었다. 얼음처럼 굳었던 마음도 한순간에 풀어졌다.

내가 속한 이름 모를 부대의 3대대 3중대 3소대에 대해 말하면, 최전방 전투부대에서 약간 떨어진 후방 부대였다. 일선 전투부대의 후원 부대로서 제2화선[46]을 만들고 있었고, 작전상 일선 부대로 나갈 준비를 하고 있었다. 여기서는 매일같이 산 능선에 참호를 파고, 큰 통나무를 베어 참호 위에 첩첩이 지붕처럼 쌓아 포탄이 떨어져도 안전할 수 있도록 만들었다. 간혹 참호를 만드는 이곳 제2화선까지도 적자 포탄이 한 발씩 날아왔지만, 별 희생은 없었다.

우리는 전 소대원이 함께 기다란 형태로 이어지는 참호를 만드는 작업을 했다. 먼저 2인 1조로 땅을 깊게 파서 하루에 한두 개의 참호를 만들었다. 그리고 모든 소대원이 판 참호를 연결하여 기다란 참호 라인을 만들었다. 나는 중간에 허리를 다쳐 삽질하기가 힘들어졌다. 조금만 작업해도 금세 피로감을 느꼈다. 삽질을 잘하는 나이 든 시골 출신 부분대장과 짝을 이루어 일하는데, 좀 미안했다. 그분은 나를 이해해 주고 불편함이 없도록 배려해 주니 형처럼 고맙게 생각되었다.

---

46 제1화선은 전투하는 지역, 제2화선은 방어 및 전투 준비지역이다.

어느 날, 중공군의 운송 수단인 마차 끄는 말들을 먹일 마초를 운반해 올 병력이 필요하다고 했다. 마초는 주로 건조된 메밀 줄기였다. 이에 중대에서 각 소대의 병사를 몇 명씩 차출하였다. 나도 운 좋게 여기에 참여하게 되었다. 적은 병력으로 마초 운반 조직이 만들어졌다. 마침 우리 3소대 소대장이 이 새로운 소대를 지휘할 소대장이 되었다. 덕분에 약 한 달 동안 후방에서 마초 운반 노역에 참여하여 고된 땅파기 작업을 면할 수 있었다.

우리는 산골 농민들이 각자의 집 마당에 모아 놓은 메밀 건초 묶음을 중공군이 실어 옮기도록 길가까지 운반하였다. 메밀은 키가 가슴까지 올 정도였다. 이것을 등에 세로로 메고 손으로 받쳐 업듯이 하면 메밀 줄기가 땅에 닿을 듯 말 듯 하였다. 운반 작업은 UN군의 공습을 피하고자 야간이나 흐린 날에만 하였다. 말들은 메밀 건초를 좋아하는 것 같았다.

하루는 저녁 식사가 끝나 어둑해질 무렵 소대장의 호출이 있었다. 소대장은 분대장과 부분대장을 따라가서 막걸리를 가져오라 했다. 셋이 어둡고 비탈진 계곡 길을 따라 하산하던 중, 분대장이 좀 쉬다 가자고 하여 계곡 길가에 앉았다. 이때 분대장이 말했다.

"우리 세 사람의 임무는 계곡 아래에 있는 중공군의 식량 기지에 들어가 식량을 몰래 가져오는 것이다."

나는 생각지도 못한 상황에 깜짝 놀랐다. 전투 중의 군대란 곳은 늘 배고픔에 시달리는 곳인데, 마침 근처에 중공군 기지가 있으니 가서 좋은 식량을 훔쳐 오자는 것이다. 소대장은 자신의 위신을 떨어뜨리고 싶지 않아 막걸리라고 에둘러 말한 것이었다. 분대장은 나와 부분대장이 앞장서서 쌀가마니를 가져오면 자기는 뒤에서 상황을 보겠다고 했다. 만약 쌀가마니를 훔치다가 중공군 경비병에게 발각되면, 나와 부분대장은 왔던 길로 빠르게 도망가라고 했다. 그동안 분대장은 옆에 있는 산 쪽으로 올라가서 가지고 있던 따발총을 쏘아 중공군을 자기 쪽으로 유인하겠다는 작전이었다.

다시 한참 동안 산을 내려갔다. 계곡 아래에 도착하니 과연 수많은 중공군 군량미 가마니들이 여러 단으로 쌓여 있었다. 가마니들이 쌓여 있는 곳으로 가까이 다가가자, 중공군이 우리를 발견하고 뭐라고 소리쳤다. 암호를 묻는 것 같았다. 부분대장이 "인민군, 인민군"이라고 하자 더는 말이 없었다. 우리 국군은 '낙동강'과 같이 암호가 날마다 달라지는데, 이들은 별도의 암호가 없나 보다. 그냥 통과다.

우리는 길게 쌓여 있는 가마니들 사이를 지나가면서 한 가마니 정도 훔칠 수 있나 눈치를 살폈다. 하지만 시도해 볼 만한 곳마다 경비병이 있어 쉽게 손을 댈 수 없었다. 어느새 길게 놓인 군량미 가마니들 사이를 다 지나쳐 나오게 되었다. 경비가 삼엄한 탓에 중공군 식량 가져오기 작전은 실패하였다.

그 대신, 이번에는 민간인의 식량을 훔치는 작전에 들어갔다. 우리는 좀 더 걸어가다가 추수를 끝낸 동네 들판에 도착했다. 탈곡한 볏단들이 여기저기 쌓여 있었다. 행여나 운 좋게 볏단 속에 벼 가마니가 있지 않을까 싶어 볏단 속을 뒤지기 시작했다. 하지만 아무리 헤쳐봐도 벼 가마니는 하나도 보이지 않았다. 몹시 실망스러웠다.

이대로 빈손으로 돌아갈 수는 없었다. 도로를 따라 걷다 보니 우연히 작은 동네에 도착했다. 동네 입구에 마당이 좀 넓어 보이는 첫 집이 나타났다. 길가 도랑에 몸을 숨기며 집 근처로 가까이 다가가 동태를 살폈다. 그 집 마루에 그토록 찾던 벼 가마가 네다섯 개 쌓여 있는 것이 보였다.

우리 셋은 화색이 돌았다. 분대장과 부분대장이 도랑에 숨어 있을 테니 나더러 그 집의 동태를 보고 오라고 하였다. 밤이어서 주변이 어두웠다. 조용히 몸을 낮추고 마당 안에 몰래 들어가 집 안쪽을 살폈다. 사람 소리 하나 들리지 않고 조용하다. 발걸음 소리가 나지 않도록 조심하며 뒷마당 쪽으로 가 보았다. 방에 등잔불을 밝히고 서너 명의 가족이 모여 앉아 늦은 저녁을 먹고 있었다.

재빨리 도랑 속으로 돌아와 그 상황을 보고하였다. 그러자 내 말이 끝나기가 무섭게, 힘이 좋은 부분대장이 날쌘 몸놀림으로 마루에 놓여 있던 벼 한 가마니를 등에 메어 가져왔다.

우리 셋은 도랑 안에서 재빨리 각자의 배낭에 벼를 분배해 담았다. 곧바로 무거운 줄도 모르고 도망치다시피 후다닥 그곳을 벗어났다. 돌이 깔린 계곡 길을 냅다 달려서 거친 숨을 몰아쉬며 부대로 돌아왔다. 소대장과 소대원들은 우리를 칭찬하며 모두 기뻐하였다.

우리가 주둔한 집에 마침 디딜방아가 있었다. 훔쳐 온 벼를 대원들이 교대로 방아를 찧어 쌀가루로 만들었다. 이제까지 군에서는 한 번도 먹어 보지 못했던 떡을 만들어 맛있게 먹을 수 있었다. 오랜만에 떡을 먹으니 고향 생각이 났다. 우리 집에서도 디딜방아로 떡을 만들어 온 가족이 주방에 둥그런 상을 펴 놓고 도란도란 이야기를 나누며 국과 김치와 함께 먹곤 했었다. 그때가 참 그리웠다. 나도 몰래 눈시울이 젖어 들었다.

어느 날, 소대장이 나더러 "한 동무, 담배 종이 좀 얻읍시다."라고 하여 주머니에 있던 전단 종이[47]를 건네주었다. 그때는 종이가 귀해서 주로 UN군이 공중에서 뿌리는 전단을 주워다가 그 종이로 잎담배를 말아 피웠다. 우리가 작업하던 후방의 산에는 중공군을 위해 한자를 써 놓은 전단이 많이 떨어져 있었다. 그 내용은 주로 손들고 자유주의 세상으로 나오면 목숨을 보장해 주겠다는 것이었다. 소대장은 아무 말 없이 내가 건넨 전단을 받아 들어 잎담배를 말아 피웠다.

약 한 달 동안의 마초 운반 일이 끝나고 제2화선에 있는 본대로 돌아왔을 때였다. 그사이 본대에 남아 있던 대원들이 산 능선에 많은 참호를 구축해 놓았다. 본대로 복귀한 뒤, 하루는 갑자기 몸에 지닌 소지품 검사를 하였다. 때마침 내 주머니에는 아무것도 없었다. 그런데 소대장이 나에게 다가와 "한 동무는 삐라를 담배 종이로 이용하는데, 이를 금하시오."라고 하며 주의를 주었다. 나는 속으로 '자기도 내가 준 UN군 전단으로 잎담배를 말아 피웠으면서 양심 없이 주의를 주는구나.' 생각하며 웃음이 나왔다. 그날은 운 좋게도 주머니에 전단이 없어 다행이었다. 하마터면 자아비판을 받을 뻔했다.

자아비판은 이북식 처벌의 한 종류다. 자신이 잘못한 것에 대해 많은 사람 앞에서 스스로 고하고 앞으로 어떻게 할 것인지, 또다시 이런 일이 있으면 어떻게 할 것인지에 대해 말하는 것이다. 이것을 많은 사람 앞에서 하게 되니 수치스러움은 물론이고 개인의 신뢰와도 관련이 있다. 이후 또다시 잘못했을 때, 다른 힘든 일을 하는

---

47 당시 '삐라'라고 부르던, 심리전을 위한 전단지를 말한다.

곳으로 끌려가거나 잡혀가는 등 더 심한 벌을 받게 될 수도 있다. 이렇게 이북 사회는 친구나 동료 간에라도 자칫 말이나 행동을 잘못하면 고발당해 자아비판을 하라고 하거나 잡혀가는 경우가 있었다. 개인의 자유가 철저히 통제되고 억압된 사회의 한 모습이었다.

우리는 전단을 주워 종종 담배종이 혹은 볼일을 본 후 뒤 닦기에 이용하였다. 전단은 종이가 두꺼워 물에 담갔다가 꺼내어 두 겹으로 쪼개면 잎담배를 말아 피우기에 딱 좋았다. 나뿐만 아니라 대원 대다수가 전단을 주워서 남모르게 담배 종이로 이용하였다. 담배 종이는 대부분 전단을 이용했으니 인민군의 적인 UN군 덕에 담배를 피울 수 있었다고 해도 과언이 아니었다.

인민군에 배급되는 담배는 잎담배로 언제나 축축하였다. 그래서 낮에는 담뱃잎을 배낭에서 꺼내어 햇빛에 말려야 했다. 잎담배는 해방 전사 교육 기간에는 전혀 주어지지 않았고, 정식 군인이 된 후부터 배급받기 시작했다. 인민군 장교의 경우는 다른 병사들보다 담배를 더 받았다.

잎담배 외에 일반 마른 담배도 배급했다. 그 일반 담배마저도 일주일에 한 갑도 채 안 되고, 많아야 10개비 정도를 낱개로 받았다. 국군에서 일개 병사들에게도 일주일에 예닐곱 갑 정도가 배급되었던 것을 생각하면 턱없이 적은 양이었다. 우리는 담뱃불을 붙일 성냥이나 라이터가 없어 쑥잎이나 수리취잎을 따서 햇빛에 바짝 말린 후 손으로 비벼 조그마한 환을 만들었다. 그것을 부싯돌 위에 놓고 부시[48]로 쳐서 마찰열로 불을 만들어 담뱃불로 쓰니 영 불편하였다.

---

48 UN군이 전투기에서 기관포를 쏘면 철로 된 탄피가 땅으로 떨어지는데, 이것을 주워 부시로 이용했다.

심지어 귀하게 얻은 이 불씨를 옮겨 아궁이에 불을 지피고 밥을 해 먹기도 했다.

1951년 11월 중하순쯤의 어느 날, 후방 제2화선의 우리에게 갑자기 소총과 실탄, 수류탄이 각각 지급되었다. 제1화선에서 싸우던 인민군의 희생이 상당하여 지원 병력이 필요했다. 소총은 소련제 아식 소총으로 연속으로 쏠 수 없어 불편하지만 총신이 길어 정확도가 높은 것이었다. 분대장이 무기를 분대원에게 배분해 주었다.

보급된 총 가운데 두 자루가 총신의 조정대가 고장이거나 없었다. 나는 조정대가 없는 총을 받았다. 섭섭한 마음이 들면서, 역시 나를 믿지 못하고 요주의 인물로 보는구나 싶어 기분이 나빴다. 그들이 내 속을 훤히 꿰뚫어 보고 있는 것 같아 겁도 났다.

탄알은 5발씩 들어간 케이스 3개를 받고 수류탄은 15개 이상 받아 배낭에 넣었는데 생각보다 무거웠다. 우리는 수류탄 위주의 근접 진투를 지시받았다.

이제 완전히 무장하였다. 나는 인민군 신분이 되어 처음으로 최전방에 전투를 하러 나가게 되었다. 만감이 교차하는 가운데 나의 처지가 비참하게 느껴졌다. 이곳은 내가 목숨 바칠 곳이 아닌데, 김일성을 위해 헛되이 죽어야 하나 생각하니 참으로 씁쓸했다.

저녁 식사를 마치니 주위가 어두워지고 밤이 찾아왔다. 우리는 후방의 제2화선에서 전투하는 제1화선으로 출발했다.

당시 인민군 부대에서는 어느 고지로 전투하러 나가는지 병사들에게 일절 알려 주는 것이 없었다. 심지어 내가 소속된 부대가 어느 부대인지도 끝까지 말해 주지 않았다. 장교나 고참병 등 정보를 아는 사람이 있다 하더라도 서로 자세한 말을 하지 않았다. 인민군 군대 내의 분위기상 그런 내용은 들을 수 없었다.

우리는 강원도 양구군 북쪽, 격렬히 전투 중인 최전선의 어느 고지[49] 능선에 도착했다. UN군과 대치하며 한창 전투 중인 가장 높은 고지의 뒤쪽 아래편에는 깊은 계곡을 끼고 땅굴이 하나 있었다. 이 지하 땅굴은 40~50명 정도가 들어갈 수 있도록 파 놓은 꽤 큰 공간이었다.

이곳에 소대원들을 모아 놓고 정치부 중대장은 엄하게 훈시를 하였다. 지금껏 들어본 적 없는 강압적이고 노골적인 표현이 들어간 연설이었다. 우리는 이번 참전에 대한 결심 대회를 가지며 모두가 한 사람씩 일어나 각자의 각오와 결심을 발표해야 했다.

나는 언제나 그들에게 의심받는 존재라는 것을 의식하고 있었기에 누구보다 먼저 손을 들고 나의 결심을 크게 말하였다.

"이번 전투에서 적군 2명을 사살하고, 포로 3명을 잡아 와 꼭 국기 훈장을 타겠습니다!"

전 대원이 차례차례 결심을 말하는 것이 끝나자, 중대장은 특별히 나에게 "한 동무는 이번 전투에서 결심대로 공로를 세워 꼭 국기훈장을 타기 바라오."라고 하였다.

"이번 전투에서 비겁하거나 불순한 행동, 도망가는 행동을 할 경우에는 총살당할 것이다. 대원 본인은 물론, 후방의 가족까지 죽음의 벌을 면치 못할 것이다. 동무들, 이번에 용감하게 싸워 국기훈장을 탈

---

49 고지 형태는 높고 일부분은 낭떠러지가 있으며, 격렬한 접전으로 포탄 자국이 많고 그로 인해 나무가 꺾여 나간 민둥산이었다. 당시 날짜와 양구 북쪽이라는 위치, 지형의 모습을 고려했을 때, 김일성고지, 가칠봉, 샌드백 캐슬, 혹은 단장의 능선 일대로 짐작된다.

수 있는 기회를 가졌으니 꼭 타는 전사가 나오도록 간절히 바란다."

중대장이 열변을 토하며 경고하는 것이 꼭 나를 두고 말하는 것 같아 섬뜩하였다. 그렇지 않아도 자유의 땅, 남쪽으로 탈출할 기회만을 노리고 있었다. 가족까지 건드려 처벌하겠다는 말을 듣는 순간, 하늘이 무너질 듯 아찔하고 눈앞이 캄캄하였다. 내 한목숨 바쳐 가족을 위해, 이들을 위해 죽어야 하나. 그렇지 않으면 가족을 희생시키면서 혼자 살기 위해 대한민국으로 도망쳐야 하나. 여러 생각이 머릿속에 복잡하게 뒤엉켰다. 이리 생각하고 저리 고민해 봐도, 스스로 결론을 내릴 수 없는 진퇴양난의 어려운 문제였다.

이때 별안간 내가 고향집에서 숨어 지낼 때 학교로부터 받은 편지가 생각났다. '인민군에 입대하면 학교에서 훈련받은 만큼 만족할 만한 높은 계급을 주겠다. 이것이 싫으면 후방 사업에 가라.'는 내용의 편지였다. 학교에서 보낸 편지가 집까지 배달되기까지는 약 15일 이상이 걸렸었다. 이 선생이 계속된다면, 편지 배달에 시간이 더 오래 걸릴 것 같다는 생각이 들었다. 나에게 시간적 여유가 있을 것 같았다. 만약 내가 탈영하더라도 후방에 내 소식이 전해지기까지는 몇 달 이상 걸리지 않을까 싶었다. 그 정도의 시간이라면 전쟁에서의 승패, 내 가족의 변동 등 많은 변화가 있을 것이라는 생각을 하면서 나의 신념을 확고히 하기로 했다.

이번 전투에서 국군으로 빠져나가지 않으면 더는 기회가 오지 않을지도 몰랐다. 많은 고민 끝에, 나는 이번 기회를 놓치지 않고 내가 있던 국군으로 복귀해야겠다고 결심을 굳혔다. 이날은 1951년 11월 23일로 기억한다.

4. 탈출을 감행하다

밤 9시경, 우리는 고지 뒤편에 길게 판 참호 통로를 따라 전장으로 향하였다. 서로 식별조차 어려운 어둠 속에 소리 없이 참호를 따라 이동했다. 별안간 "한 동무!" 하며 분대장이 나를 부른다. 조금 더 가다가 한 번 더 내 이름을 부른다. 내가 도망가지는 않았는지 확인하는 것이다. 나는 또다시 마음에 공포심이 일었다. 상부에서 특별히 나를 경계하라고 지시했기 때문이 아닌가 싶었다. 후방에서 인민군 교육을 힐 때는 성실히 잘한다고 흉보 게시판에까지 올리며 칭찬하던 이들의 진심이 이렇게도 다를 수 있단 말인가. 도망가려는 내 속마음을 훤히 아는 것만 같아 긴장한 마음이 극도에 달했다.

밤 10시쯤, 드디어 가장 높은 고지를 향해 나 있는 능선에 도착했다. UN군이 주변 산 중에 가장 높게 솟은 그 고지를 점령한 채 방어하고 있었다. UN군과 인민군이 싸우는 광경은 대단하였다. 중기관총으로 고지를 방어하거나 점령하려고 서로에게 요란하게 불을 뿜었다. 소총 사격은 그 위력에 밀려 상대적으로 빈약했다.

이날 밤의 전투는 인민군의 선제공격이었다. 오늘 이 엄청난 전투에서 잘못하면 죽을 것 같다는 예감이 강하게 들었다. 전투가 치열할

수록 더욱 초조하고 불안해졌다. 어떻게든 여기서 빠져나가 피해야 겠다는 생각이 더욱 확고히 자리 잡았다.

앞쪽 능선은 땅속 조건이 나빠서인지, 아니면 급히 파서 그런지 참호 통로의 깊이가 70~80cm쯤밖에 되지 않았다. 깊이가 얕은 탓에 이곳은 죽음의 참호로 변해 있었다. 쌍방의 탄환이 공중을 수놓는 가운데, 얕은 참호 속에는 이미 목숨이 끊긴 사체와 죽어 가는 인민군이 여기저기 널브러져 있었다. 자칫 잘못하여 참호에서 머리를 조금만 들어도 죽을 판이었다.

우리는 이 참호를 이용해 고지 쪽으로 진격하였다. 죽은 병사 사체와 죽어 가며 신음을 내는 병사를 그대로 기어서 넘고 지나가야 했다. '쿠루쿠루' 소리를 내며 금방이라도 끊길 듯한 거친 숨결 소리와 애처롭게 피를 토하는 소리가 여기저기서 들렸다. 총탄의 위험에 초긴장하며, 온몸을 거의 웅크리다시피 낮추고 사체들 위를 기어 넘어갔다.

참호는 UN군이 방어하는 가파른 고지 벼랑 위와 조금 떨어진 아래 능선에서 끊겨 있었다. 위험천만한 상황이었지만 여기서부턴 할 수 없이 참호에서 나와 진군해야 했다. 조심조심 UN군이 있는 위쪽으로 좀 더 진격해 들어가 무사히 벼랑 바로 아래에 도달하였다. 곧이어 이곳에 공격용 참호를 파라는 지시가 내려왔다. 참호를 따라 더 진격하다가 벼랑 위로 기어올라 UN군을 기습할 계획인 것 같았다.

UN군은 벼랑 위에서 인민군이 턱밑까지 붙은 줄도 모르고, 우리보다 조금 멀리 뒤쪽에 있는 인민군을 향해 공격하고 있었다. 나는 부대에서 신임을 얻고 있는, 같은 고향 출신인 옆에 있던 부소대장에게 염려스러워서 귓속말로 말했다.

"부소대장님, UN군이 우리 바로 위에 있는데 여기서 삽질 소리가 들리기라도 한다면 큰일입니다. 수류탄 몇 발만 떨어져도 다 죽는 것 아닙니까?"

부소대장도 나와 같은 생각이었는지, 곧바로 소대장과 이러한 우려의 말을 주고받았다. 옆에 있던 나는 이들의 대화를 생생하게 엿들을 수 있었다. 특히 부소대장은 1950년 낙동강 전투에도 참여한 전투 경험이 많은 노병이었다. 소대장도 부소대장의 우려에 동의하였다.

부소대장과 상의를 마친 소대장은 의논한 일을 중대 본부에 건의하러 나섰다.

'좋아, 바로 지금이다!'

순간적으로 지금이 기회라는 생각에, 소대장의 뒤를 따라나섰다. 별안간 머릿속에 소대장과 동행하는 것으로 보이는 술책이 떠오른 것이다. 1초가 길다 하고 목숨이 왔다 갔다 하는 절체절명의 순간에서, 계획한 판단이라기보다는 무의식중에 번개같이 떠올린 작전이었다.

소대장은 내가 뒤에 붙은 사실을 전혀 모르는 것 같았다. 소대장을 따라 다시 왔던 길로 참호 통로 속을 웅크리고 기어갔다. 잠시 뒤, 앞서가던 소대장이 어디로 갔는지 보이지 않는다. 이제 나는 아무도 모르는 새 교묘히 소대를 이탈하여 혼자가 된 것이다.

방심할 새 없이 빨리 다음 행동을 생각해야 했다. 일단 얕게 판 참호 통로까지 되돌아왔다. 이곳에서 어떻게 탈출할까 궁리하는데, 밖의 사격이 심하여 참호 안에서 이러지도 저러지도 못하고 어물쩍거렸다.

그러는 사이, 내가 모르는 후원 부대가 참호 속에 들어왔다. 나는 앞으로 기어가는 그들보다 더 천천히 같은 방향으로 가는 척했다. 그러다가 그들이 모두 앞서가자, 다시 뒤돌아 기어갔다. 한참을 그렇게 정신없이 반대 방향으로 기어갔다. 그러던 중 별안간 이쪽으로 기어오는 한 장교와 마주쳤다. 갑작스러운 일에 몹시 놀랐다.

"동무는 어디 소속이오?"

"저는 3중대 3소대입니다. 지금 소대장님하고 같이 왔습니다."

"소대장은 이미 제자리로 갔소. 동무도 빨리 제자리로 가시오!"

"네!"

장교는 나를 제치고 앞서 나갔다. 하는 수 없이 그를 따라 다시 앞쪽으로 기어 나갔다.

조금 지나고 보니 장교가 보이지 않는다. "후유" 하며 그제야 한숨을 돌렸다. 요령 있게 소대장을 핑계 삼아 대답했으니 망정이지, 만약 의심받아 도망병으로 간주되었으면 그 자리에서 목숨이 끝날 뻔했다. 생각만 해도 아찔하고 끔찍했다.

'지금 참호 통로를 이탈하지 않으면 안 되겠다.'

마주친 장교가 우리 소대장의 행방을 아는 것으로 보아, 소대장이 향했던 중대 본부가 이 근처에 있겠구나 싶었다. 그렇다면 내가 있는 참호 가까이에 중대 본부의 다른 참호가 있을 것 같았다.

사방에서 날아오는 총격 속에 죽음을 무릅쓰고 참호 밖으로 나와 주변을 살폈다. 나는 놀라지 않을 수 없었다. 나무 하나 보이지 않는 민둥산 전체가 포탄 떨어진 자국으로 가득했다. 지름 약 2m 정도에 한 사람이 들어가 웅크릴 수 있을 정도 깊이로 움푹 파인 구덩이들이 여기저기 널려 있었다. 이제는 포탄 구멍에 숨을 수 있겠구나 싶어 너무나도 반가웠다.

나는 즉시 구덩이 하나에 뛰어 들어갔다. 포탄의 폭발로 땅에 파헤쳐진 흙은 발을 내디딜 때마다 눈처럼 푹신푹신하게 밟혔다. 마치 땅이 아니라 솜이불을 밟는 느낌이 들어 또 한 번 나를 놀라게 하였다.

구덩이 속에 몸을 숨겨 사방을 살핀 후, 내 쪽으로 쏘아 오는 불탄[50]을 피해 재빨리 다른 구덩이로 이동해 숨었다. 그러고는 또다시 주위를 살폈다. 이 구덩이에서 저 구덩이로 이동하고 숨는 것을 몇 번이나 되풀이했는지 셀 수 없을 만큼 반복하며 허겁지겁 정신없이 하산하였다.

어느 순간 나무가 우거진 계곡에 다다랐다. 이곳부터는 조용했다. 나는 안도하며 잠깐 쉬면서 정신을 가다듬었다. 목숨은 살았지만, 얼른 이곳을 빠져나가 국군 쪽으로 가야 할 텐데……. 뾰족한 방법이 없어 다시 집중해서 주변을 경계하며 계곡을 따라 조심스럽게 하산했다.

그런데 갑자기 좁은 계곡 속에서 참호를 파고 있는 인민군 네다섯 명과 딱 마주쳤다. 하필이면 하산하는 좁은 길이 그들 앞으로 지나가야만 하는 지형이다. 이제는 뒤로 돌아설 수도 없고, 가파른 산으로 둘러싸인 계곡 주변의 어느 방향으로도 탈출할 방법이 없다.

'아뿔싸, 이제 죽었구나.'

나는 양손에 수류탄을 꽉 쥔 채 마지막 결사의 각오를 다지고 그들에게 다가갔다. 컴컴한 밤에 산속의 좁은 계곡이라 앞이 전혀 보이

---

50 예광탄을 의미한다. 총에 들어가는 총알 5발 중 한 발은 예광탄으로, 어두운 밤중에 총알이 빛으로 짧은 선을 그리며 날아가 사격이 어느 방향으로 되고 있는지 눈으로 볼 수 있게 해 준다.

지 않고 형체만 겨우 알아볼 정도였다. 번뜩 좋은 생각이 떠올랐다.

"동무들, 수고가 많소. 이곳에서 참호를 파고 있소?"

어둠을 이용하여 대뜸 나도 모르게 장교인 척을 한 것이다. 그들은 얼떨떨하며 "네." 하고 대답했다. 그 순간 대학 시절 군사훈련을 받을 때 인민군 교관이 흔히 "내 뒤 따라."라고 말하던 것이 기억났다. 뜬금없지만 큰 소리로 그들에게 "내 뒤 따라!"라고 한마디를 외쳤다. 그리고 곧바로 그들을 지나쳐 신속히 가던 방향으로 계속 하산했다.

너무나도 긴장되어 심장이 빠르게 뛰었다. 그들이 따라오는지 안 오는지도 모르는 채, 뒤도 돌아보지 않고 있는 힘을 다해 빠른 걸음으로 계곡을 내려갔다. 혹여나 뒤를 돌아봤을 때 그들과 부딪히거나 "동무, 좀 봅시다." 하며 말을 걸어올 수도 있는 상황이었다. 심장이 터질 듯하고 머리카락이 하늘로 꼿꼿이 솟는 것 같았다. 그들이 정말로 뒤따라오고 있는지는 모르겠지만, 그들이 지쳐 더 이상 따라오지 못하도록 따돌려야 했다. 그렇다고 마음이 급해서 달려가면 탈출병으로 의심받을까 봐 빠른 걸음으로밖에 갈 수 없었다.

나는 탄알과 수류탄이 든 배낭으로 완전무장했으니 뒤에서 부르기라도 하면, 싸워서 너 죽고 나 죽자는 각오를 다졌다. 아니면 그들은 자신의 소속 장교가 아니니 처음부터 나를 따라나서지 않았을 수도 있지 않을까?

한참 만에야 두근거리는 가슴을 안고 뒤를 돌아보았다. 따라오는 병사는 보이지 않았다.

"후유……."

비로소 큰 한숨을 내쉬었다. 최후의 순간에서 살겠다는 마음에 무의식적으로 외친 "내 뒤 따라!" 한마디가 나를 살렸다.

계속해서 계곡을 타고 한참을 하산하다 보니 어느새 계곡이 넓어졌다. 이대로 더 가다가는 쉽게 발각될 것 같았다. 이제부터는 내려오던 계곡 옆에 있는 산을 타야겠다는 생각이 들었다. 우측 산을 탈까, 좌측 산을 탈까 고민하였다. 왠지 오른쪽 산은 왼쪽 산보다 더 높아 인민군이 많이 숨어 있을 것 같았다. 좀 더 낮은 좌측 산을 타기로 방향을 정했다. 이 산을 넘으면 평지가 나올 것 같았다.

이제는 인민군과 마주치면 누가 봐도 탈출병이란 것을 알 만한 곳까지 왔다. 나는 몸을 가볍게 하기 위해 소총과 배낭 안의 수류탄 2개, 탄환 한 케이스만 챙겼다. 나머지 무기와 약간의 식량, 발싸개[51], 잎담배가 들어 있던 배낭은 그 자리에 던져 버렸다.

대개 한 부대가 고지를 점령하여 경계 보초를 세울 때는, 고지로 향하는 능선 맨 아래쪽과 고지 꼭대기에 다수를 배치하고 산 중턱에는 소수만 배치하는 경우가 많다는 것을 경험상 알고 있었다. 인민군의 경계를 피해 산 중턱을 이용해야겠다는 판단이 섰다. 나는 능선 아래쪽을 피해 빙 둘러서 산 중턱을 향해 조금 오르다가 은폐하기 좋은 곳을 찾았다. 한참을 숨어서 주변 상황에 온 신경을 곤두세워 보았다. 칠흑 같은 어둠 속에 온 산이 적막하였다.

이제 최후의 결사 정신을 발휘하여, 전투 현장에서 몸소 체득한 방법인 민첩한 옆 포복으로 산 중턱을 빙 둘러 타기 시작했다. 내 주특기인 옆 포복 이동 방법은, 왼 다리는 땅에 늘어뜨린 상태에서 오른손에 총을 쥐고, 왼손과 오른발을 이용해 최대한 몸을 낮추고 왼쪽으

---

51 국군은 당시에도 양말을 신었지만, 인민군은 천에 발을 감싸서 묶는 방식의 발싸개를 착용했다.

로 기울여 움직이는 것이다. 소리 없이 빠른 옆 포복으로 20m~30m씩 이동하다가 산 중간중간 지형이 움푹 파여 은폐하기 좋은 곳에서 잠복하며 한참 동안 망을 보았다. 인민군이 꼭 어디선가 금세 튀어나올 것만 같아 발걸음이 쉽게 떼어지지 않았다. 한참이 흐른 후 다음 은폐지를 찾아 옆 포복으로 재빠르게 이동하고 잠복하기를 반복하며 조금씩 천천히 산 중턱을 탔다. 사방을 집중해서 경계하며 이 산에서 긴 시간을 보냈다.

어느덧 날이 조금씩 밝아 오기 시작했다. 산속의 안개도 희미하게 올라왔다. 산허리를 끼고 돌다 보니 내 짐작대로 어느 순간 산 아래 들판이 펼쳐져 있었다. 들판에는 여기저기 포탄 구덩이가 듬성듬성 있었다.

들판을 내려다보다가 갑자기 나도 모르게 "헛!" 하며 놀랐다. 들판 한가운데 포탄 구덩이 안에 인민군 하나가 웅크리고 반대편 산을 향해 망을 보고 있지 않은가. 이곳까지도 인민군이 진을 치고 있구나 싶어 절망스러웠다. 나는 잡나무 사이에 숨어서 숨죽이고 온 신경을 곤두세워 사방을 샅샅이 살펴보았다.

그런데 아무리 봐도 인민군 한 명뿐, 주변에 아무도 없었다. 직감에 저 사람도 탈출병 같았다. 그래도 확실치 않았다. 나는 약 50m 이상 떨어진 그를 향해 뒤에서 소리 없이 움츠려 뛰어갔다. 그의 뒤통수에 별안간 총을 대고 소리쳤다.

"야, 너 여기 배치됐니?"

그는 나를 보고 깜짝 놀라 두 눈이 커졌다. 내가 자기에게 다가갈 때까지 남쪽에 있는 앞산만 보느라 전혀 나를 눈치채지 못한 듯했다.

그는 자기를 향해 겨누어진 총대를 잽싸게 왼손으로 잡더니 앞산을 가리키며 말했다.

"저곳에 UN군의 중기 화점[52]이 있는데 까 버릴까, 말까?"

그의 어설픈 표정을 보아하니 괜히 겁을 먹고 구실을 잡아 헛소리하는 것 같았다. 그도 탈출병이란 확신이 더 강하게 들었다.

그런데 자꾸 보니 어디에서 본 듯한 인상이다. 강문기, 후방의 해방 전사 교육장에서 함께 교육받은 병사였다. 앞산에 UN군 기지가 있다니, 생각지도 못한 그의 말에 너무 반가워서 어쩔 줄 몰랐다. 앞산은 주변 어느 고지들보다도 높게 솟아 있어 어서 오라고 우리를 맞이하는 듯했다. 이 사람이 필시 나의 귀인이라는 생각이 들었다.

"야, 헛소리하지 말고 내 뒤 따라. 여기 구덩이에 총대고 뭐고, 무기 다 놓고 가자."

우리는 그가 숨어 있던 포탄 구덩이에 소지하던 무기와 탄환을 모두 던져 버리고 곧바로 높게 솟은 앞산으로 향했다. 후에 알았시만, 이 산꼭대기가 어젯밤 UN군이 인민군에게 공격을 퍼붓던 바로 그 고지였다. 이제는 살았다는 생각으로 군모를 벗어 들고 흔들면서 들판을 달려 나갔다. 우리는 허공에 대고 큰 소리로 UN군을 부르며 "헬로! 헬로!" 소리쳤다.

산기슭에 한참 들어가던 중 갑자기 눈앞에 불쑥 검은 피부의 덩치 큰 흑인 UN군 병사가 한 명 나타났다. 우리는 그를 보자마자 양손을 들며 귀순 의사를 표시했다. 그는 우리에게 총을 겨누며 양손을 뒷머리에 올리라는 신호를 하였다.

---

52 중기관총이 설치된 지점을 말한다.

우리는 두 손을 올리고 몸수색을 받은 후, 그의 지시에 따라 양손을 뒷머리에 올린 채 산 위로 올라갔다. 그도 우리가 자발적인 귀순병이라는 것을 알았을 것이다. 당시에 실제로 많은 인민군이 귀순하기도 했기 때문이다.

얼마쯤 가다 보니, 산 중턱에 있는 UN군 임시 지휘소에 다다랐다. 그곳에서 조금 대기하니 키가 작은 동양인 병사가 무장하지 않은 채 우리에게 다가왔다. 그는 일본어로 "아나따와 니혼고오 데끼마스까?(일본어를 할 수 있습니까?)"라고 물었다. 나는 어린 시절 일제 치하에서 학교를 다녔으므로 간단한 대화 정도는 어렵지 않게 할 수 있었다. 말이 통할 수 있다는 사실에 반가웠다. 한편으로 일본군이 우리를 돕기 위해 UN군으로 참전한 것인가 생각하며 놀랐다. 후에 안 사실이지만 일본군이 UN군으로 참전한 것이 아니라, 그 병사가 일본계 미국인 군인이었다.

그는 심각한 표정으로 물었다.

"당신, 지금 어디에 부상을 당했는가?"

소속도 묻지 않은, 당치 않은 그의 첫마디에 당황하며 부상당한 곳이 없다고 하였다.

"당신 군복 앞면이 전부 피투성이인데, 부상이 없는가?"

그가 재차 묻기에, 그제야 고개 숙여 입고 있는 군복을 살펴보았다. 배에서부터 다리까지 온통 시뻘건 피로 물들어 있었다. 그때까지는 아픈 느낌도 없었다. 내 몸에 신경 쓸 겨를이 없어 전혀 몸 상태를 확인하지 못하고 있었다. 순간 끔찍한 내 모습에 깜짝 놀랐다. 부상당한 곳이 없는지 몸을 약간 움직여 보고, 손으로 배와 허벅지를 만져 보기도 했다. 다행히 다친 곳도, 아픈 곳도 없었다. 아마 지난밤 격전 속에 얕은 참호에서 인민군 시체를 수없이 넘어오다 보니 옷이 온통 피범벅이 된 것 같았다.

"참 다행이군. 오늘 새벽에 전투를 많이 하였네……."

나는 기억나는 일본어를 더듬어 그에게 어젯밤의 이야기를 해 주었다.

"누가 누구인지 구별하기조차 어려운 컴컴한 밤중이었습니다. 얕게 판 참호 통로는 머리를 극도로 낮추지 않으면 빗발치는 UN군의 중기관총 사격에 바로 즉사할 수 있는 환경이었지요. 참호 통로는 벼랑 쪽 UN군의 진지 바로 밑까지 향해 있었습니다. 그 속에는 죽은 시체와 숨을 헐떡거리며 죽어 가는 병사가 어지러이 뒤엉켜 온통 핏물이 고였던 모양입니다. 몸체를 하나하나 기어 넘으며 도망치다가 여러 인민군을 맞닥뜨려, 상황에 따라 앞뒤로 왔다 갔다 하면서 군복에 많은 피가 묻었던 것 같습니다."

"당신들은 대단히 운이 좋았다. 당신들이 '헬로! 헬로!' 하며 달려온 그 지대는 온통 지뢰밭이라 UN군의 경계가 느슨한 곳이다."

이 말을 듣고 깜짝 놀랐다. 우리가 기쁜 마음으로 달려온 곳이 온통 지뢰밭이었다니. 머리카락이 쭈뼛 서는 것 같았다. 생각해 보면 그곳에 포탄 자국이 무수히 많았던 것으로 보아, 떨어진 포탄들로 이미 지뢰가 많이 터져서 역할을 다하지 못한 것 같기도 했다.

"어젯밤 전투는 대단했지……. 전장에서의 새로운 정보를 알려 줄 것이 더 없는가?"

우리에게 믿음이 생겼는지 일본계 미군은 이제 대놓고 여유 있게 물어본다. 그래서 내가 기이하게 생각한, 인민군이 모여 결심대회를 했던 지하 땅굴에 관해 말하였다. 이때 산꼭대기 아래쪽이라는 표현을 하고 싶은데 산꼭대기를 '산봉(山峰)'이라 말하니 그는 전혀 알아듣지 못하고 무슨 말인가 되뇌었다. 마침 '산정(山頂)'이라는 단어가 생각나 말했더니 그제야 "그래, 그래." 하며 알아들었다.

"가장 높은 고지까지 이르는 북쪽의 낮은 고지들 능선에는 여러 개의 참호 통로가 그 고지 꼭대기 바로 아래까지 뚫려 있었습니다. 그리고 한 고지 꼭대기의 아래쪽 가파른 계곡 중턱에 인민군 40~50명이 들어갈 수 있는 큰 땅굴이 있었습니다. 병사들이 전투장에 나가기 전에 휴식을 취하고, 맹세 대회를 하는 곳입니다. 주변에 많은 포탄이 떨어지는데도 이 땅굴만큼은 벼랑 뒤쪽에 붙어 있어서 안전했습니다. 이 고지 뒤쪽 땅굴의 파괴는 포탄으로는 절대 불가능합니다." 라고 내 의견을 전하였다.

대화를 마치고 일본계 미군 병사는 귀순병인 우리 둘에게 따라오라 하였다. 우리는 그를 따라 고지를 넘어갔다. 산 고지 정상 위로 올라서니 경사가 완만한 능선이 길게 이어져 있었다. 나는 정상에서 주변 고지를 내려다보고서야 비로소 이 산이 주변에서 제일 높은 고지였다는 것을 알게 되었다.

동서로 길게 뻗은 이 고지는 방어용 고지로서는 최적으로 보였다. 고지에서 북쪽을 바라보면 첩첩이 펼쳐진 산들이 보이고, 남쪽을 바라보면 넓은 평야가 드리워져 양쪽이 너무나도 다른 풍경이었다. 어젯밤 이곳에서 북쪽을 향해 쌍방이 피비린내 나는 치열한 전투를 벌였다. 한편으로 같이 다니던 인민군 대원들이 많이 죽지는 않았을지 마음이 쓰였다.

　그런데 산 아래 동남쪽을 바라보니 난데없이 거무스름한 파도가 요동치는 바다가 보였다. 당황스러웠다. 이곳은 중부 전선인데 동해가 보일 리 없지 않은가. 이상하여 보고 또 봐도 시커먼 파도가 넘실거린다. 정신이 혼미하여 손가락으로 허벅지를 꼬집어 보았다. 흐린 날씨에 이른 아침이라 잘못 본 것인지, 혹은 심한 피로와 공포로 제 정신이 아닌지를 생각하며 한참 동안 유심히 그 풍경을 전망하였다. 시간이 지나자 그 광경은 어느 순간 슬그머니 사라졌다.

　이 장면은 생전 처음 보는, 구름바다라고 부르는 '운해(雲海)'란 것이었다. 산중에서 1년 동안 군 생활을 하였지만 처음 보는 웅장한 광경이었다. 때는 11월 24일 이른 아침이었다. 나는 죽기 전에 언젠가 11월 24일 전후로 이 높은 고지에 올라가 한 번만이라도 그 신비하고 웅장했던 운해를 다시 볼 수 있었으면 한다.

　우리는 산꼭대기에서 내려와 남쪽으로 하산하였다. 인민군이 쏜 포탄이 떨어진 구덩이들이 여기저기에 보였다. 도중에 UN군 전사자 5~6명 정도의 시체를 모아 놓은 곳도 지나쳤다. 이 중에는 장교 전사자도 한 명 있었다. 인민군의 포격술도 대단했다는 생각이 들었다.

　하산 도중, 행렬을 지어 올라오는 UN군의 보충 부대를 만났다. 그중 제일 선두에 서서 올라오는 나이 들어 보이는 고위급 장교를 보고 그 위세와 당당함에 감탄하였다.

　우리는 고지를 내려와서 넓고 평평한 산기슭에 천막을 치고 자리한 임시 포로수용소에 도착했다. 이곳에 수용되어 한동안 생활하게 되었다. 여기서는 식사를 충분히 하여 이제까지의 배고픔을 달랠 수 있었다. 이외에도 우유, 양담배, 빵, 비스킷 과자 등 인민군에서는 볼 수 없었던 간식거리를 제공받으며 심신의 고통을 내려놓았다.

다음 날, 내가 속했던 인민군 소대에 함께 있던 어린 소대 연락병도 이곳 임시 포로수용소에 들어왔다. 그는 황해도 출신으로, 그 역시 원치 않게 강제 징용된 인민군에서 탈출하는 데 성공한 것이다. 우리는 너무나 반가워 서로를 얼싸안고 좋아하였다.

나는 탈출한 후 인민군 소대에서 나에 대한 여론이 어떠한지 궁금하고 신경 쓰였다. 그래서 나보다 하루 늦게 탈출한 이 연락병에게 어찌 되었는지 물어보았다. 무엇보다 가장 염려되는 것은 상부에 도망병으로 신고되면 가족들이 어떻게 될 것인가였다. 인민군의 동굴 속에서 했던 각오 결심대회가 생각났다. 중대장이 "도망가는 자는 고향의 일가족까지도 죽음의 벌로, 결단코 용서치 않겠다."라고 말했던 것이 찜찜하게 머릿속에서 떠나지 않았다.

"소대장이 한 동무를 도망병이라 하지 않고, 행방불명으로 중대 본부에 신고했소."

아, 생각지도 못한 이 짧은 한마디에 기절할 듯 기쁜 나머지 눈물이 흘러나왔다. '도망병'과 '행방불명'은 엄청난 차이가 있기 때문이다. 내가 언제 어디에서 어떻게 빠졌는지 아무도 보지 못했다. 나의 행방에 관해 다들 감쪽같이 몰랐다고 한다.

탈출을 감행했던 그날 밤, 소대장이 중대 본부에 건의한 것이 받아들여졌다. 그리하여 대원들은 절벽 아래에 참호를 파지 않고 은폐하며 대기했다고 한다. 소대에서는 이때까지 희생된 병사가 없는지를 파악하는데, 그제야 내가 없어진 것을 알아차리고 난리가 났다고 한다. 어디에서 없어졌는지 확인하려 해도 아무도 본 사람이 없었다.

몇 시간 후, 분대장이 소대원들에게 "한 동무는 도망병으로, 이곳에서 얼마 안 되는 계곡에서 잡혀 연행되어 오는 중이라고 전달받았다."라고 했다고 한다. 계곡이라는 말을 듣는 순간, 한밤중에 참호를 파던 인민군 네다섯 명과 마주쳤던 그 계곡이 번뜩 떠올랐다. 그곳은 탈출병을 잡는 데 적격지였다. 그렇게 말한 것을 보면 아마 다른 많은 병사들도 거기서 잡히지 않았나 싶었다. "복귀한 후에는 동무들 앞에 세워 놓고 내가 직접 총살할 것이니, 그것을 보기 위해 대기하라."라며 큰소리를 쳤다고 한다.

이에 소대원 전부가 분대장의 격한 말을 그대로 믿고, 나를 걱정하며 불쌍히 여겼다고 한다. 정말 내가 잡혀 오는 줄 알고, "총살되는 비참한 장면을 어떻게 눈으로 직접 보겠는가." 하였다고 한다. 분대장의 분노는 하늘을 찌를 듯하여 "그놈, 그놈!" 하면서 몇 번이고 "죽일 놈"이라며 씩씩댔다고 한다.

"보아라. 그놈, 잡혀서 이곳에 온다니 불행 중 다행이지 않은가. 잡아 준 동무에게 정말 고맙다. 너희들 앞에서 그놈에게 복수해 총살하게 되었으니 마음의 흥분이 가라앉고 시원하다."

하지만 큰소리를 쳐 놓고도 시간이 지나도록 그들은 나를 찾지 못했다. 결국 나는 행방불명으로 보고되었다. 어쩌면 관리를 잘못한 자기들의 처벌을 면하기 위해 그렇게 보고했는지도 모른다. 운 좋게도 정보를 알고 있는 소대 연락병이 귀순하였기에 사후 정보를 들을 수 있었다. 정말 큰 다행이라고 생각하며 마음이 한결 편안해졌다.

임시 포로수용소에서 3일 차, 또 한 명의 인민군 우리 소대 병사가 귀순했다. 대낮에 보초 근무를 서다가 그길로 달려 도망쳐 나온 것이다. 그가 빠져나오기 전날 밤, 소대가 공격을 받아 큰 희생을 당하였는데 이때다 싶어 얼른 탈출해 왔다고 했다.

그가 중간 지점쯤까지 달려 나왔을 때, 앞쪽의 UN군은 그를 발견하고도 쏘지 않았다. 오히려 뒤쪽 인민군이 뒤늦게 발견하고 총격을 가했다. 순식간에 날아든 총탄에 다리 쪽에만 두세 발을 맞았는데, 운 좋게도 총알이 옷 가장자리를 스쳐 겨울 솜옷만 찢겨 나갔다. 천운으로 부상을 면한 그는 끝내 무사히 귀순할 수 있었다.

3일 차쯤 되니 임시 포로수용소에는 20여 명 정도가 모였다. 모두가 인민군에서 탈출해 나온 귀순병이었다. 우리는 그간 군 생활에서의 고된 체험담과 용감하고 기적 같은 탈출 이야기로 시간이 가는 줄 모르고 이야기꽃을 피웠다. 전시의 참혹한 기억과 고통은 잠시 잊어두고 UN당국의 충분한 식사와 담배를 공급받으며 잠시 마음의 평안을 되찾았다. 우리 귀순병들은 이제 트럭을 타고 남쪽으로 출발할 준비를 했다.

4부
전쟁포로 생활, 그리고 마침내 자유

1. 부산 거제리 포로수용소

　1951년 11월 말이었다. 우리 포로들은 군용 트럭에 몸을 싣고, 전투를 하던 고지 남쪽의 양구에서 춘천을 거쳐 서울의 영등포역에 도착하였다. 부산으로 가는 열차가 우리를 태우기 위해 대기하고 있었다.
　개찰구에서 국군 몇 명이 우리 가운데 국군 출신 낙오병이 있으면 잠시 옆으로 나와 달라고 하였다. 그리하여 나 역시 옆으로 나가 확인 절차를 밟았다. 주소를 묻기에 이북의 고향 주소를 대답하였다. 그러자 심문한 군인이 "너는 국군이 아닌데 거짓말을 한다."라며 발길로 내 엉덩이를 걷어찼다. 기갑연대 소속부대와 군번 등을 사실대로 말해도 믿어 주지 않는 그 군인이 원망스러웠다. 결국 나는 주소가 이북이라고 국군으로 인정되지 않았다. 하는 수 없이 자리로 돌아와, 이북 출신 인민군 포로들과 함께 열차를 타고 부산 전쟁포로 대기소로 출발하였다.
　우리가 도착한 부산 거제리에 위치한 PW[53] 수용소는 주로 전쟁에서 부상을 입은 포로나, 폐병 등 내과 질환을 앓는 포로, 혹은 가장 많은 포로가 수용된 거제도 PW 수용소에서 발생한 환자 등을 이송

53　Prisoner of War의 약자로 '전쟁포로'를 뜻한다.

해 와서 치료하는 대규모 수용소였다. 이곳에는 5,000여 명의 PW가 수용되어 있었다. 한쪽에는 임시 천막 6개를 설치하고 PW 대기소를 만들어, 우리같이 새로 들어오는 전쟁포로를 일시적으로 수용하였다. 한 천막에 약 50명 정도의 인원이 수용되었다. 포로들은 이곳 부산대기소에 잠시 있다가, 최종적으로 거제도 수용소 등 각 수용소로 배치받고 이송되었다.

우리는 부산대기소로 입소함과 동시에 가지고 있던 모든 소지품을 압수당했다. 그다음 머리서부터 발끝까지 DDT⁵⁴ 가루를 뿌려 소독한 후 PW 옷으로 갈아입었다. UN군 군복과 비슷한 녹색 옷에, 등 뒤와 무릎 쪽에 크게 흰 페인트로 PW라고 찍혀 있었다.

부산 PW 대기소에는 2~3일마다 새로운 인민군 포로들이 단체로 수송됐다. 그들 역시 대다수가 인민군에서 자발적으로 탈출하는 데

---

54 살충제 가루이다.

성공한 귀순병이었다. 이렇게 탈출이 많은데도 인민군이 유지될 수 있는지 의아할 정도였다. 중공군만 참전하지 않았다면, 북한의 인민군은 진즉 전쟁에서 패하고 무너진 지 오래되었으리라 생각했다.

반면 먼저 와 있던 구포로들은 자발적인 귀순보다는, 북에 있을 때 인민군에 자원입대해 싸우다가 잡힌 공산주의자들이 대부분이었다. 특히 작년 맥아더 장군의 인천상륙작전과 국군의 북진 과정에서 잡힌 포로들이 많았다. 거제도 수용소로 가지 않고 이곳 부산수용소 인력이나 환자로 남아 있는 구포로들은 새로 온 신포로들에게 그사이의 이북 소식과 전쟁 상황을 궁금해하며 이것저것 물어왔다.

"이북은 이제 망했소. 먹을 것도 없고, 군인들도 싸울 용기가 없어서 우리처럼 귀순해 나오는 사람이 많다오. 앞으로도 귀순병이 수두룩할 거요."

신포로가 이렇게 말하면 한숨을 쉬며 안타까워하는 구포로, 실망하는 기색이 역력한 구포로, 어두운 표정으로 듣고만 있는 구포로 등 반응이 다양했다. 이 가운데 신포로들이 인민군과 이북 사회를 욕하면 분개하는 구포로도 있었다.

"너희들은 북한에서 김일성 수상의 덕을 본 놈들이 그렇게 말할 수 있느냐, 이 반동분자들아!"

그러면 신포로도 가만있지 않았다.

"지금 이북이 어떻게 조국이란 말이냐? 소련의 앞잡이, 김일성의 공산 독재지."

"뭐? 조국을 배반하다니, 자꾸 그렇게 말하면 가만두지 않겠다."

이렇게 구포로와 신포로 간에 언성을 높이는 일이 많았다. 하지만 천막 안에 한데 집합해 있는 50여 명의 신포로와 달리, 구포로는 PW 수용소 내에 여기저기 분산되어 일하거나 치료받고 있었다. 그들은 수적으로 밀리는 상황이어서인지 참고 저자세를 보이기도 했다.

구포로 중에서도 우리와 같은 자유주의자들은 PW 수용소의 분위기를 슬쩍 귀띔해 주었다.

"동무들, 말 좀 주의해야겠소. 이곳에서는 너무 솔직하게 반공적 언사와 행동을 하는 것은 위험하오. 구포로들은 자유주의 포로들을 역적으로 여기고, 밤에 쥐도 새도 모르게 죽이기도 한단 말이오."

이 말을 듣고 신포로들은 자유주의 대한민국에서 어떻게 이럴 수가 있나 하며 놀라면서 긴장했다. 우리는 더욱 단단히 뭉쳐서 천막생활 속에서 서로를 점검하고 살피게 되었다.

그런 가운데 우려했던 일이 터졌다. 어느 날 아침, 신포로 천막의 공중변소 옆에 인분뇨를 한데 모아 놓은 탱크 뚜껑이 평소처럼 닫혀 있지 않고 열려 있었다. 그래서 누군가 확인하러 가 보니, 바로 옆 벽에 박아 놓은 큰 못에 죽은 사람의 시체가 목에 줄이 매인 채 매달려 허공에 둥둥 떠 있는 것이었다. 잘못하여 줄이 끊어지기라도 하면 시체가 똥이 담긴 탱크 속으로 그대로 빠질 상황이었다. 모두가 경악을 금치 못했다. 공산주의자들의 야수성이 여기까지 퍼져 있다니, 치가 떨렸다. 우리는 몸단속에 더욱 주의를 기울이며, 서로 단결하게 되었다.

이곳에서 약 보름 정도 머무는 사이, 나와 몇 사람은 이곳 정보과 소속인 국군 김 중위에게 몇 가지 심문을 받았다. 인민군에서의 생활은 어떠했는지, 또 일선에서는 어떤 체험을 했는지에 관한 내용이었다.

나는 기약 없이 이어지는 수용소 생활에서 원래 있던 국군으로 복귀하게 해 달라고 재차 부탁해 보았으나 불가능하다는 답변만 들었다. 실망스럽고 서운하였다. 국군에 몸담으면서 목숨을 걸고 하루하루 긴박하게 전장을 뛰어다녔었다. 죽음을 무릅쓰고 적진에 파고들어 적지 않은 전공도 세웠다. 마지막까지 목숨을 내걸고 국군 고지를 사수하려다가 뜻하지 않게 인민군에 끌려갔다. 하루빨리 탈출해 나와 내가 원래 있어야 할 곳인 국군으로 돌아갈 수 있기만을 간절히 바라 왔다.

그토록 국군 복귀를 갈망하며 참고 고생했던 지난날이 허탈하게 느껴졌다. 향로봉과 산두곡산 사이의 무명고지에서 인민군에게 포위된 순간까지도 고지를 지키다가, 후퇴하는 길을 잘못 들어 인민군에게 붙잡혀 끌려갔다. 그들에게 해방 전사 교육까지 받고 인민군 부대에 배치받았다. 북한 출신의 국군 포로였다는 이유로 항상 의심받는 처지에 고된 노역까지 견디며, 국군으로 복귀할 기회라도 얻기 위해 최전방에 투입되기를 간절히 바랐다. 결국 최후의 격전지에서 가족에 대한 걱정까지 뒤로하면서 죽음을 각오하고 인민군 부대를 탈출해 자유주의 나라를 찾아 돌아왔다. 내 모든 것을 걸었는데, 돌아온 것은 국군 용사로서의 인정이 아닌, 인민군 출신의 포로 신분이었다.

이제는 초라한 포로 신분으로 남아, 인민군이었던 이들과 함께 수용소 생활을 해야 했다. 포로들끼리 사상이 첨예하게 대립하는 이곳에서 앞으로 어떤 일들이 벌어질지 불안하고 답답했다. 이러한 생활은 언제까지 이어질지, 앞으로 무엇을 위해 어떻게 지내야 할지 막막하기만 했다.

PW 대기소에 들어온 지 도 보름이 지나 1951년 12월 중순 무렵이었다. 부산대기소 6개의 천막에 수용되었던 대부분의 PW들은 최대 규모의 포로수용소인 거제도 수용소로 최종 배치를 받아 이동하게 되었다.

그러나 나를 포함한 일행 약 10명은 부산 거제리에 그대로 남아 이곳 PW의 식사를 준비하는 식당에 배치되었다. 부산 거제리 포로수용소 전체 인원인 5,000여 명의 PW에게 식사를 만들어 제공하는 역할을 부여받은 것이다.

우리는 그대로 남게 되어 운이 좋다며 기뻐했다. 당시 소문으로 거제도 수용소는 PW들 간의 이념 대립이 극심해 안전하지 않다고 들었기 때문이다. 이곳에 남게 된 것은 아마 나를 심문할 때 내 얘기를 듣고 동정해 준 국군 정보과 장교 김 중위 덕분이 아닐까 싶었다. 고맙다고 인사를 드리고 싶었으나 그를 실제로 다시 만나 볼 수는 없었다.

식당에는 80명 정도의 PW가 일을 맡아 보고 있었다. 사무실에는 총책, 부총책, 통역, 서기 등이 있었다. 조리 현장에는 각 부서가 밥조, 국조, 채소조, 배식조, 청소조로 나뉘어 식사를 준비하고 주야로 2교대 근무를 번갈아 하였다.

나는 국조에 배치되어 채소조가 준비한 식재료로 국 끓이는 일을 하게 되었다. 채소조가 무, 배추, 양파 등 채소를 손질하고, 통조림으로 된 이태리 토마토, 옥수수, 시금치, 고구마, 꽁치 등의 뚜껑을 하나하나 따서 큰 통에 담아 주면 우리는 그것으로 국을 끓였다. 주방용 삽으로 채소와 된장, 고추장 등을 퍼서 가마에 집어넣고, 큰 통에 든 통조림 재료는 국자로 퍼서 넣었다. 배식할 인원이 워낙 대규모다 보니 한꺼번에 두세 개의 큰 가마에 국을 끓여 국 통에 담아내고 또 다시 가마에 국을 끓여 국 통에 담아내는 것을 반복하여 20통 정도의 국을 만들었다.

그나마 다른 조에 비해 내가 속한 국조의 일이 수월했다. 또 조리하면서 중간중간 통조림 재료를 한입씩 맛볼 수 있는 특혜도 있었다. 특히 손바닥만 한 크기의 납작한 정어리 통조림을 뚜껑만 따서 통에 든 상태 그대로 불에 데우면 곧 보글보글 끓어올랐는데, 그때 딱 꺼내 먹으면 입안 가득 고소한 맛이 일품이었다. UN군은 우리 식당 인력들이 식재료를 조금씩 먹는 것을 알아도 크게 간섭하지 않았다. 식당에서 불만이 없어야 운영이 유지될 수 있기 때문이다. 대신 불결하지 않도록 깨끗이 조리해 달라고 당부하였다. 우리가 열심히 만들어 완성한 음식들은 UN군이 운전하는 트럭에 실려 각 수용소로 전달되었다.

이곳 부산수용소 내부를 살펴보면, 시설들은 대부분 목조 뼈대에 천막을 두른 단층의 기다란 막사 형태[55]였다. 이 막사가 여러 개 모여 우리가 있는 3수용소처럼 하나의 수용소를 이루고, 이러한 형태의 수용소가 여러 개 있었다.

우리가 일하는 식당은 3수용소 안에 있는 단독 건물이었는데, 창고식 건물로 지어 유독 지붕이 높았다. 각 수용소 앞에는 UN군이 경계 보초를 서며 지키고, 국군도 수용소 주변을 빙 둘러 띄엄띄엄 경계 보초를 서고 있었다. 수용소 한쪽에는 높은 망대가 있어 UN군이 포로들을 내려다보며 감시했다.

막사 안에는 흙바닥인 통로가 가운데에 길게 있고, 양옆으로 나무

---

55   당시에는 이 막사 하나하나를 핫트(hut)라고 불렀다.

재질의 마루가 깔려 있었다. PW 환자들은 야전용 침대나 이 나무 마룻바닥 위에서 담요를 덮고 지내며 치료받았다.

우리 식당이 위치한 3수용소는 2,000여 명 정도가 수용된 외과 환자 수용소였다. 이곳 부산수용소에서 수용 인원이 가장 많았는데, 막사만 10개 이상 세워져 있었다. 전시에 외상을 입고 수술받은 부상자, 다리나 팔이 절단되어 한쪽이 없는 부상자 등이 이곳에서 치료를 받았다.

4수용소는 내과 환자 수용소로, 특히 폐병 환자가 많았다. 폐병은 전염 가능성이 있어 의사들이 철저히 마스크를 쓰고 출입했다. 또 여군 포로가 수용된 여자 수용소도 있었다. 이외에 중공군 고급 장교도 2~3명이 따로 수용되어 있었다. PW 중 시설 관리 인력도 별도로 있었다. 부산수용소 전체의 인분 등 배설물을 처리하고 시설을 청소하는 청소반, 땅을 파거나 시설을 고치는 작업반 등으로 나뉘어 시설을 관리하고 유지하였다.

1952년, UN군과 인민군, 중공군 간의 휴전 회담에서 포로 교환 문제로 협상이 진척되지 않고 있었다. 당시 인민군 PW 중에 자유주의 사상을 가진 반공포로는 나처럼 북한 고향으로 돌아가지 않겠다는 사람이 많았다. 이에 UN군 측은 제네바 협정에 따라, PW를 북으로 자동 송환하지 않고 자유의사를 심사해 송환하겠다는 계획을 발표했다. 그런데 북한 쪽은 무조건 PW 전부를 송환하라는 입장이었다. 이 문제로 양측의 의견 차이가 좀처럼 좁혀지지 않았다.

이에 1952년 5월 7일, 북쪽에서 인민군 공산당 프락치[56]들에게 은

---

56 러시아어에서 유래한 말로, 어떤 조직체에서 특수한 사명을 띠고 몰래 활동하는 사람을 말한다. 스파이, 간첩 등과 유사한 말이다.

밀한 지령이 있었는지, 거제도 PW 수용소에서 큰 폭동 사건이 일어났다. 포로들에 대해 처우가 나쁘고 억압을 한다는 것을 구실로 공산 포로들이 거제도 수용소장 도드 준장을 수용소 철조망 안으로 납치한 것이다. 이들은 수용소장을 석방하는 조건으로 포로들에 대한 처우 개선과 더불어, 자유의사를 심사하여 포로를 송환하겠다는 방침을 철회할 것을 요구했다.

한 달씩이나 계속되던 폭동은 희생자를 내며 무력 진압되면서 끝이 났다. 수용소 안에는 총격을 대비해 참호까지 팠다고 한다. 이 사태의 여파는 부산수용소까지 그대로 전달되어 분위기가 어수선했다.

하루는 식당 사무실 직원을 통해 연락을 전달받았다.

"오늘 밤에 우리 3수용소 동지들이 식당 직원 여러분들하고 같이 오락회를 하자고 합니다. 모두 참가해 주시기 바랍니다."

그리하여 우리는 강제로 3수용소 공산 포로들이 주도하는 오락회에 참가하게 되었다. 오락회는 UN군의 눈을 피해 밤에 막사 안에서 이루어졌다. 우리가 입장할 때, 그들은 양쪽으로 갈라서서 한가운데에 길을 만들어 주었다. 그들은 손뼉을 딱딱 맞춰 박수를 치면서 우리를 환영했다.

"동무들, 정말 수고하십니다!"

마치 이북에서 하던 방식 그대로여서, 이곳이 이북이 아닌가 하는 착각까지 들 정도였다. 이 공산 포로들은 인민군 시절의 계급체계 그대로 확실하게 조직되어 있는 듯했다. 책임자로 보이는 PW의 지시에 따라 일사불란하게 움직였다.

그들은 작은 무대를 설치하여 노래도 부르고, 반자본주의와 친공산주의에 관한 연설을 하였다. 그러면서 우리가 단합하여 마지막까지 나라를 지키고 함께 조국에 돌아가자고 하였다. 그들은 나를 비롯하여 북한으로 돌아가기를 원치 않는 반공포로들을 설득하기 위해 열과 성을 다하였다. 마지막에는 자기들이 모아 두었던 담배도 한 사람당 두 보루씩이나 나눠 주었다. 이것은 우리에게 거의 위협으로 느껴졌다.

이 때문에 이들에 대한 방어 수단으로 거제도를 비롯한 각지 포로수용소에서 자유주의자인 반공포로를 중심으로 '대한반공청년당'을 조직하였다. 이 과정에서 대한반공청년당 조직을 주도하는 PW가 공산 포로에게 암살될 뻔하기도 했다.

수용소 안에서는 공산 포로와 반공포로 사이에 유혈 충돌이 일어나기도 했다. 각 수용소의 알력 싸움에서 우파[57] 세력이 이기면 우파수용소가 되고, 좌파 세력이 이기면 좌파수용소가 되었다. 이리하여 수용소 전체가 완전히 좌파와 우파로 나누어졌다.

3수용소는 좌파수용소가 되어 반공포로들은 함부로 목소리를 낼 수 없는 분위기가 되었다. 3수용소의 외과 환자 PW들은 자신들이 누구 때문에 부상을 입고 잡혀 있느냐며 UN군에 분노하였다. 그들은 이북에 돌아가서 자신들이 조국에 한 몸 다 바쳐 싸운 것에 대한 공로를 인정받고자 하였다.

다행히 내가 속한 식당은 3수용소 안에 있는 건물이지만, 식당 입구와 주변이 온통 가시철망으로 둘러싸여 있어 공격받지 않고 중립을 유지할 수 있었다. 그러나 우리 식당 직원들의 숙소 막사는 별도

---

57 여기서 우파 세력은 자유주의 사상의 반공포로, 좌파 세력은 공산주의 사상의 공산 포로를 의미한다.

의 보호 장치 없이 3수용소 내 다른 막사들과 같이 있어서 공산 포로들이 위협을 가할까 봐 언제나 불안하였다.

1952년 초여름의 어느 날이었다. 3수용소의 한 막사 지붕 위에 긴 막대기에 걸린 인민공화국기가 하늘 높이 펄럭였다. 이 막사는 다른 막사와 달리 중공군 PW와 인민군 PW가 같이 수용되어 있었다. UN군이 인공기를 분명 보았을 텐데, 그날은 아무 조치도 하지 않았다. 우리는 한층 긴장된 분위기에서 상황을 지켜보았다.

다음 날 점심시간, UN군 병사 두 명이 PW들 몰래 조용히 수용소 안으로 들어왔다. 그들은 문제가 되는 막사 지붕에 올라가 인공기를 뜯어 들고나오다가 중공군 PW들과 딱 마주치고 말았다. 이에 중공군 PW들이 알아들을 수 없는 말로 큰소리치며 달려들었다. 그들은 UN군을 가로막고 인공기를 뺏으려 하여 한바탕 격투가 벌어졌다. 점점 많은 PW가 모여들어 UN군의 앞을 가로막았다. 겁에 질린 UN군은 옆구리에 차고 있던 곤봉을 휘두르기 시작했다. 국제법상 수용소 안에 무기 소지를 불허한 탓에 권총 없이 곤봉을 차고 있는 것이었다. UN군 병사의 곤봉 후려치기에 PW 한 명이 가슴을 맞아 거품을 흘리며 즉사하였고, 또 다른 PW는 기절하였다. UN군 두 명은 점점 많이 모여드는 공산 포로들을 피해 겨우 철조망 밖으로 도망쳤다. 나는 마침 이날 야간작업반이라서 숙소에서 점심을 먹던 중에 중공군 PW들의 떠들썩한 외침 소리를 듣고 현장을 직접 볼 수 있었다.

아마 대한민국 후방지역에 인공기가 올라가기는 이 순간이 처음이지 않았을까 싶다. 공산 포로들은 반공포로를 포함한 약 2천 명의 3수용소 PW를 모두 동원하여 우리 식당 마당에서 죽은 PW의 장례를 치렀다.

그 후로도 공산 포로들은 3수용소 안에서 구호를 외치며 시위를 전개하고, UN군 보초병들에게 돌을 던지기도 하며 적개심을 드러냈다. 이에 UN군 측은 전차를 앞장세워 완전 무장을 한 UN군을 수용소 안에 진입시키고자 했다. 과격 행동을 하는 공산 포로들을 끄집어내어 부산 포로수용소 내의 유치장으로 끌고 가서 소란을 잠재우려는 것이었다. 공산 PW들은 이를 막기 위해 모두 팬티만 입고 홀딱 벗은 채로 전차가 들어오려는 도로 위에 드러누웠다. 도로가 팬티 차림의 PW들로 꽉 메워졌다. 그들은 누워서 하늘만 보면서 인민군 군가를 부르며 구호를 외쳤다.

"미 제국주의를 타도하자!"

"타도하자! 타도하자! 타도하자!"

"미 제국주의는 우리나라에서 철수하라!"

"철수하라! 철수하라! 철수하라!"

"미 제국주의의 포로들에 대한 만행을 세계에 알리자!"

"알리자! 알리자! 알리자!"

이에 UN군은 어쩔 줄 몰라 당황해하다가 수용소 문 바깥쪽으로 철수했다.

그 이후, UN군은 태도를 부드럽게 바꾸어 좌파 수용소인 3수용소 PW들에게 요구 조건을 물어왔다. 그리하여 공산 포로들이 내세운 네다섯 개 조건 중 하나로, 먼저 인공기를 새로 깨끗이 만들어 주었다.

그들은 또 다른 요구 조건들을 내걸었다. UN군을 우리 땅 대한민국에서 철수하고 내정간섭을 하지 말 것, PW를 학살하고 제네바 협정을 위반한 이번 사건을 국제적십자가 조사하게 하여 UN군의 PW에 대한 억압을 자유롭게 신문에 발표하고 세계에 알릴 수 있도록 할 것, 포로수용소의 모든 포로를 자유의사와 상관없이 무조건 이북으로 전체 송환할 것 등이었다.

UN군은 이북의 인공기를 만들어 주면서 나머지 조건도 들어주기 위해 노력하겠다고 하였으나, 이들이 내건 조건은 사실상 UN군 수용소 소장 권한 밖의 일이었다.

이후에도 수용소 안은 조용할 날이 없었다. 공산 포로들은 이제 PW 복장을 교묘히 뜯어 해쳐 인민군 군복처럼 고쳐 입고, 모자도 인민군 군모로 바꾸어 쓰기 시작했다. 그것이 가능했던 이유는 PW 중에 이북에서 양복을 만들고 고치던 양복쟁이들이 있어서, 그들의 가르침에 따라 각자 자기 옷을 고쳐 입을 수 있었다.

그들은 계급장까지 달기 위해 식당에서 식재료를 운반하던 박스를 활용하고자 했다. 나는 하는 수 없이 그들의 지시로 식당 박스를 모으고, 계급장을 만들 수 있도록 낱장의 골판지로 해체하는 일을 도와주어야 했다. 그들은 계급장 크기로 자른 골판지에 헝겊을 둘러 풀로 붙이고, 인민군에 있을 때의 계급을 반영해 노란 종이를 오려 붙여 계급을 표시했다. 그렇게 완성한 계급장을 어깨에 바느질해 달았다.

이제 3수용소 외과 환자 PW들은 자체적으로 중대, 소대, 분대를 조직하여 목발을 짚은 모습으로 군사훈련에 나섰다. UN군 당국은 이러한 움직임을 감지하였으나 괜한 충돌을 피하고자 못 본 척하는 것 같았다. 한쪽 팔이나 다리가 없는 포로들이 목발을 장총으로 대용하여 겨누고, 뛰고 기고 옆으로 포복하는 광경은 평소에 좀처럼 보기 힘든 장면이었다. 팔다리가 잘려 나가 UN군이 기껏 치료해 주고 살려 놓았는데, 포로 처지에 그런 몸으로 당당하게 인민군 군사훈련이나 하고 있으니 말이 나오지 않았다.

이들은 이렇게 UN군을 대상으로 시위를 해서 위신을 높이고 싶은 모양이었다. 한편으로는 앞으로 이북에 넘어가서도 자신들이 죽지 않고 끝까지 싸우고자 노력했다는 모습을 보여 주면서, 전장에서 죄과를 면제받기 위한 몸부림 같기도 하여 불쌍하고 가련하게 여겨지기도 했다.

이렇게 공산주의 골수분자로 가득한 3수용소의 의견을 받아들여 모든 포로가 이대로 자유의사를 묻는 심사 없이 북으로 송환되면 어떡하나 걱정이 되었다. 그리하여 식당에서 함께 일하는 우리 신포로 10명을 비롯한 반공포로 20명 남짓은 비밀리에 3수용소를 탈출할 계획을 세웠다.

하지만 탈출이 순탄하게 이루어지기에는 많은 제약이 있었다. 간밤에 반공포로 하나가 철조망을 넘다가 국군 보초가 쏜 총탄에 맞아 죽었다는 소식이 들려왔다. 또, 우파수용소였던 4수용소의 공산 포로들이 갑자기 들고일어나 폭력을 행사하자 우파 포로들이 정문으로 뛰쳐나가 UN군의 도움으로 수용소 밖으로 피신하는 일도 있었다. 이 사건은 옆에 있던 우리 3수용소의 적색분자들에게도 더 힘을 실어 주었다. 이제 3수용소 공산 포로들은 밤에 전체 숙소의 양쪽 출입문 앞에 보초까지 세웠다. 화장실 가는 것까지 일일이 확인하며 경계를 하니, 탈출할 방법을 찾기란 여간 어려운 일이 아니었다.

이것저것 머리를 맞대어 의논한 끝에, 우리는 결단을 내렸다. 공산 포로들 뜻대로 북으로 모두 강제 송환될 수는 없었다. 이래도 죽고 저래도 죽으니 용기 있게 3수용소 탈출을 감행하기로 하였다.

그 세부 방침은 첫째, 탈출 일시는 공산 포로의 세력이 하루가 다르게 강해지고 있으니 당장 내일 밤 야간 교대 작업시간을 이용해서 속히 탈출할 것. 둘째, 탈출 방법은 정문 쪽으로 가서 밖에 있는 UN군 보초에게 도움을 청할 것. 만약 UN군이 문을 열어 주지 않으면 높이 솟아 있는 철조망을 기어올라 넘어서라도 탈출할 것으로 정했다.

우리는 숙소에서 정문까지 가는 길에 몇 개의 막사를 지나치면서 공산 포로 보초병의 경비를 넘어야 했다. 만약 우리가 지나가다가 보초병이 무슨 일이냐고 물으면 식당으로 야간작업을 하러 간다고 대답하기로 의견을 모았다. 그나마 식당이 3수용소 정문 가까이에 위치하고 있었다. 숙소에서 정문 쪽으로 가다가 오른쪽으로 돌면 식당인데, 식당에 들르지 않고 곧바로 정문으로 직행하기로 하였다.

약속한 다음 날 밤이 찾아왔다. 무더운 여름밤의 날씨가 손에 더욱 땀을 쥐게 했다. 야간작업 시간이 가까워져 오자, 우리는 서로 눈빛을 주고받은 후 모두 결의에 가득 찬 표정으로 움직이기 시작했다. 가는 길에 다른 막사를 지나치다가 예상한 대로 보초병을 만났다.

"거기 누구야?"

"식당!"

우리는 무사히 보초병의 경계를 넘어 정문 근처까지 왔다. 이제 오른쪽의 식당을 지나쳐 직진만 하면 된다. 우리는 모두 손에 손을 잡고 잔뜩 굳은 마음으로 앞으로 나아갔다. 그런데 갑자기 누군가가 오른쪽으로 손을 잡아끈다. 그러자 또 다른 친구가 원래 가려던 정문 쪽으로 손을 잡아끈다. 이러지도 저러지도 못하고 머뭇거리던 우리 무리는 겁에 질린 마음을 이기지 못하고 끝내 오른쪽의 식당으로 발길을 돌렸다.

식당에 들어가니 아침 국 끓일 준비를 하는 15명 남짓의 채소조가 일을 끝내고 야식을 먹고 있었다. 그리하여 우리는 그대로 그들과 교대를 하게 되었다. 결국 평소대로 밥조와 국조로 나뉘어 자기 일을 시작했다. 이렇게 끝인 건가. 계획이 어긋나니 허무하기도 하고 마음은 계속 긴장되어 일이 손에 잡히지 않았다.

그때였다. 갑자기 우리 중 몇 명이 소리치며 뛰어나가는 소리가 들렸다.

"야! 빨리 나가자!"

"나가자!"

이 소리에 모두가 일손을 던지고 재빨리 정문 쪽으로 달려가 모였다. 그때까지 야식을 먹고 있던 채소조는 영문도 모르고 눈앞에서 갑자기 벌어진 광경에 대단히 놀랐다.

"이게 무슨 일이야, 가지 마! 가지 마!"

정문 앞에 20명 정도가 다시 모였다. 철조망 밖에서 놀란 UN군 보초병에게 서툰 영어로 우리의 처지를 말하며, 도와달라고 다급하게 애원했다.

"Help, help. We are anti-communist PW. They will kill us. Open the gate."

간절한 마음으로 철조망에 바싹 붙어 매달린 채, 저마다 "Help"를 외치며 애처롭게 아우성쳤다. 갑작스러운 상황에 놀란 보초병은 아무런 대꾸도 하지 않았다. 다른 UN군 보초가 어디엔가 열심히 전화만 걸고 있다. 이제 뒤에서는 아까 지나친 막사에 보초 섰던 공산 PW들이 우리의 행동을 보고 소리를 지른다. 다급한 상황에 결국 철조망으로 된 높은 정문을 기어올라 넘어갈 수밖에 없는 처지가 되었다.

한밤중 소란에 자다가 깨어난 공산 PW들도 막사 밖으로 몰려나왔다. 그들은 우리를 향해 돌을 던지기 시작했다. 우리도 흙바닥 여기저기에 흩어진 돌을 황급히 모아 그들 쪽으로 던졌다. 양쪽의 투석전이 벌어지는 가운데, 그들이 던진 돌이 정문 철조망과 철조망 밖의 양철로 된 UN군 보초막에 맞아 '투당, 탕, 탕' 요란한 소리를 냈다.

당황한 미군 병사가 카빈 소총으로 공산 포로를 향해 공포탄 몇 발을 쏘았다. 총소리가 온 수용소에 울려 퍼졌다. 우리도 그들이 더 가까이 오지 못하도록 열심히 돌을 던졌으나, 그들의 숫자는 시간이 갈수록 늘어났다. 식은땀이 절로 났다. 몹시 당황스럽고 두려웠다. 그러던 차에 간신히 철조망으로 된 정문이 열렸다. 우리는 날아오는 돌을 피해 정문 밖 도로 옆에 놓인 도랑 안쪽으로 달려가 몸을 숨겼다.

다시 생각해도 아찔하고 끔찍한 상황이었다. 분초를 다투는 급한 상황에서 상부에 전화 보고가 잘 안되다니, 조금만 더 지체되었더라면 우리는 어떻게 되었을까. 한밤중 살인의 투석장이 될 뻔했다. 경비병의 공포탄은 우리를 살리는 데 큰 역할을 하였다.

2. 반공포로 식당 생활

기적 같은 혈육 상봉과 눈물바다

부산 거제리 PW 수용소는 북쪽으로 가겠다는 PW, 북송을 반대하고 남쪽에 남겠다는 PW, 이렇게 두 조각으로 완전히 나누어졌다. 기존의 3수용소 안에 있던 식당은 폐쇄되었다. 대신 3수용소 밖에 창고로 쓰던 건물을 새로 정비하여 식당으로 사용하게 되었다.

나를 비롯해 함께 탈출을 시도한 우리 3수용소 식당 출신 20명 남짓은 새 식당 운영의 주요 구성원이 되었다. 우리는 이념이 같은 사람들끼리 마음을 터놓고 편하게 수용소 생활을 할 수 있어 좋았다.

나는 새 식당에서 서기 일을 맡게 되었다. 날마다 식당에 들어오는 쌀과 보리의 양, 그리고 반찬, 채소, 통조림 음식 등 식료품의 양을 점검하고 그 결과를 보고하거나 추가로 요구하는 일을 하였다. PW 1인당 공급해야 하는 규정에 따라 식재료가 제대로 들어왔는지를 계산하고 검사하였다.

UN군 상부에 검사 결과를 보고할 때는, 대학 때까지 배워서 할 수 있었던 영어로 보고했다. 하루는 고춧가루가 한 포 들어왔는데 양이 모자라서 보고하였더니, 곧바로 추가 요청한 양에 정확히 맞춰 보내 주었다. 빠른 일 처리에, 포로수용소까지 이렇게 신경을 많이 써 주는구나 싶어 놀랐다.

그 외에도 나는 식당 내부의 공적인 사무, 이를테면 식당 운영 인원 60명의 건강 검진 결과 기록 등 식당 사무 일을 겸하였다. 예전보다 한결 평화로운 분위기에서 안정적으로 일을 할 수 있었다.

시간은 의식하지 않은 사이에 하염없이 흘러 어느덧 해가 바뀌었다. 1953년 봄, 하루는 일하는데 느닷없이 UN군 헌병(MP)이 식당에 찾아와서 내 이름을 불렀다. 무슨 일이냐고 물으니, 지금 당장 PW 부산 본부에 같이 가자고 한다.

순간 놀라서 몸이 굳어졌다. PW 생활에서 보통 사람을 따로 찾는 경우는 품행이 나쁘거나 사고를 일으킨 자들을 몽키하우스[58]에 넣기 위해서다. 내가 무슨 잘못을 하였기에 몽키하우스를 가야 하는지 몰랐다. 그저 이 상황이 믿어지지 않았다. 식당 동료들도 모두 이해하지 못할 일에 놀라고 걱정스러워하는 표정이었다. 하는 수 없이 총을 멘 흑인 헌병을 따라나섰다.

그에게 물었다.

"지금 어디로 갑니까? 저는 나쁜 일을 한 것이 조금도 없는데요."

대답을 기다렸으나 모른다는 답변뿐이었다.

걷다 보니 처음 보는 큰 건물의 사무실에 도착했다. 여기가 PW 부산 본부인가 보다. 그는 나를 건물 옆문 쪽으로 인솔했다.

"여기 현관 앞에 기다리시오."

그는 나를 두고 혼자 사무실에 들어가더니 금방 나와 문을 열어 주었다. 나에게 들어가 보라고 한다.

---

58 PW 수용소 내의 유치장을 일컫는 은어이다.

그랬더니 눈앞에 생각지도 못한 반가운 얼굴들에 눈물이 왈칵 쏟아져 나왔다. 나의 형님, 그리고 중학교 때 친구가 나를 기다리고 있지 않은가!

"형님! 유근아!"

"막내야!"

"살아 있었구나!"

우리는 너무 반가워 서로의 손을 맞잡고 끌어안았다.

"형님, 어떻게 남쪽에 내려왔어요?"

"너는 어떻게 군대에 들어간 거야?"

나는 전쟁이 터진 직후, 이북에서 인민군 입대를 기피하며 여기저기 숨어 있었다. 가족들 얼굴도 다 볼 새 없이 급하게 남쪽으로 내려왔던 터라, 형님도 남쪽에 내려왔다는 사실은 전혀 모르고 있었다.

형님과 유근이는 해군사관학교 학생 신분으로 해군 복장을 하고 있었다. 형님은 남한에 내려와 국군 해병대에 입대하였다가 훈련 중에 사관생도를 모집한다는 공고를 보고 시험에 응시했다고 한다. 해병대 훈련을 마치고 일선 전장으로 가는 도중, 운 좋게 상부로부터 합격 소식을 전해 듣고 진해에 있는 해군사관학교에 입학하게 되었다. 형님은 마침 UN군을 통해 포로수용소 명단을 볼 기회가 생겼다. 혹여나 북에 두고 온 가족이 인민군에 나갔다가 포로로 잡히진 않았을까 하여 명단을 한 명씩 유심히 살펴보다가 내 이름을 발견했다고 한다.

정말이지 기적 같은 상봉이었다. 형님은 내 어깨를 두드려 주었다.

"그동안 고생 많았다."

나는 아무 말도 할 수 없었다. 그저 가슴만 벅차게 뛰었다. 우리는 남쪽으로 나오게 된 이야기, 죽을 고비를 운 좋게 넘긴 이야기들을 하며 서로의 안부를 확인했다.

나는 국군 시절, 형님과 중학교와 대학교를 함께 다녀 친했던 친구 박춘국 씨와 같은 중대에 있었다. 하진부리와 속사리 전투에서 그가 복부에 총탄을 맞고 전사하였다는 소식도 전해 주었다. 형님은 친구를 잃은 소식에 씁쓸함을 감추지 못했다.

내 중학교 동창 유근이는 6·25 전쟁 이전에 남쪽으로 내려와 학업을 이어 가다가 해군사관학교에 입학하였다고 한다. 그는 나의 지난 체험 이야기를 듣더니 너무 고생이 많았다고 하며, 이렇게 살아서 다시 만나니 천운이라고 하였다.

우리는 짧은 면회 시간이었지만, 그간 겪었던 여러 이야기를 하며 오랜만의 이산가족 상봉에 회포를 풀었다.

나가자, 포로수용소 밖으로

1953년 6월, 다른 지역 전쟁포로수용소 소식이 우리 수용소 철조망을 넘어 들려왔다. 휴전협정을 반대하고 남한에 의한 한반도 통일을 주장하던 이승만 대통령이 6월 18일, 한밤중에 UN군 관리하에 있던 북 송환 거부 반공포로들을 미국과의 상의 없이 일방적으로 석방한 것이다. 이때 마산, 부산 가야동, 대구, 논산, 광주 등의 포로수용소에서 탈출한 반공포로가 27,500명 정도 되었다.[59]

59　반공포로지만 우리처럼 연락이 닿지 않아 이때 나오지 못하고, 후에 판문점에서 심사를 받은 후 석방된 포로는 7,600명에 달한다고 한다.

기약 없는 감금 생활로부터 해방되어 자유 사회로 나간 PW들이 부러웠다. 이제 곧 우리도 이곳에서 나갈 수 있을 것이라는 기대감에 마음이 들썩였다.

우리는 식당 사람들끼리 비밀리에 탈출 계획을 세웠다. 밤중에 UN군 보초병의 경계가 느슨할 때를 틈타, 이중으로 된 철조망을 어딘가에서 겨우 구해 온 펜치로 뚫어 60여 명이 모두 도주하기로 했다. 수용소 밖에 100m 정도 떨어진 곳에는 UN군하에 PW 수용소를 감시하는 국군 경비대대 건물이 있었다.

"국군 경비대대로 가면 국군들이 우리를 안내해 주지 않을까?"

"그래, 이번에 반공포로를 옹호하는 이 대통령의 전국적인 지시가 있었으니까 그쪽으로 가면 분명 우리를 도와줄 거야."

모두가 드디어 자유인이 될 수 있다는 희망에 가득 찼다.

바로 그날 밤, 작전을 개시하였다. 펜치 담당은 조용히 수용소 철조망을 잘라내는 데 성공했다. 벌어진 틈 사이로 자유의 세상이 우리를 향해 어서 나오라고 손짓하고 있었다. 우리 60여 명은 차례차례 전원이 무사히 탈출하는 데 성공했다. 심장이 요동쳤다.

수용소 밖으로 나오자 드넓은 논두렁이 펼쳐져 있었다. 이제 정말 자유의 몸이 되어 가슴이 뻥 뚫리는 듯했다. 우리는 침묵 속에 몸을 낮추고 국군 경비대대를 향해 달려갔다. 앞이 잘 보이지 않아 넘어지기도 했지만, 급한 마음에 온 감각을 곤두세우고 발걸음을 서둘렀다.

가까스로 도착한 경비대대는 어둠 속에 고요했다. 1층에 식당이 있어, 60여 명 모두가 차례차례 들어와 일단 숨었다.

그런데 잠시 뒤, 어쩐 일인지 밖에서 차 소리가 들렸다. UN군에게 발각된 것인가. 가슴을 졸이며 바깥 소리에 온 신경을 곤두세웠다.
 불길한 예감은 빗나가지 않았다. 지프차와 스리코드 차들이 국군 대대 건물 앞마당에 들어와 전조등을 환히 밝혔다. UN군들이 우리를 잡으러 온 것이다. 수용소의 높은 망대에서 경계근무 하던 UN군 경비병이 우리의 움직임을 발견하고, 곧바로 상부에 보고하였다. 믿었던 국군은 아무 힘도 쓰지 못했다. 꼼짝없이 그대로 다시 잡히고 말았다.
 우리는 UN군의 인솔로 수용소 정문을 통해 원래 있던 식당 숙소로 귀환했다. 나이 지긋한 UN군 식당 책임 장교가 돌아온 우리를 점잖게 달래며 말했다.
 "이곳 부산 거제리는 PW의 병원 기지로 다른 수용소와 다르오. 당신들이 지금 도망가 버리면, 여기 전체 PW 환자들은 밥도 굶게 되지 않겠소. 당신들이 없으면 큰 지장이 있으니 부디 이해해 주시오."
 UN군 장교의 말도 맞는 말이었다. 사실 식당에 공백이 생기면 이곳에 잔류하는 약 4,000명[60] PW의 식사를 당장 책임질 곳이 없어 큰일이 날 것이었다.
 우리는 별수 없이 다시 식사 만들 준비에 들어갔다.
 하지만 탈출에 대한 열망은 점점 커져만 갔다. 우리의 머릿속에는 매일 도망갈 궁리만 꽉 차 있었다. 그러던 중 누군가 아이디어를 냈다.
 "우리 숙소 막사의 한 귀퉁이가 철조망과 가까이 붙어 있잖아. 그러니까 그쪽에 놓인 이층 침대 밑으로 땅을 파서 수용소 밖에까지 땅굴을 파고 나가는 거 어때?"

---

60 기존 약 5,000명 중 1,000명가량은 이북으로 송환되었다.

"조금만 파면 가능하겠는데, 이거?"

"좋은 생각이다. 바로 해 보자."

우리는 밤마다 교대로 땅굴을 파기 시작했다. 우리 중에는 이북에서 탄광에 근무한 경험이 있는 친구들이 있었다. 이들이 땅굴을 팠던 경험이 풍부하여 이들의 말에 따르며 작업을 해 나갔다.

하지만 금방 할 수 있을 거라는 처음 생각과는 달리 너무나도 힘들었다. 일단 마땅한 도구부터 찾기 힘들었다. 가진 공구 중 난로 뚜껑을 열거나 불을 조절할 때 쓰는 긴 꼬챙이, 식당 청소부가 환경 정비에 쓰는 삽 등을 동원했다. 지름 1m 크기로 사람 어깨만큼의 깊이까지 판 후 'ㄴ' 자로 옆으로 파고 들어가는데, 땅속 깊이 들어가니 공기가 희박하여 계속 작업하기가 위험하였다. 작업을 빨리빨리 교대하는 식으로 해 보았으나 효율이 떨어졌다.

또 비가 내리는 날은 구덩이에 물이 차서 퍼내는 것도 일이었다. 열심히 파낸 흙을 UN군 감시병에게 들키지 않게 처리할 방법도 난제였다. 생각보다 흙이 정말 많이 나왔다. 우리가 사용하는 막사는 흙 위에 모래가 깨끗하게 깔려 있었는데, 이 상태를 그대로 유지하며 티가 나지 않도록 해야 했다. 그래서 땅속에서 나온 붉은 흙을 처리하기 위해 매일 밤 조를 편성하여 별도의 특수 작업을 했다. 막사 안의 모래 전체를 한구석에 치워 놓고 땅속에서 나온 붉은 흙을 전체 바닥에 평평하게 깔아 발로 밟아서 고르게 한 후, 그 위에 치워 둔 모래를 다시 덮었다. 이렇게 하다 보니 점점 막사 바닥의 높이가 높아지면서 상대적으로 막사 천장 높이는 낮아졌다. 땅을 얼마 파지도 않았는데, 이러다가 들키는 것이 아닌가 싶어 걱정이 되었다.

비가 주룩주룩 내리는 어느 날 점심시간이었다. 여느 때처럼 순찰을 나온 UN군 식당 책임 장교가 우리 막사 안에 들어왔다. 막사 안 한가운데에는 난로가 있었는데 막사 밖에까지 솟아 있는 굴뚝을 타고 빗물이 내려와 바닥에 스며들고 있었다. 이 때문에 난로 주변의 땅이 물러진 참이었다.

UN군 장교는 난로 앞에 서서 땅바닥을 가만히 보고 있었다. 빗물에 젖은 회백색 모랫바닥 사이로 뜬금없이 붉은색이 보였기 때문이다. 그는 신고 있던 구두 뒷굽으로 그 자리를 파 보았다. 붉은색이 더 많이 나왔다. 구둣발로 땅을 더 헤치자 모래 밑에 온통 붉은 흙이 가득했다.

장교는 즉시 식당 PW 통역관을 불러 어떻게 된 일인지 솔직하게 말해 달라고 요구했다. 우리는 할 수 없이 사실대로 자백할 수밖에 없었다. 그렇게 금방이라도 탈출에 성공할 수 있을 것 같았던 땅굴 파기 계획 역시 실패로 끝나고 말았다.

휴전협정이 체결되다

포로수용소 생활이 막바지에 접어들 무렵, 우리 식당 근처에는 이북으로 송환될 예정인 인민군 출신 여자 공산 포로들이 일부 수용되어 있었다. 전투병, 통신병, 간호병 등 그들의 출신 소속은 다양했다. 그런데 이들과 마주칠 때 걸핏하면 서로 욕지거리하며 싸움을 하게 되었다. 서로가 심심풀이 땅콩인 양 시비를 걸기도 하고, 그들이 먼저 싸움을 걸어오기도 했다.

이들은 남자들도 못 할 정도의 노골적인 쌍욕이나 성적인 욕을 서슴지 않고 퍼부었다. 이들을 상대할 때면, 우리 쪽 남자들은 입을 열고도 벙어리가 된 것만 같았다.

욕 싸움이 한번 붙으면 적색과 백색의 명예를 걸고, 쉬지 않고 남북한의 쌍욕이란 쌍욕은 모두 동원하며 시끄럽게 싸웠다. 욕 싸움을 하는 것으로 저마다 수용 생활의 스트레스를 푸는 것 같았다. 공산주의의 확고한 이념으로 무장한 그들은 수용소 생활의 마지막 한 달 남짓한 기간 동안 우리를 대상으로 섬뜩한 욕을 실컷 하다가, 우리보다 먼저 부산수용소에서 나가 원하던 대로 이북의 고향 땅으로 갈 수 있었다.

1953년 7월 27일. 지루하게 이어지던 남북 휴전협정이 드디어 체결되었다. 같은 민족끼리 총칼을 겨누던, 피비린내 나는 3년 남짓의 전쟁이 중지되었다. 남북의 휴전으로 집으로 돌아갈 수 있게 된 UN군이 화색을 띠며 이 기쁜 소식을 전해 주었다.

이와 함께, 우리 포로들은 휴전협정의 결과로 판문점에 가서 북한의 심사원에게 이북으로의 귀환 의사를 심사받게 되었다는 것을 알려 주었다.

휴전의 기쁨을 느낄 새도 없이, 착잡함이 내려앉았다. 당장에 강제로 송환될 처지는 면했지만, 과연 이북 심사원들이 우리의 의사를 제대로 들어줄까? 이러다가 생각지도 않게 북한으로 송환되지는 않을지 믿을 수 없었다. 과연 내 뜻대로, 내가 살고 싶은 남한 땅에 남을 수 있을까.

생각할수록 기가 막혔다. 돌이켜 보면 그 무엇도 쉽게 원하는 대로 따라 주지 않았다. 그동안의 일들이 주마등처럼 스쳐 지나갔다. 사랑하는 가족과 화목하게 지내며 내 꿈을 이루기 위해 대학생 신분으로 열심히 살고 있었다. 어느 날 전쟁이 발발하자, 원치 않게 강제로 인민군에 입대할 처지에 놓였다. 이에 가족까지 걱정시키며 위험을 감수하면서까지 피해 지내야 했다. 온 사회가 억압된 공산주의 독재체제를 위해 싸울 수 없었고, 그곳에서는 도저히 살아갈 수 없었다. 사랑하는 가족과 영원히 헤어지게 되는 줄도 모르는 채, 큰 결심을 하고 자유의 세상을 찾아 흥남 부두에서 국군에 입대하였다.

 전쟁을 치르며 보낸 지난 3년 동안의 일들도 차근차근 떠올랐다. 고향을 떠나 묵호로 내려와서 국군이 되어 전장에서 여러 차례 죽음의 문턱을 기적처럼 넘었다. 생각보다 길어지는 전쟁에, 옆에 있던 많은 전우들이 갑작스레 명을 달리하기도 하였다. 안타까운 시대에 태어나 피어나지도 못하고 희생되어 빛바래진 꿈들이 많았다.

 전장에서 공로도 세웠지만, 포위되어 죽을 뻔하기도 했다. 자유주의 세상을 위해 끝까지 싸우다가 원치 않게 인민군에게 붙잡혀 다시 북으로 끌려가야 했다. 끝없는 의심과 감시를 받으며 해방 전사 교육을 받고, 그토록 기피하던 인민군 신분이 되었다. 또 한 번 내 인생의 선택에 따르는 결과로 가족에 대한 죄책감 속에서 고뇌하다가, 목숨을 내걸고 탈출을 감행했다. UN군의 포로가 되어서는 국군으로서 인정도 받지 못했다. 자유 세상의 맛은 보지도 못하고 오히려 자유가 억압된 수용소 생활 속에서, 앞으로의 막연하기만 한 미래를 걱정하며 하염없이 시간만 지났다.

 생각할수록 기구한 운명에 놓인 것 같았다. 자유주의 남한에서 살기 위해 그렇게 애써 발버둥을 쳤건만, 그 끝에 남겨진 나의 운명은 아직 불투명하기만 했다.

포로수용소에서 탈출을 시도했다가 실패했기에 마음은 더욱 불안했다. 6월 18일 이승만 대통령이 미국과 상의 없이 일방적으로 시행한 대규모 포로 석방에도 혜택을 보지 못했다. 이대로 남은 포로들은 의지와는 상관없이 북으로 끌려가, 남은 평생의 삶을 생각하고 싶지도 않은 고통 속에 빼앗기게 되는 것은 아닐까 불안했다.

휴전협정이 체결되고 전쟁이 끝났지만, 우리 PW는 끝난 것이 아니었다. 우리는 10월에서야 마침내, UN군의 지시로 부산 거제리 전쟁포로수용소 생활을 끝내고 마지막 남은 심사를 받기 위해 판문점 중립지대로 옮기게 되었다.

판문점행 기차에 오르니, 밝은 조명 아래 온통 깨끗한 객실과 좌석이 우리를 맞이하고 있었다. 나지막한 감탄이 절로 나왔다. 이제껏 전쟁을 치르고 수용 생활을 하며 흙먼지 속에서 어지럽게 뒹굴던 것과는 너무나도 대조되는 문명 세상이었다. 전시 상황에 이런 깔끔하고 좋은 기차가 어디서 났는가 싶기도 했다. 난생처음으로 깨끗하게 정비된 초록색 벨벳 느낌의 소재로 된 좌석에 앉아 보았다. 좌석도 푹신하니 비로소 사람대접을 받는 것 같은 기분이었다.

좋은 기차 안에 앉아 창문 밖을 바라보니 세상도 더욱 다채롭고 선명한 색깔로 환해 보였다. 긴 시간을 철조망 속에 갇혀 지내다가 오랜만에 마주한 자연이었다. 달리는 기차가 임진강 철교를 넘을 때는 눈앞에 펼쳐지는 풍경에 너무나도 감개무량하였다. 가을에 젖어 가는 10월의 임진강. 강가에는 가을색으로 살짝 물들어 고개 숙인 갈대와 풀들이 아름답게 늘어져 있었다. 강물은 빠르지 않은 유속으로 여유롭게 흘러갔다. 맑은 햇빛은 상류라서 깨끗한 임진강 물이 더욱 투명하게 비치게 했다. 아름다운 강가의 풍경은 긴장한 우리의 마음까지 일순간 감동으로 일렁이게 했다.

문득 수용소에서 지낼 때 친구들과 농담을 하던 것이 떠올랐다. 휴전 회담이 좀처럼 성사되지 않을 무렵이었다. UN군이 회담 성사를 위해 반공포로들까지 강제로 북쪽으로 넘길 수도 있다는 말을 듣고, 모두 걱정이 태산 같았다. 이때 "우리를 싣고 이북으로 가는 기차가 임진강 다리를 넘을 때, 모두 임진강에 투신하자."라고 우스갯소리도 했었다.

이제 어떻게 될 운명일지, 알 수 없는 미래에 불안한 마음은 내려놓을 수 없었다. 모두가 달리는 기차 안에서 말 한마디 없이, 긴장 속에 각자만의 사색에 잠긴 듯했다.

3. 판문점에서 자유의 몸이 되다

　1953년 10월 초, 우리 반공포로는 휴전협정이 맺어진 곳이자, 한반도의 허리가 잘린 지점인 판문점에 도착했다. 이곳은 들풀만이 자라는 야산의 허허벌판 비무장지대였다. 불도저로 이제 막 땅을 갈아엎었는지 사방이 붉은 진흙투성이였다.
　도착하자마자 또다시 우리를 수용하기 위해 설치된 이중 철조망 속에 들어가, 임시 군용천막에서 생활하게 되었다. 이제 이곳 판문점에서, 북한으로 귀환을 반대하는 인민군 출신 PW들이 북한 당국의 직접 심사를 받기 위해 대기하게 되었다.
　이제 우리의 운명은 어떻게 되는가. 전쟁이 끝나고 휴전이 되었다는 기쁨은 전쟁포로들에게는 아직 사치에 불과했다. 국제적인 정치적 이해관계에 의해 우리는 불합리하게도 풀려나지 못하고 계속 구속되어, 여차하면 강제 송환까지 당할 수도 있는 처지였다. 불안한 마음속에서 어제와 하나 다를 것 없는 침울한 수용 생활이 다시 시작되었다.
　달라진 것이 있다면, 철조망 밖의 감시병만 미군에서 덩치가 작고 피부색이 좀 더 거무스름한 인도군으로 바뀐 것이다. 순한 인상에 중립국으로서 이념도 색깔도 없는 이들은 우리가 영어로 말을 걸어봐도 그저 본체만체 무표정으로 대꾸도 하지 않는 목석형이었다.

판문점에 UN군 임무 수행을 위해 인도군 여단 병력을 이끌고 온 총사령관은 '티마야'라는 장군이었다. 훤칠한 키에 눈에 띄는 인물과 풍채가 한눈에 들어왔다. 그는 제2차 세계대전 당시, 인도 출신 군인으로서 유일하게 영국군 지휘관을 지냈던 사람이라고 한다. 첫인상이 좋아 잔뜩 긴장했던 PW들에게 그나마 안정감을 주었다.

판문점에 함께 수용된 PW의 인원은 약 7,600명이었다. 철조망으로 둘러싸인 각각의 컴파운드[61] 안에 500여 명씩이 몇십 개의 천막에 나뉘어 수용되었다. 나는 36 컴파운드에 수용되었다. 근처에 34, 35 컴파운드가 설치되었는데, 하나는 철조망을 사이에 두고 바로 옆에 붙어 있었고, 하나는 100m 정도 떨어진 거리에 있었다. 특히 37 컴파운드에는 북한 송환을 거부하는 인민군 장교 출신들도 있었다. 인민군 고급장교로 중좌[62] 계급을 달았던 주영복 씨도 이곳에 있었다.

애초, 북한 측에서는 인민군 포로들은 북한군 출신이니 무조건 북한으로 송환해야 한다고 주장하였다. 그런 이유로 휴전 회담에 진척이 없는 사이 전선에서는 더욱 극렬한 전투가 벌어져 휴전 직전까지 양쪽 진영 모두 많은 희생자가 발생했다.

휴전협정이 조인되면서 귀환을 희망하는 인민군 PW들은 즉시 이북으로 송환되었다. 북한군 측은 송환을 거부하여 남은 PW에 대

---

61 수용소 단지를 의미한다. 컴파운드 번호는 숫자 1부터 시작되는 것이 아닌 것 같았다.
62 국군의 중령에 해당하는 계급이다.

해, UN군 측의 심사를 믿지 못하겠다고 하며 자기들이 직접 심사를 하겠다고 하였다.

이에 심사장에는 UN에서 파견한 중립국 감시단이 주둔하였다. 의장국인 인도군은 판문점 전체 수용소의 관리와 경비를 책임졌다. 시종일관 북진 통일을 주장한 이승만 대통령은 휴전협정을 반대하며 인도군이 대한민국에 입국할 수 없게 육로를 막았다. 그래서 인도군은 선박으로 인천에 상륙한 후 헬리콥터를 타고 판문점에 들어왔다고 한다.

중립국 감시단에는 UN이 추천한 스위스와 스웨덴, 북한이 추천한 체코슬로바키아와 폴란드가 참여했다. 이 4개국이 인민군의 PW 심사장에 입회하여 감시하는 역할을 하기로 하였다.

우리 PW들은 이곳 판문점에서의 심사 기간은 90일 동안이며, 이 기간이 끝나면 석방될 수 있다는 소식을 전해 들었다. 그렇다면 심사를 받지 않고 이 기간만 무사히 넘기면 될 것이 아닌가. 우리는 심사하러 온 북한 측 심사원에 대항하여 밤낮으로 조직적인 심사 반대 시위에 들어갔다. 북한 정권을 타도하자는 구호까지 소리 높여 외쳤다.

"우리는 자유와 민주를 원한다!"

"독재 정권의 심사는 반대한다!"

"무자비하게 인민들을 학살하는 악독한 독재자 김일성은 죽어라!"

"소련의 앞잡이 김일성을 타도하자!"

한국전의 원흉인 스탈린은 당시 이미 죽었으므로, 소련 수상 마린코프와 김일성을 한데 묶어 욕하며 PW들의 가슴에 가득 찬 증

오와 적개심을 달랬다. 죽은 듯한 적막의 대자연 속에 중립을 지키며 조용해야 할 중립지대가 그 이름에 어울리지 않게 매일 밤 왁자지껄 소란스러웠다.

밤도깨비가 나타난 양, 빈 드럼통과 기름통[63], 식당에서 가져온 빈 깡통 등을 힘껏 두드리며 기름 먹인 횃불을 높이 들고 외쳤다. 우리들의 함성이 아무도 없는 고요한 천지를 뒤흔들었다. 그곳에서 멀지 않은 개성까지, 아니 북한 땅까지 다 들리도록 모두가 한마음으로 목이 터져라 힘껏 외쳤다. 밥 먹고 별로 할 일도 없는 전쟁포로들이었다. 비가 오나 눈이 오나, 함께 모여 두드리고 외치는 것이 심심풀이 겸 일과였다.

이렇게 PW들은 시위를 벌이며 처음부터 북한 쪽의 심사 요구에 응하지 않고, 중립국 감시단들도 대기하고 있는 심사장에 나가지 않았다. 의도적으로 이들을 골탕 먹인 셈이었다.

북한 측은 뜻밖의 일에 당황하지 않을 수 없었다. 그들은 심사 책임자인 UN 감시단 측에 항의하였다. 그리하여 UN 감시단 측에서도 반공포로들의 심사 보이콧 작전에 머리를 맞대고 대책을 강구하였다. 결국 감시단 측은, 만약 PW들이 계속해서 심사에 응하지 않으면 심사 및 수용 기간을 연장하겠다는 식으로 으름장을 놓고 강하게 압박하였다. 그렇게 PW들이 어쩔 수 없이 심사를 받을 수밖에 없게 하였다.

이에 가만히 있을 수 없었다. PW들은 약 500명 단위로 편성된 컴파운드마다 자체적으로 대대장을 뽑았다. 그 밑으로 교육, 홍보, 경

---

[63] 당시는 '스페어 깡'이라고 불렀다.

비 부서 등 몇 개 부서를 조직했다. 이렇게 자발적으로 짠 조직 체계 안에서 우리는 작전을 짜고 순조롭게 계획을 실행할 수 있었다.

PW 조직은 교묘하게 심사에 불응하기로 하였다. 북측 심사원들을 골탕 먹여 그들이 조기 철수하도록 할 작전이었다. 그래서 일단은 그들이 강하게 나오니 일부가 자진하여 심사를 받았다. 그러다가 분위기가 조금 느슨해지자 심사장에 가는 것을 기권하기도 하고 심사받는 분위기가 두렵다고도 하는 등 억지 이유를 들어 심사에 불응했다. 이렇게 고무줄처럼 당겼다 놓았다를 반복하면서 북한 측 심사원을 일부러 피곤하게 하였다.

또한, 먼저 심사를 받고 온 컴파운드는 즉시 다른 컴파운드에 연락해 심사에 관한 구체적인 정보를 알려 주었다. 이는 심사를 기다리는 모든 PW들에게 큰 도움이 되었다. 심사장에는 북쪽 문과 남쪽 문이 있는데 심사받은 직후, 심사 결과에 따라 이북으로 돌아갈 사람은 북쪽 문으로 나가고, 남한에 남을 사람은 남쪽 문으로 나와 컴파운드로 돌아온다고 하였다.

우리는 전달받은 정보를 바탕으로 수용소 안에 심사장을 그대로 재현하여 책상을 배치하였다. 그리고 우리끼리 자체적으로 정해 놓은 PW 간부가 심사장에 있는 3명의 가짜 심사원이 되어, 그들 앞에서 심사받는 연습을 하였다. 이것은 심사장에서의 당혹감과 긴장을 미리 없애는 데 큰 도움을 주었다.

PW 간부들은 긴장된 심사장 분위기를 재연하며 가짜 심사장에 들어오자마자 질문하였다.

"동무는 북한의 어디 어디에서 가족 누구누구와 살았던 아무개 이지요?"

처음부터 이렇게 가족관계까지 연결 지어 사람의 마음을 얼도록 위협을 준다. 그런 다음에는 달래는 말을 하며 친절하게 의자로 안내한다.

"동무, 그동안 적과 싸우느라 고생이 많았소. 이쪽으로 와서 앉으시오."

이때, 다가와서 담뱃불까지 붙여 준다.

"북한 조국은 동무의 공로를 잊지 않고, 동무의 귀환을 양손을 들어 환영하고 있소. 동무의 고향에 있는 부모 형제들도 동무의 귀향을 학수고대하면서 동무를 그리며 눈물을 흘리고 있소. 어서 마음을 고쳐먹고 조국의 품에 돌아오시오. 반동 제국주의자들의 선전에 속지 말고, 어리석음에 넘어가지 마시오. 동무가 잘못한 모든 것은 조국과 위대한 영도자 김일성 수상께서 관대하게 용서할 것이오. 후회하지 말고 그리운 부모 형제의 품으로 하루속히 돌아오시오."

대략 이러한 형식으로 우리를 설득하고자 하였다. 고향과 부모 형제를 이용해 말하는 것은 그렇지 않아도 수년간의 수용소 생활에서 정답던 과거를 그리워하고 추억하는 PW들의 마음을 흔들어 놓기에 제격이었다. 부모와 형제, 가족을 저버리는 것은 그 누구도 생각하고 싶지 않은 아픈 비극일 것이다. 하지만 차오르는 슬픔과 아픔을 잠시 참고, 북한 측 심사원의 설득을 뿌리쳐야 했다.

그들의 포용 술책에 PW들도 제각기 다른 술책을 써서 연습했다. 평소 말이 없고 조용한 성격의 PW들은 침묵으로 일관하다가 "그렇소." 하는 식으로 짧게 대응하였다. 성격이 급하고 잘 밀어붙이는 성격의 PW들은 큰 목소리로 북한의 모순을 지적하며 대항했다. 또 사회과학 논리에 밝고 깊은 학식을 가진 PW들은 심사원과 같이 토론을 전개하여, 도리어 그들에게 설교하며 시간을 끄는 전술을 보여 주었다.

한창 심사에 대한 걱정으로 준비하는 것에 몰두하고 있을 때였다. 하루는 수용소에서 친해진 친구 한경모가 둘만 있을 때 다가와 은밀하게 말을 꺼냈다.

"야, 우리 이번 기회에 브라질로 같이 가는 거 어때? 거기는 우리보다 잘 사니까, 거기 가서 대학을 나오면 무슨 일이든 해서 벌어먹을 수 있을 거야."

경모는 나와 같은 함흥 출신이었다. 사범학교를 나와 초등학교 교사를 하다가 인민군에 나온 친구였다. 그는 '오 솔레 미오'와 같은 외국 가곡을 기가 막히게 잘 부르는 재능을 가지고 있었다.

이런 이야기는 당시 우리 반공포로들 사이에서 함부로 꺼냈다가는 뭇매를 맞을 분위기였기에 조용히 나에게만 말한 것이다. 브라질. 당시 밥 굶는 우리나라에 비해 선진국이었기에 가면 그럭저럭 잘 살 수 있을 것 같았다.

"그런데, 어떻게 우리만 빠지지?"

"내가 생각한 방법이 있어. 내일 낮에 꾀병을 부려서 병원에 가면 수용소에서 잠시 빠질 수 있을 거야. 그때 인솔하는 UN군에게 중립국으로 가기를 희망한다고 귀띔하면 가능할 것 같아. 어때?"

"그거 좋은 생각이다."

우리 둘은 그렇게 하기로 결정하고 헤어졌다. 그리고 혼자 다시 곰곰이 생각해 보았다. 남한에 내려와서는 유일한 피붙이인 형님부터 생각이 났다. 지금 형님과 아무런 상의도 못 한 채, 갑자기 소식도 남기지 못하고 헤어진다 생각하니 참 막연했다. 또 곧 휴전선만 사라지면 막힌 고향길도 한걸음에 달려갈 수 있을 텐데, 만 리 길 밖의 잘 사는 나라만 바라보고 떠나는 것보다 이곳이 낫다는 생각이 들었다. 그렇게 바뀐 생각을 경모에게 다시 전달하였다.

"너는 다른 생각은 없어?"

"나는 처음 생각대로 브라질에 가려고 결심이 섰어."

나는 용기 있는 그의 결단을 응원해 주었다. 그는 그길로 나와 영원히 이별하고, 계획했던 대로 브라질로 떠났다.

북한 심사원 측은 PW 심사에 끈질기고 정성 어린 노력을 쏟았다. 몇 사람은 결국 향수를 이기지 못하고, 여러 가지 서글픈 생각에 빠져 북한 송환에 응했다. 가족을 떠나 혼자 고생한 생각, 부모를 걱정시켜 불효하는 자식이 되었다는 마음, 멀리서 가족들을 도와주지 못하는 미안함 등 여러 생각에 마음이 복잡했을 것이다.

그러나 대부분은 북한 측의 뜻대로 따르지 않았다. 애당초 계획대로 되지 않으니 북측 심사원들의 체면이 이만저만이 아니었다. 더욱이 심사를 하자고 하여 어렵게 전 세계에서 중립국 감시단까지 파견하였는데, 그들이 보는 앞에서 서슬 퍼렇던 권위가 땅에 떨어지니 창피는 이루 말할 수 없었을 것이다.

그 많은 컴파운드 가운데 몇 개의 컴파운드만 심사했는데도 귀환하겠다는 사람이 별로 없자, 그들은 내가 있던 36 컴파운드까지는 손도 대지 못하였다. 결국 송환을 거부한 PW들의 보이콧 전술은 완전한 성공으로 끝났다. 북한 심사원들은 PW들 가운데 미 제국주의 앞잡이가 마음을 흔들어 제대로 된 심사를 방해하니 심사를 중단할 수밖에 없다고 구실을 삼으며, 90일의 기일도 다 채우지 못하고 기권하면서 돌아갔다.

이렇게 심사 끝에 극소수의 전쟁포로들만 북쪽으로 돌아가기로 하고, 대부분의 인원인 7,500여 명은 간절히 소망하던 대한민국 땅을 다시 밟을 수 있게 되었다.

1954년 1월 23일 아침이었다. 그날따라 눈이 부슬부슬 내렸다. 어제까지만 해도 밤마다 악독한 공산 독재 타도를 외치며 기름불 시위로 시끄럽던 판문점 지대가 기쁨의 환호성으로 가득 찼다. 석방되어 자유의 다리 위를 달려 나오는 7,500여 명의 외침이 지축을 뒤흔들고 만세 소리가 사방 천지에 울려 퍼졌다.

"대한민국 만세! 자유 만세!"

나는 그토록 바라던 자유민주주의 대한민국에서 비로소 진정한 자유의 몸이 되었다.

새로운 시작

　　1954년 1월 23일, 이날은 나에게 죽을 때까지 잊지 못할 날이다. 내가 이제껏 동경하던 자유의 땅을 처음 밟는 감격의 날이었다.

나는 북한의 김일성 공산 독재가 싫어, 그리운 부모 형제와 아름다운 고향을 등지고 흥남 철수 때 자유 대한민국을 찾아왔다. 그러나 이곳도 북한군과 중공군의 침략으로 바람 앞의 등불 같은 상황이었다.

나는 자유의 나라 대한민국을 수호하기 위해 내 한 몸 던지기로 결심하고 전장에 나섰다. 국군 수색대원으로 전장에서 용감하게 싸우면서 크고 작은 공도 세웠다. 피비린내 나는 전쟁터에서 여러 차례 죽음의 위험이 앞에 닥칠 때마다 천운으로 간신히 살아났다.

눈 감고 돌이켜 보니, 가슴 아픈 고향의 부모님과 형제들 생각, 국군으로의 입대와 고향을 향해 총부리를 겨눠야 했던 가혹한 운명, 이제 정말 죽었다고 느껴지던 전투들, 오늘 이 자리에 함께하지 못한, 자유를 수호하려다 앞서 죽어간 나의 전우들 생각이 하나하나씩 머릿속을 스친다.

전쟁 발발 후 3년 반이라는 시간 동안 기를 쓰고 열심히 버텨 냈다. 그 끝에 남은 것은 죽지 않고 살아남은 몸과 빈손뿐이다.

나는 이제, 불러 주는 이 하나 없는 이곳 대한민국에 홀로 남겨졌다. 자유의 몸이 되어 부풀었던 마음도 잠시, 어느 곳으로 가야 할지 목적지도 정해지지 않은 막막함이 엄습해 온다. 이제, 어디로 가야 하는가? 나에게 주어진 새로운 삶. 이 소중한 삶을 어떻게 살아가야 할 것인가? 이러저러한 생각으로 머리가 무겁다. 하지만, 발걸음은 가볍기만 하다. 새로운 시작에 대한 설레는 마음으로 남쪽으로 가는 기차에 몸을 실었다.

PW 신분에서 풀려나 자유의 몸이 된 전우들 (맨 위 저자)